稲田将人
Masato Inada

経営トップの仕事

戦略参謀の改革現場から 50のアドバイス

What Top Management Should Know and Think About

ダイヤモンド社

はじめに

経営に魔法の道具はない

学校を出て以来、企業とその現場を「変える」仕事ばかりに携わってきました。

最初の仕事はトヨタの各自動車製造工場が当時、初めて取り組んだ、コンピュータを使って一台ずつすべて仕様の異なる自動車がラインを流れる混流生産の指示を行う、ALC(Assembly Line Control)システムの開発・導入プロジェクトでした。

途中、経営のあり方、改革のことを深く知りたくて、縁があったマッキンゼー・アンド・カンパニーに入社しました。トヨタでのやり方が身についている自分には、違和感を覚えることもありましたが、経営の手法、考え方や、グローバルな標準となりつつあった米国式の経営など多くのことを学ぶことができました。

その後、日本企業、外資系企業において、代表取締役社長、事業部長、営業責任者などの立場で、事業活性化やV字回復のための改革に取り組んできました。

この経験から知ったのは、企業が直面している低迷状態、あるいは苦境の多くは、事業のトップ、創業者、あるいは企業のオーナーが、ほんのちょっとしたことさえ知っていれば、避けることができたことばかりであるということです。

そして、たとえ今、難しい局面にあったとしても、ほとんどの企業においては、それを乗り越えるシナリオを描くことができ、その実行の際の押さえどころも明確だということです。

今の形で、事業の再活性化を請け負うようになり、さらに数多くの企業のトップマネジメントと改革に取り組むようになってから、その根にある問題点や押さえどころ、そしてその対応は、複合技が必要なケースはあっても、実は、企業ごとにはほとんど違いがないことは、確信に変わりました。

よく考えてみれば、世のほとんどの社長にとって、社長業は初めての経験です。

先達のアドバイスに耳を傾けるとは思いますが、特に大企業の場合は、バブル期以降は果敢なる攻めに出る経営を行ってきた会社の数は減り、加えて多くの企業で慣例となっている2期4年での社長交代では、経営者としての修羅場を重ねる機会が減ってしまったのではないかと推察します。

特に今、我々を取り巻く事業環境は、市場と調達先のグローバル化だけではなく、ＩＴによるビジネス「空間」の大きな変化と加速する経済のグローバル化の激変により、いくつものビジネスプラットフォームが拡がり、次々と新しいビジネスが台頭してきています。

その中で自社の事業の成長を見通しながら、新商品を形にしなければならない難しい局面に立たされています。


成功した経営者の話は勉強になりますが、成功につながった部分だけにスポットライトが当たるため、どうしても美化された話になりがちです。

本当に知りたい成功と失敗の関係については、親しくなってから、本人のプロファイリングも含めて、初めて読み取れるものです。

経営トップの立場では、現状を打破したいという想いから、ビジネス誌や経済紙を読み、ＩＴ系の経営ツールの営業マンの話を聞き、流行りの経営理論や道具立て（実はその多くが「バズワード」）に飛びつきたい時もあるでしょう。

しかし、人は誰でもイリュージョン、幻想に惹かれます。

誰もが心の片隅では、まだ見ぬ未知の「魔法」の存在を信じたいもの。

しかし、私の長いコンサルティング経験から言うと、経営に魔法の道具はありません。

御社がこれまでに「魔法」の存在を信じて取り入れたビジネス道具（ツール）、あるいはコンサルティングなどの効能を冷静に振り返っていただければ、これは明らかだと思います。

まずは、良くも悪くも今に至った因果関係を、事実を基に探り、知ることから、すべては始まります。

ほんのちょっとしたことが、後々大きな差異を生む

世にある多くのビジネスに関する論文や書籍には、ユニークな着眼点やアイデアで面白いものがたくさんあります。ただしそれらの書き手の中には、切り口のユニークさで学会での評価を狙ったものや、「どこそこの企業での成功事例です」とコンサルティングや経営・ＩＴツールの受注につなげたい人も大勢います。

結果、本当に今の自社が抱える問題に対する処方箋になっているか、単なるアイデアではなく本当

に実践で使えるレベルにまで練られているのかといえば、疑問を感じざるを得ません。

仕事柄、成功した経営者の書籍は、経営理論の書籍より好んで読んでいます。

しかし、偉業の裏にあるいちばん知りたい実態部分は、オブラートにくるまれている場合がほとんどです。

また、今回のコロナ禍によって、リモートワークによる効率化、アウトプットが重視されるビジネス環境やマネジャーの価値とは何か、変化した市場を追いかけてその実態を知る難しさなど、「新しい現実の課題」を否応なしに突き付けられました。

成功した経営者の多くが常々言うように、この大きな変化は「ピンチはチャンス」にできます。

私は、これまでにダイヤモンド社から『戦略参謀』『経営参謀』『戦略参謀の仕事』の三冊を出版してきましたが、今回、初めて経営トップに向けて本を書きました。

私が戦略参謀として数多くの改革現場で直面してきた事例から、経営トップが知らない現場で何が起きているのか、どのようなプロセスでそんな事態に陥ったのか、何をすればいいのかについて解説しています。

今、やっていないちょっとしたことが後々大きな差異を生むこと。今、手を打ってもらえれば先々の展開が大きく変わることを知るための「気付き」になれば、との想いで執筆しました。

因果に気が付けさえすれば、その「根」に対する打ち手は、案外シンプルなことが多いものです。改めて、今の「当たり前」の正否を見直す視点として、この本を使っていただければと思います。

本書の構成は、次の通りです。

第1章は、トップマネジメントの視点として知っておいて欲しいこと。

第2章は、日本の企業運営の「組織」を動かす上で重要なこと。

第3章は、今やどこの会社でも使われるようになった言葉である「戦略」を、どう捉えておけばいいか。

第4章は、経営理論、経営ツール、IT、そしてコンサルタントなどの外部の「知恵」や道具立てといかに付き合うべきか。

第5章は、経営を行うにあたって最大の課題である、人の「業」にどう対処すべきか。

第6章は、どの経営者も避けて通れない「承継」に、いかに備えなければならないか。

そして第7章は、おさらいを兼ねて「気を付けるべきこと」「行うべきこと」をまとめました。


本書は、興味のある章から読んでくださって結構です。

「ここは以前、痛い目にあったことがある。よくわかっている」「イメージができにくく、読みにくい」と感じる箇所があれば、遠慮なく飛ばしてください。

その局面に追い込まれた時に「確か、あそこに書いてあったな」と思い出していただければ、何らかのお役に立てるはずです。

具体的な打ち手の工夫は企業の状況ごとに異なりますが、経営トップには、少なくとも対策がイメージできるでしょう。改革現場で仕事をしていてつくづく感じるのは、経営は複雑なものではなく、実はシンプルなものだということです。

しかしながら、部分最適のための様々な理論や手法に惑わされると、複雑怪奇な世界にハマってしまいます。この本が、経営を常に王道の視点からシンプルに捉える一助になれば幸いです。

2020年12月

稲田将人

Chapter 1
トップが知るべき「マネジメント」の課題と視座

Chapter 2 トップが知るべき組織論

Chapter 3 トップが知るべき戦略の基本

Chapter 4 外部からの知恵を賢く使う

Chapter 5 人の「業」と向かい合う

Chapter 6 「事業承継」を自分事として捉える

Chapter 7
まとめ：経営トップの「あるべき姿」「なすべきこと」

Chapter 1

トップが知るべき「マネジメント」の課題と視座

指示や責任の「丸投げ」は、事業の赤信号

2、3年前に知人と二人で、ある住宅地の駅の側にある、食の安全にこだわりを持つ定食店チェーンで遅めの夕食を取った時のことです。

私は焼きサバ定食を頼み、食事が運ばれ食べ始めると知人がこう言いました。

「あれ？　それ、ホッケじゃないですか？」

実は注文の際に「今日はホッケを食べたい気分だが、健康に良さそうなサバに」と迷ったこともあり、気にせずそのまま出されたものに箸をつけていました。

念のため、オーダーをとってくれた学生アルバイトに見える男性を呼んで確認すると、彼はこう言いました。

「あ…、そうでした。で、どうしましょうか？」

一瞬、こちらも戸惑ったものの、

「本当は、サバが良かったのですけどね」と答えました。

するとこの男性はその場を動かずに、「どうしましょうか?」を繰り返すばかり。

しばらくすると、ホール担当のリーダー格の女性がやりとりの様子を見てやって来ました。

事情を知った彼女は、

「すみませんでした。すぐにサバをお持ちします」

と、その男性を連れて戻られました。

これで一件落着したと思ったのですが、実はこの後の展開が、この話の考えさせられるポイントなのです。しばらくすると、今度は厨房から40歳前後の店長らしき男性が現れました。

「サバのご注文だったということですが、どういたしましょうか?」

と、先ほどの彼と行ったやりとりが再び始まりました。

この店長らしき方も、先ほどの彼と同様「どういたしましょうか?」を繰り返すばかりです。

こちらも、ことの顛末を見届けたくなり、

「サバを注文しましたので、やはりサバが食べたいですね」と伝えると、

「かしこまりました」

とその男性は厨房に戻り、しばらくして単品の焼きサバが運ばれてきました。

運ばれてきたサバを食べながらテーブルの上の伝票を確認したところ、ホッケ定食に加え、サバ単品の追加オーダーが伝票に加えられていました。

念のため先ほどのホールの女性を呼んで伝票を見せ、「これでいいんですよね?」と確認したところ、

驚いた表情で「申し訳ありません」と彼女はサバの請求分を取り消しました。

すでに気が付かれた方も多いと思いますが、この店は皆さんもよくご存じの定食チェーンの大戸屋です。この数年間、既存店の客数減少が止まらず、本業の営業利益も落ち込み赤字化して、創業家オーナーによる株式譲渡や株主総会の様子がマスコミに報道されるなどの迷走状態が続き、結果的にコロワイドのTOB（株式公開買付）により、経営権が移転することになりました。

みなさんは、実際にあったこのエピソードから、この会社の中で何が起きていたと読みとりますか。

大戸屋では、食の安全を前面に打ち出した外食産業として成功させ、会長に就任していたカリスマ創業者が2017年に急逝しました。そしてその時の社長がトップとしてそのまま経営を続け、メニューの質を上げ、単価を上げる方向性に舵を取りましたが、一般の顧客向けの価格帯を扱うチェーン店においては、単価の上昇は必ず客層の幅を狭め、客数減を招きます。この事例からも、おそらく十分なシミュレーションや準備もなく、ある日突然、店舗に対して利益責任を課し始めたのではないかと思います。

現場のマネジャーへの「経営判断」の「丸投げ」はムリが起きる

「（部門や店の）責任者には、経営者感覚を持って欲しい」

企業内でよく耳にする経営側の「願望」です。

この言葉は、

「我々経営陣は、現場に対して的確な指示が出せるレベルでは、事業の実態把握ができなくなっていることに気が付いた。そこで現場をよく知る君たちにも、経営視点で考え、判断して欲しい」

という意味であり、**「経営判断の分業」を行いたい**との意向を表した言葉です。

しかし、現実にこの言葉が出てくるのは、それまではトップや本部が現場に向かって「黙って言われたことをやればいい」と、一方的な指示をするだけの組織運営を続けていた組織が多いものです。だいたいこの言葉が発せられるタイミングは、もうそのやり方では限界があり、二進も三進もいかなくなっている局面です。

つまり、それまでは「現場の責任者に考えさせるなどもってのほか。指導の手間もかかるし、上げてくるプランなど期待できない」と決めつけていたものが、ある日突然、経営側が「君たちも考えるべきだ」と、PL（Profit and Loss statement、損益計算書）責任と共に「丸投げ」を始めたのです。

ビジネスからの学びが組織内部に積み重ねられて、事業力は強化される

そもそも「組織」は事業の発展に伴い多岐にわたり、より専門化が進む業務を手分けして分業するためのものです。特に事業の発展段階は、組織の急拡大が求められます。

この時に経営側が、**いかに組織に自律的に判断させ、機能するように育てたか**、この一点だけで、

その後の事業の発展と安定性には、天と地ほどの差がつきます。
組織の目指す姿は、以下の二つに集約できます。

(1)「攻め」の方法も含めた業務の手順を組み立て、それを進化させ続ける
(2)個々人の問題解決力とマネジャーのマネジメント力を正しく鍛え、上下方向で組織力の強化を行う

しかし事業の拡大期においてはトップ自ら、まるで自身のKPI(Key Performance Indicator、業績評価のための重要指標)を追いかけるがごとく、(1)(2)はそっちのけで、事業規模の拡大に集中しがちです。事業に成功した直後は、特にこの傾向が顕著になります。

事業視点でのプランニングも判断もトップが行い、現場に対して一方的な「落とし込み」、つまり"Do this"「これをやりなさい」の指示が続けられます。

しかしながら、**切り口のユニークさに頼った戦略の成功と、勢いのある営業力による「面の拡大」だけでは、早晩、事業の失速は免れなくなります。**

市場は常に変化しています。

・**より安く、より優れた製品やサービスを提供する同業、新たなる競合の出現**
・**常に良いものを求める、顧客の潜在的、顕在的な要望レベルの向上**
・**今回のコロナ禍に代表される、予期していなかった外部環境の変化**

これらの変化の影響を読み、**「顧客の顔が見えている」責任者が、事実をもとに最も腹落ちする仮説を基にプランニングを行い、実施の結果を振り返り、成功則を磨き上げて、売り方や商品開発について次の手を打つ。**

この繰り返し、つまり、**ＰＤＣＡサイクルを廻すことによってのみ、ビジネスからの学びが組織内部に積み重ねられて、事業力の強化が進むのです。**

組織をいかに運営するかは、トップ自らがイメージすべき

たとえば小売業で考えれば、出店スピードがゆるやかな時は、店のマネジャーに丁寧に教育や指導を行うことができます。品揃えの判断力を持たせるだけではなく、経費管理の仕方も体得させ、店の経営者としての判断ができるようにしていくことは可能です。

しかしそのステップもなしに、当座の利益確保を目的として、いきなり「経営感覚を磨くべきだ」と大義名分を立てて、「店舗に利益責任を持たせる」と言われても、店長は「具体的に、どうしたらいいのか？」と戸惑うだけです。

事業における施策では、**組織がどう動き、現場ではどう実践されるのかのイメージを事業の責任者であるトップ、あるいはプロジェクトの責任者などが頭の中に描いていなければなりません。**

いくら「店」という小さい単位ではあっても、突然、収益責任を負わせられれば、ことの優先順位を正しく判断できない店長が出てきます。

図表1-1　PDCAサイクルとは

PDCAサイクル

Plan

「事実から、その意味合いを的確に捉えて、プランニングを行う」

- 最初のPは、現状把握を行うCから。そのPは、現状把握＞意味合いの抽出＞解の方向性の明確化＞施策の評価と決定＞実行計画の策定　からなる
- 2サイクル目以降からは、結果の検証Cにより「意味合い」を抽出して新たなPを立てる

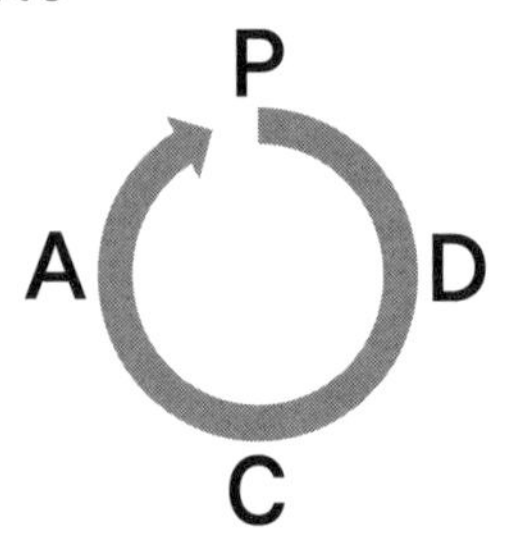

Action

「やり方、方法論を見直し、進化させる」

- 発表用資料、報告の仕方などを見直す
- 特にPDCAを廻し始めた初期の段階は、入念にやり方を見直す
- さらに、業務手順（＝業務プロセス）の改善を進める。結果として、製品、サービスのレベルや品質Q向上、コストC低減、リードタイムDの短縮を進める

Do

「しっかりと実行する」

- 「丸投げ」禁止。Pの意図に沿って、確実に実施。さもなければCができなくなる
- Pの立案側が現場と連携できる信頼関係がないと、実行精度は落ちてしまう

Check

「結果を検証する」

- 結果から「意味合い」を抽出する
- 失敗については一切、叱責の対象にしない。ただし「意味合いの抽出」が的確にできていない場合は許さずに、「学び」が明確になるまで、何度でも再提出

お客さんを大切にしなければならないのはわかっていても、

「営業利益のために、経費削減を徹底するように」

「この店は食材のロス率が高すぎる」

と怖い顔で迫るエリアマネジャーの顔が頭に浮かべば、顧客がいない営業時間中に店舗の一部電灯を消してしまう店長や受注のミスも何とか取り繕いたいと考える店長も出てきます。おそらく私が行った店の店長も、マネジャーの指示に実直に

従ったのだと思います。

そしてホールを仕切っていた女性は、それではまずいと考えて、従来から店に根付いている企業文化に沿った対応をしたのでしょう。

飲食チェーンの中には、人件費率を下げるために、店を一人だけで切り盛りする、いわゆる「ワンオペ」が常態化し、過重労働の問題がマスコミで取り上げられたケースもあります。これは現場に「ムリ」を強いている状態で、こうなると、顧客の来店に切れ目がなければ、行きたい時にトイレにも行けず、アルバイトが熱を出して休んでしまった場合、店外からの応援でもなければ店長は休みを取ることさえできません。

ムリをかければムラが生じ、ひいてはムダの発生原因になる

「3ム」で知られる「ムリ・ムラ・ムダ」の排除は、生産性の向上の重要な視点です。

トヨタグループの内部でこの言葉が使われる際は多くの場合、3つのムは「ムリ・ムラ・ムダ」の順番に並んでいます。かつて自動車工場に在籍時に**『ムリをかければムラが生じ、ひいてはムダが発生する』もの。だから、この順番」**と教えられたことがあります。

会社がつぶれるかどうかの緊急時はともかく、平常時に、現場に**ムリ**な負荷をかけて見た目の数字の帳尻を合わせ続けるのは本来、おかしな話です。

そもそもを考えれば、そのような非常事態に陥らないように手を打っていくことが経営の役割で

す。事情の如何にかかわらず、現場や組織に体力的な**ムリ**をかける状態が常態化すれば、早晩、どこかにしわ寄せがいき、**ムラ**が発生し、企業内の様々な**ムダ**の温床になります。事業としては十分な利益が出ているにもかかわらず、各店舗に利益責任を課したために、赤字スレスレの店では、店の床のタイルがはがれていても修理をせずに放置されるケースが現実には起きます。

来店したお客様にとっては、その店が赤字なのかどうかなどは関係のない話です。現場が収益確保を優先させ、万一、お客様がその店に不快感を覚えた場合は、お客様の頭の中にある店のブランドイメージを損ね、次回の来店確率は大きく下がります。

一人の新規のお客様に店を認知してもらい、来店、再来店してもらうまでに、どれだけの手間とコストがかかるものなのか。**創業者であれば肌感覚で理解している押さえどころが、絵に描いたスキームだけで理解した気になり、その重要さがどこかに飛んで行っている**のです。

多くの日本の会社で起こっている不思議な現象

小売業では、ビジネスの最前線である店舗にいる店長とスタッフにとっての最優先事項は、いかにお客様に満足していただき、良い印象を持ってお帰りいただくかです。

組織分業における彼らの最優先の使命は、ここに集中して常に知恵を絞ることです。

「水道光熱費を下げよう」と唱え始めるのは、それができた上での話です。

もし本社側がどうしても現場サイドに利益管理まで行わせたいのであれば、ことの優先順位を指導できるスーパー店長からなるエリアマネジャーたちにその任を負ってもらうほうが、まだ現実的です。

（1）数値責任だけをただ「丸投げ」し、それが結果として無責任な組織運営となっていることに気が付いていない経営層

（2）施策によって起きる問題点の確認や対応に動くことなく、指示をただ「丸投げ」して「我、関せず」を決め込む本部機能

（3）一方向に「丸投げ」された数値責任や指示によって疲弊していく現場

この企業では、経営層が組織運営の間違いに気が付かないまま、悪気なく「丸投げ」を行ってしまっているのです。

百歩譲って、恐怖政治も辞さないトップダウンで組織を運営するならば、現場の実態情報が意思決定者であるトップまで戻ってくるメカニズムが何よりも必須です。創業者であれば、たとえ偏りはあっても自分なりの情報ルートで現場を確認し、施策の善し悪しを判断して追加の手を打ち、ある規模を超えるところまではそれで機能します。

しかし、この企業ではそれも機能していないようで、「やはり低価格品を戻すか」とあっちでダメならこっちとばかりに、実態把握も不十分なまま手を打っていました。結果、現場に理不尽なしわ寄せが生じ、お客様に不快感を与え、市場とのかい離を静かに促進させて「ダッチロール」を起こしたかのごとくに、業績不振に陥っていったのです。

こうした**機能不全**とも言える現象が起こっている会社は、この大戸屋だけではありません。

事業運営には、たとえるなら、**組織が「一つの人格のもとで自然に動く人体」**のような状態を目指して、全体としてちぐはぐ感なく、それぞれの機能が動く努力や工夫が必要です。

事業がどれだけ大きくなっても、**まずは、当たり前のことが当たり前になされる状態づくり、組織づくりを目指す。そのためにトップは、組織内がどう動いているのかがわかり、各部署が自律的に課題に取り組む状態を目指す。**これこそが、最優先に取り組むべきことです。

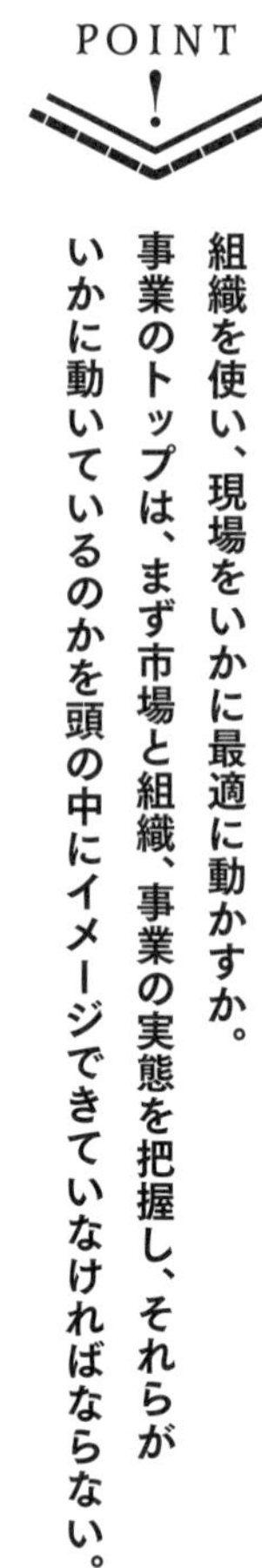

米国式のマネジメントは、人が治める「人治」が基本

組織のパフォーマンスをいかに向上させるか、そのやり方を考えてみると、**「人治」**と**「法治」**の二つのマネジメントの切り口があることに気が付きます。あまり馴染みのない、これら二つについて説明しますので、しばしお付き合いください。

まず**「人治」**は文字通り、個人の能力をもって、組織を治めるマネジメントの考え方です。より優秀な人材を組織図の上位に立たせ、その個人のイニシアティブや適切な判断、前向きな行動によって、事業や組織を発展、成長させる考え方です。我々が、ビジネスに関する本や論文で目にする経営理論のほとんどが前提にしている、米国企業のマネジメントスタイルが、この「人治」式です。日本においても、創業者が事業を立ち上げ、事業を伸ばす場合の多くは、全てにおいて当事者として自分で責任を持って判断するワンマン経営となり、典型的な「人治」式のマネジメントを行います。

「人治」のマネジメントで企業を発展させる場合、次の二つの少なくともどちらかは必須になります。

（1）優秀な人材を中途採用する

（2）社内でマネジメント能力のある人材を育てる

まず一つ目の外部からの優秀な人材の中途採用に関しては、ヘッドハンターを使って探す、あるいはトップの人脈の中であたることになります。

運良く、良い人材が見つかれば問題はないのですが、現実には、そう都合良く良い人材に巡り合えるものでもありません。仮に優秀な人材に出会えても、採用責任者との相性というフィルターでトップ面接や採用に至らないケースもありえます。一般論ですが、人は自分よりも優秀な人材を適切に評価できないと言われます。その結果として、採用すべき才能ではなく、ブランドも含めた肩書きやキャリアの見栄えだけの人材を選んでしまうことも多々あります。

日本のマスコミなどで名前の出る「プロ経営者」と呼ばれる方の中には、有名な外資系企業のマネジメント経験者というブランドのついた方がいます。

外資系企業のトップのポジションにいた方はイメージも良く、英語を駆使することができ、事業オーナーの立場となる本国の親会社との折衝がうまく、当期の数字を作る技術（テクニック）に長けていることが多いものです。

ところが着任中は数字を上げていたとしても、将来を見据えて組織を育てるという視点では、むしろ大きな負の遺産を残していることもあり、その後の処理や対応に優秀な人材のマンパワーを多大に投入して修復しなければならなくなった事例も見かけます。

多くの場合、ヘッドハンターたちは達成すべき予算を負っています。それゆえに、時には適切ではない人材のマッチングであることに気が付いていても、クライアント企業が良いと言うならと目をつぶり、採用を薦めるケースもあります。大手のヘッドハンターの中には、このような事態を防ぐために、ヘッドハンターに数値責任を負わさないエグゼクティブ・サーチ・ファームもありますが、残念ながらそういう評価体系を実践しているところは少数です。

米国のように、プロフェッショナル経営者や幹部の人材市場が活発に動いていて、かつ採用する企業側もある程度、過去の採用の失敗事例から得られた経験則を持っていれば別ですが、日本企業の多くはまだ、そのような学習が十分になされているようにも思えません。

日本でも、成長中のある大手企業では、オーナートップが自ら見て良さそうな人材は幹部人材としてどんどん採用を行います。

その一方で、肩書きだけ、あるいはプレゼンテーションがうまいだけの人材、点取り志向のチームワークを損ねるエゴイストが入ってきた場合は、躊躇（ちゅうちょ）なくどんどん辞めさせます。

これもそれまでの失敗から得られた学習の成果なのでしょう。

いずれにせよ、ヘッドハンターが連れてくる候補者の中から、優秀な人材を見極める採用の仕方を、数多くの失敗を通した学習から企業側が学んでいかない限り、成功確率は簡単には上がらないものです。

こう考えると、二つ目の、**社内でマネジャーの能力を高め、最終的に経営者というポジションを目指せる人材を育て組織運営を行っていることが、この「人治」マネジメントの王道**と言えます。

企業にとって重要なのは、組織のパフォーマンスの向上

近年、人事部が教育予算を毎年しっかりと確保して、社外講師などを使った研修を盛んに行う企業や、社員の外部研修への参加に費用を出す企業は増えました。それ自体は大変好ましいことなのですが、これらの研修の多くは「個人」のスキルアップに主眼を置いています。

最近は、若きビジネスパーソンが組織の中でのマネジメント層入りや昇格を期待していないのか、ビジネス書でもかつては数多くあった戦略や組織論よりも、自己啓発もの、つまり「個人」レベルのスキルアップのための書が圧倒的な比率を占めています。

しかし、**企業にとって本当に重要なのは、組織全体としてのパフォーマンスの向上**です。**マネジャー層が担当部門のパフォーマンスを上げる能力を持つことが最も重要なはず**なのですが、一見、社内の教育に熱心に見える企業でも、個人のスキルアップの座学ばかりに予算配分が偏重されがちです。

経営者人材を育成する制度という視点で完成度が高い、米国のGE（General Electric Company）では、白物家電事業、原子力発電事業なども含めたすべての事業責任者に、ROE（自己資本利益率）22%という数値責任を課します。これは、日本の上場企業の多くのROEが5〜6%程度であることを考えると、かなり高い資本収益性を達成しなければなりません。

ジャック・ウェルチがCEOになった際に、これに加えて、さらに税引後利益、前年対比＋20%の伸びが加わりました。GEでは3アウトチェンジがルールとなっているので、3回目までのチャンス

でこれらが達成できなかった場合は、事業責任者は交代になり、全事業の総和として＋十数％の達成という着地となります。

いい会社には、社内に人を育てる文化がある

GEでは、選ばれたものたちは若い頃から責任を持たされた事業部門の収益目標を達成すべく、また日々、事業運営の腕を上げるべく、与えられた機会（チャンス）に取り組みます。そしてハードルをクリアできれば、責任を持つスパンを拡げ、さらに上のレベルの腕を磨き、経営層入りに一歩ずつ近づくキャリアパスができています。

結局、「人治」の前提のもとでは、ジャック・ウェルチのもとでさらに磨かれた、GEのような段階的な人材の育成を推進する制度、つまり人を育てる土台が伴っていることが必須であることがわかります。いい会社ほど、社内に人を育てようという文化があります。

ウェルチは自身のコピーではなく「クローンづくり」を意識したといいます。

自分と同じ判断を強いるのではなく、自分と同じような思考ができるように訓練を行いました。ウェルチは直属の幹部はもちろん、主要ポジションのマネジャーたちにも直接語りかけることをいとわず、国内外を問わず急に直接電話をかけてくることもありました。**キャリアパスと上下の間での思考を植え付ける指導。すべての優良企業は、この二つの工夫とＤＮＡ（遺伝子）で成り立っていると言ってもいいでしょう。**

我々が新聞やネットで目にするマスコミの報道だけを見ていると、米国のトップは短期間で変わっていくような印象を抱きます。これは、マスコミにとって扱う価値のある報道ネタである、目覚ましい成功などの「アップ」サイドと、成功者の凋落などの「ダウン」サイドの大きな変化の起きたニュースばかりを目にするために起きてしまう一種の錯覚です。

米国で上場している企業であれば、大株主からなる取締役会の指名のもとに就任するCEOには、GE並みの高い資本収益性が大前提として求められます。もちろんCEOの中には、とりあえず単年度の数字の達成ばかりに走り、自己の報酬のアップとポジションの保全ばかりを図る不心得な輩（やから）も存在します。これは、そのような人材を選んでしまう機関投資家やファンドに代表される米国の取締役会の、事業の捉え方や人材の選別眼のほうに問題があると言えるでしょう。

本来、CEOに必要なのは、中長期的な視点での挑戦的な施策と、単年度の数値目標の達成のための機動力の二本柱で采配を振ることです。

「人治」マネジメントの肝は、人を育てること

一方、日本企業を振り返ってみると、まず前提として、良くも悪くも、個人株主、機関投資家を含め主要な株主から、そこまでの高い資本収益性や成長性を求められることはありません。

結果として、創業者などのワンマントップが健在な場合を別にすると、規模が大きく歴史のある企業のほとんどは、高度成長期以来のやり方を踏襲し、現社長や会長が選び、その会社の大株主、場合

によっては旧経営陣などの長老たちが認める、社内からの生え抜き人材が次の社長の座に就きます。

ここで問題となるのは、社内から選ばれる人材の多くは、どんなに優秀でも「和を以て貴し」を重要視し、まずは従来のやり方を踏襲する路線を走る傾向が強くなってしまう点です。

さらに、**トップの座は、2期4年の持ち回りが慣例化していると、中長期的な視座での抜本的な戦略的な判断には必ず躊躇が起きます。**

富士フイルムの古森会長のように、当時主力だったフィルム事業からの流れを変えなければ先はないとの強い意志を持ち、大胆な行動に移して成功したケースはまれです。

これは、いい意味でこの突然変異のような方が役員だったことに加え、変革の意志を抱く周りの方々の賛同を得られたこと、行動に移すためのいくつかの条件が揃ったこと、そしてもともと前向きな挑戦へのDNAを社内に文化として持つ富士フイルムだからこそ起こりえた特殊なケースと言えます。

一般的には社内から選ばれた社長の多くは、各役員にリスペクトを払い、同意を形成して意思決定をしようとします。そもそも経営会議や取締役会の意見を抑えて、「俺はこうやりたい。だからこれで決まりだ」などとやれるのは、日本では創業者か、創業家からのオーナー、あるいは何らかの理由でオーナー家の強い後ろ盾が得られるワンマントップくらいのものです。

2代目以降がワンマントップが描くような「強いリーダーシップ」と言える采配を振って企業を成功に導くことなどは、ただの夢想と考えておいたほうがいいでしょう。

この本でも述べていきますが、**2代目以降はリーダーシップの形が必ず変わります。**

創業者の次の代が、組織を動かす次世代のマネジメントの構築に取り組もうとすると、創業者が自身のやり方とはあまりに違うためについしゃしゃり出てきてしまい、結果、二頭政治状態が起きて、組織運営に混乱を来すことも多いものです。

中には一見、創業者のようなワンマンにふるまう次世代トップもいますが、残念ながらクローンをつくりあげるような育ち方をしてきていないために、創業者には一見よくやっているように映っても、実は形だけ、中身のないワンマンということも多いものです。その場合は早晩、業績は横ばい、低迷状態に陥り、組織が徐々に破綻していきます。この「人治」マネジメントの肝は、健全に考え、先に起きうることを読み、判断できる人を育てることに尽きます。

それにはトップを含めた上長が、組織の直属の部下に考えさせてやらせ、総括をしっかりと行わせるPDCAが、組織で行われていることが大切になります。

「人治」の基本は、人を育て上げること。それもトップのコピーづくりではなく、実務の難題への取り組みを通して頭の中の思考回路を作り上げる「クローンづくり」。

「法治」マネジメントの推進は、永続性のある優良企業化を目指すために不可欠

日本には長期間にわたり、うまく事業運営ができているトヨタ自動車、花王などの優良企業があります。

これらの優良企業のマネジメントスタイルを見ると、スタープレーヤーがスポットライトを浴びながら采配を振る「人治」マネジメントではなく、業務のルールや手順、つまり「業務プロセス」の最適化の推進を重視する**「法治」**式のマネジメントスタイルをとっています。ここで使っている「法治」の「法」は、Law（法律）ではなく、Rule（決めごと）やProcess（手順）を指します。

「組織」と聞くと、誰でも組織図を頭に描きます。

どこの会社でも、現状の組織図の見直し時の議論には、結構な時間を割きますが、組織図を変えただけで、事業のパフォーマンスが劇的に変わるものでもないことは、実は誰もがわかっています。

そもそも組織図の見直しは、力をつけてきたものに、次はどれだけ難易度の高い業務、あるいはより広いスパンの組織を任せるかを定めるために行う、前述の「人治」マネジメントのためのものです。

では、組織そのもののパフォーマンスはどこで決まるのでしょうか。

まず組織、つまり事業体のパフォーマンスは、製品開発、製造、営業の個人や各部門の行う業務、事業全体を一気通貫で捉えた時の業務が産み出す付加価値、そこで発生する人件費も含めた経費、開発や生産開始による着手から顧客の手に渡るまでのリードタイムの3軸で評価することができます。

これは一般的に、ＱＣＤ（Quality,Cost,Delivery、品質、コスト、納期）とも呼ばれ、これをマクロとミクロの両視点で捉えて、業務フローの表記で表すことのできる様々な「業務プロセス」、つまり時間の流れに沿った業務手順の「カイゼン」を進めることで、組織のパフォーマンスは上がります。

かつては「カイゼン」という言葉に対しては、「改善じゃだめだ。改革じゃないと」と表面的に捉える風潮もありました。

しかしさすがに最近では、かつてのマッキンゼー・アンド・カンパニー時代の同僚たちも「カイゼン」の重要性について熱弁を振るっている姿を見るようになってきました。結局、改革が必要になるのも、この「カイゼン」を怠っていた、マネジメントの怠慢の結果であることは周知の事実になってきています。

「法治」マネジメントの視点を持っている企業は、この業務手順を明確にし、日々、これを「カイゼン」し、品質やコスト、納期をより良いものにしていくことに取り組み、事業のパフォーマンスが人の能力に左右されずに、日々の「カイゼン」で業務精度が高まるような工夫をしています。

トヨタにおいては、先達の努力により、言語化されて受け継がれるトヨタにおける「ものづくり」の思想に基づいて、社員全員が、日々、自身の業務の「カイゼン」を続ける文化が根付いています。**マネジャーの本当の能力は、そのマネジャーがいなくなった後も、そのパフォーマンスが維持される状態を作れるかに尽きる**と、よく言われます。

これはまさに、最適なパフォーマンスを出せる状態を、使われる帳票や会議の仕方も含めた「業務フロー」で表現される「業務プロセス」の手順を作ることと、そこで働く人と組織の動きのレベルを上げることがマネジャーの仕事であることを意味しています。

そこで行われる「カイゼン」は、「ルールを変えよう」「やり方を変えたからね」、で「あとはやっておいてね」で済むものではありません。**決めた通りに行われているか、そして、その新しい手順が適切なのかをしっかりと見極めて、上長であるマネジャーが「躾（しつけ）」と手順の修正を施して、初めて「業務プロセス」として定着するのです。**

常に「カイゼン」を重ねていくことが「法治」の前提になる

「和を以て貴し」が根底にある日本企業では、善意の前提のもとで忖度（そんたく）を行い、皆が粛々と仕事を行います。この背景のもとではその仕事の仕方、手順、担当範囲の最適化を進めることが、組織力を高める一番の方法になります。すべてのルールや決め事には、それが適応できる前提が存在します。

そしてそれが十分に明らかになっていないがゆえに、**全ての決めごとやルールは常に不完全であり、「カイゼン」の余地があって当たり前なのです。**

常に、様々な業務の仕方に「カイゼン」を重ねていくことが、ここで言う「法治」の前提になると言えます。

トヨタでは、業務のルール、手順の「カイゼン」をトヨタの創り上げた思想、ものづくりの考え方に則って、全社で理解して行う、「全員参加の経営」を標榜しています。このことからも日々の業務の見直しの推進と指導が各職位のレベルでなされる土俵づくりが、経営の役割であるという前提がトヨタにあることがわかります。

これは、「人治」と「法治」のどちらかを選ぶという話ではありません。

企業の成長に伴い「人治」から「法治」へとマネジメントの比重が移る

事業運営の最適化を推進するために、誰がどの範囲で、パフォーマンスを発揮するのが適切なのかを見極め配置し、責任を持たせ、指導を行い、人を育てるのが「人治」。

それに対して、「どういう業務手順の組み立てがパフォーマンスを最大化できるのか」を追求するのが「法治」。企業の成長につれ、それぞれをいかに組織文化にして定着させるかという話です。

事業のスタートアップの際には、どうしても属人的な能力で事業と組織を引っ張っていかねばなりません。ただし、ある事業規模に至った時や競合状況が熾烈を極めるステージに入ってきた時、そして、いくら創業者が健康に留意していたとしても事業承継を考えなければならなくなる時は、それまでのようにトップ一人のＰＤＣＡ力だけでは事業を成長させ続けられません。

その時までに、適切な「人治」と最適な「法治」を追求する文化づくりを行う必要があります。

ワンマントップの場合、「法治」式マネジメントを語る時に、そこでのトップの役割がうまくイメージできない場合があります。確かにトップが「右だ」「いや、左だ」と采配を振っているスタンドプレーが目立つ「人治」マネジメントのほうが派手に見え、一見、印象良く映ります。

トヨタと花王の二つの優良企業を見ると、それぞれ大野耐一、丸田芳郎という中興の祖となる偉大なリーダーがいました。彼らは、自らが組織を率いたというよりは、組織の力を強くすることに注力して、企業のその後の発展を実現させたのです。彼らは自社の事業を成功に導く業務の進め方、言うなれば「業務定義」を明確に描き、それを組織に定着させることで自社の成長、収益性を大きく改善させました。

・業務手順を明確にする(「業務定義」)
・実行を徹底する(「躾」)
・その結果を見て、さらに修正を行う(「カイゼン」の推進)

これらを「ものづくり」の各工程の作業のみならず、物流、設計や開発、営業も含めたすべての業務で分業して徹底し、すべての業務が進化を続ける組織を作ったのです。

さらには、個人や部署内の業務だけではなく、開発、設計から販売までの「業務プロセス」を、事業全体の一気通貫でとらえた全体最適の視点での「カイゼン」にまでつなげることにより、事業の価

図表1-2 「業務プロセス」とは:業務フローによる表記

各部門が、インプットを受け取り、そこに作業による付加価値を加えて、次の部署に渡す。

この連鎖がバリューデリバリーのための業務プロセスであり、業務フローとして表される

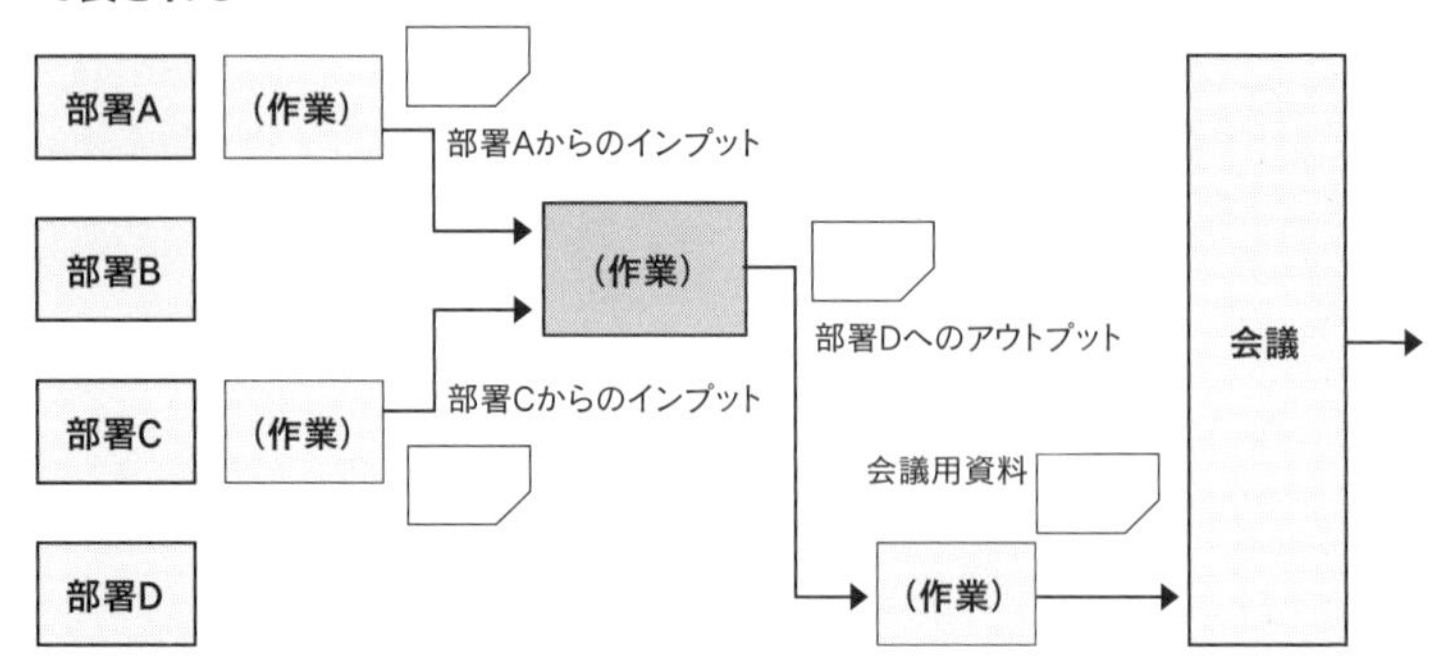

■ 組織図は権限と責任の範囲を示したものであるのに対して、製品やサービスの開発、製造から販売までの各業務がいかに行われ、いかに流れるかが「業務プロセス」。そして、これを「見える化」したものが業務フロー

図表1-3 「業務プロセス」の進化で効果が得られる3つの軸

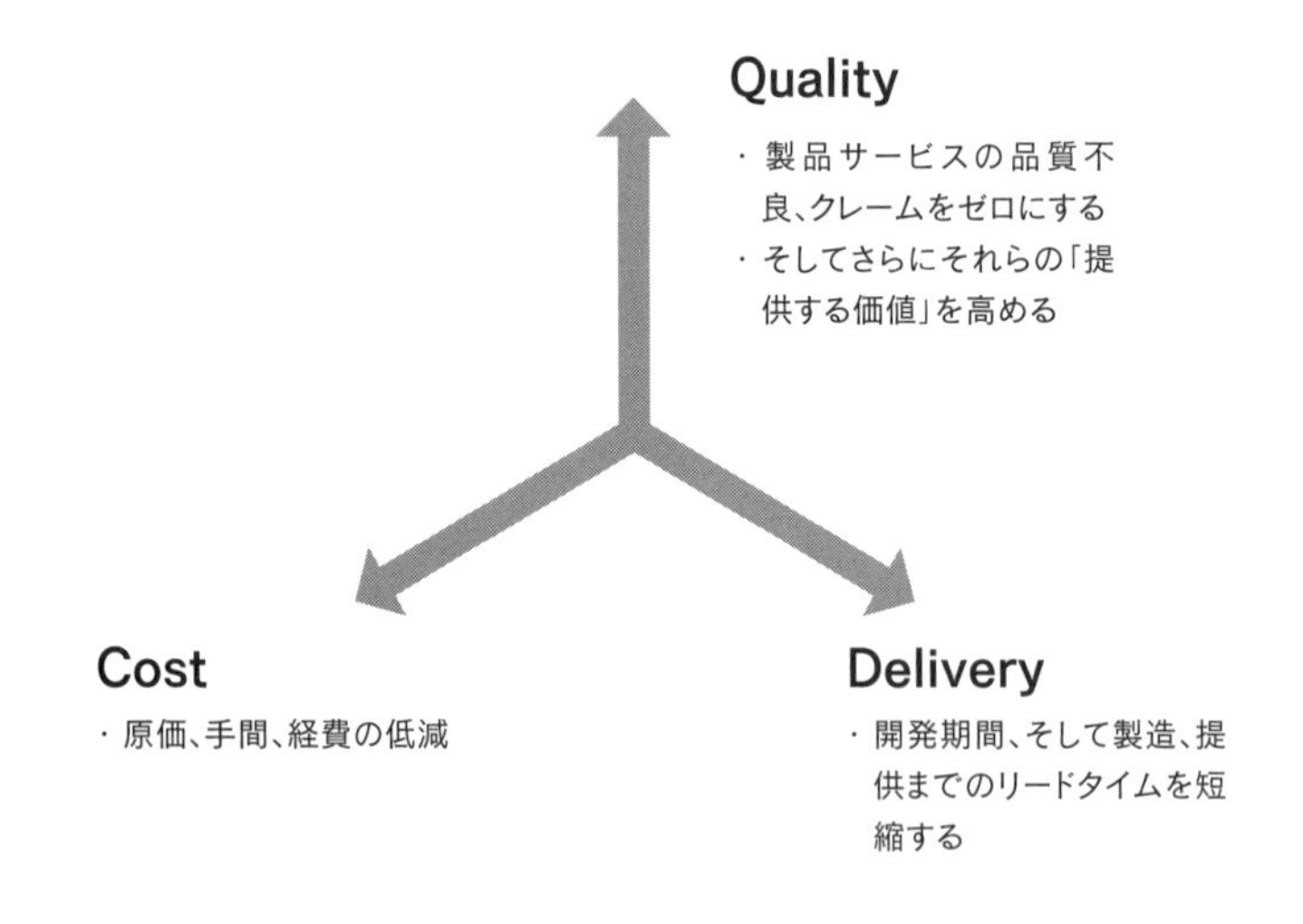

図表1-4　「人治」と「法治」のマネジメントとは

「人治」	「法治」
「優秀な人に組織を託す」	**「業務手順、ルールの最適化を図る」**
・人材を育てる ・人材を採用する （・組織図を最適化することも含まれる）	・ものづくり、そして事業運営の効果・効率は、その手順で決まる。PDCAを廻す帳票、会議の進め方を含めた**業務プロセス**（手順）の最適化を進める…　**PDCAのA**（カイゼン） ・「和を以て貴し」　日本では、これを推進する企業が、永続的発展を果たしている

値創造のご本尊ともいえる「業務プロセス」の進化の継続を実現しました。

これを率先して行うリーダー役を担ったのが、彼ら中興の祖です。

創業者の場合は、どうしても自分の想いを形にすることに注力してしまうため、自分中心のマネジメントで終始してしまう場合がほとんどです。

この「法治」マネジメントに成功した企業を見ると、それをけん引したのは現場をよく知り、ナンバー2のポジションにいて組織のパフォーマンスをいかに高め続けるかのイメージを描くことができた人たちです。

これら、「人治」と「法治」のマネジメントはどちらか一つを選ぶものではなく、組織を強化する二つの切り口であると捉えていただければいいと思います。

自社の発展のステージに合わせ、「人治」と「法治」の両方の視点から、マネジメントのレベルを上げることが重要。

成果主義評価の導入は、エゴイズム蔓延の契機（トリガー）になる

成果主義の評価導入におけるマネジメントの課題を考えてみます。

成果主義の評価は、社員に対しては「成果を上げた人は報われる」制度とうたわれます。人が治める「人治」式のマネジメントが前提にある米国企業では、どうしても主観的な評価が横行してしまいます。よって、客観性のある評価基準として必要に迫られて米国で拡がったのが成果に基づく評価のあり方です。

しかし、低成長下の日本企業においては、米国で取り入れられた時の意図とは異なり、人件費率をコントロールする道具立てとして導入が進みました。この成果主義の評価をただ単純に取り入れると、社内にエゴイズムが蔓延する危険性の種を蒔くことは、欧米企業ではすでに常識です。

これを放置すれば、自分、自部署の評価につながらないことは誰もやりたがらなくなります。その結果、

・自分、あるいは自部署がその数字を達成さえしていれば他部署のことは関係ない
・中長期的な課題などには誰も着手しない

などの、保身も含めた個人主義（エゴイズム）が蔓延します。

現実に、外資系企業の中には、事情を理解せず日系企業から来た新参者に、厄介な仕事を押し付けることが通例化しているところもあります。

つまり、欧米企業で一般的な個人の能力で治める「人治」式マネジメントのもとでは、**評価数値以外をマネジャーがしっかりと見て、チームやグループの全体最適をはかることが大前提**なのです。

そもそも仕事の出来高に応じて報酬を得る感覚が一般的な米国では、働く側も評価の是非について言うべきことを述べ、マネジャー側もチームワークなど、働くものとして当たり前のことをはっきりと口にして指導を行う文化があります。考えを主張し、正しいイニシアティブを発揮することに意義を認める文化の下で発達したのが米国発の成果主義の評価体系なのです。

ところが多くの日本企業では、成果主義評価を表面的な利便性だけで導入してしまい、その前提となる、組織としての「べき論」を重視する「躾」を行う文化づくりは重視されませんでした。

かくして、「躾」の文化が弱い企業では、エゴイズムの静かなる暴走が始まり、「自分の評価に関係ないことには俺の担当じゃない」「我、関せず」と皆が見て見ぬふりをしている状態が放置される事態が起きてしまいました。

本来ならば導入支援を行った人事系コンサルタントが、この肝心の押さえどころを事前に強調して説き、文化を作る指導を行うべきだったのですが、「それは当たり前のことですから、自社内でやってください」と一言添える程度で手を放したのです。

誰が責任を持って、その案件のPDCAを廻しているのか？

このように、**成果主義の導入時にはトップを含むマネジャーの振るまい方が成否を分ける鍵になります。下手をすると、日本企業の背景にある「和を以て貴し」の価値観に基づく、チームプレーを重視する貴重な文化を破壊することになります。**すぐに気が付き修正を行った企業もありますが、残念ながらそのまま放置してしまった企業も少なくありません。

さて、経営視点から考えてみると、これが起きた原因は何なのでしょうか。

日本企業の場合は人事権が上長ではなく、人事部にあることを問題点として指摘する方もいます。従来、日本企業の強みは人事部が、社内をよく見張って誰がどう育っているのかまでもしっかりと見て、どうすれば組織が強く育っていくのかをトップと共に考えていることでした。企業が大きくなった場合には、事業部内に総務部を置き、そこがこの日本式の人事の役割を担っていました。

ところが人事部に対しても成果主義の評価が行われ、制度を導入した後は、数値目標を決めて、部署の評価も機械的に集計した結果から決まり、人事部の役割も変容する企業が出てきました。こうなると、組織内に起きている様々な問題に目を配り、中長期視点で「組織開発」のための課題を考える役割をどこが司っているのかが不明瞭になります。

仮に、成果主義の評価体系の導入で組織が変調をきたしているならば、評価体系の見直し、撤廃さえも選択肢に含めて素速く修正を図るべきところです。

それを「自分たちが導入を行った評価体系だから、失敗があったことにはしたくない」と課題の隠ぺいを図り、修正のＰＤＣＡを止めているとしたら、それは本人たちへの叱責の前に、本部組織への「躾」がなっていない点、つまり経営側に問題があると考えるべきです。

人事評価システムは、事業の根幹にかかわるトップの課題です。よってこれを正しく機能させるためのＰＤＣＡサイクルを廻す、あるいは廻させる責任はトップにあります。

トップが自ら人事部長などを使って情報を集め、必要な分析をさせて確認し、自分の頭の中で健全な状態に修正するＰＤＣＡを廻す。あるいは人事部長にＰＤＣＡを廻す役割を委任して、彼が廻しているＰＤＣＡを「見える化」させてトップが確認を行い、健全な形での定着を推進する。これらのどちらかを選択することになるでしょう。

これはＰＤＣＡを廻す主体がトップなのか、トップから委任されたプロジェクトマネジャーなのかの話ですが、日本企業ではこれがあいまいと言うか、「丸投げ」されてしまう、緩(ゆる)すぎるケースをよく見ます。

独裁的なワンマントップが自ら行う時などはさらに危険度が高まります。正しく事実を押さえずに、たまたま見たことや、聞きかじってきた話で振り回し、結局は「自身の思いつきが正しい」とばかりに無理やりにでも実行させてしまうケースもあります。あるいは誰かに任せた場合は、性善説に基づき任せたつもりで「問題があれば何か言ってくるだろう」程度の認識で放置するケース。

ところが、そもそも任せた人選が適切でない場合、あるいは社内に「躾」の文化がない場合は、任されたほうが自分にマイナスの評価がつくリスクをおそれ、トップの耳に実態情報が届くフィードバックのパス（路）を遮断し、耳に心地よく響く報告のみを上げるといったことがよく起きます。

成果主義の評価制度の導入を推進した人事部や経営企画室が、スタート後に現実に起きているこれらの問題を自らトップに上申して、見直しの手を打った企業が果たしてどのくらいあるでしょうか。

コミュニケーションの改善の徹底で離職率が低下

昨今、店頭の現場や物流センターでの人手不足の問題が深刻化し、報じられてきましたが、職場の離職率の高さについても、作業のきつさが本質的な原因ではありません。

なんの説明もなく一方的に、本社や上長から押し付けられる効率やノルマ。そして、マネジメントからのケアもなく、上層部への信頼感がなくなっていること。そして本人が抱える孤独感が問題の本質です。

実際に、物流改善コンサルティングと実際の運営を請け負っている私の知人が、ある物流センターの離職率の高さの問題に取り組んだ時に、このことに気が付き、マネジャーによる現場のコミュニケーションの改善を徹底することで離職率は一気に下がりました。現に職場の上長がしっかりと現場を「視（み）て」管理している製造業などでは、離職率が跳ね上がることはありません。

もし、トップダウン型の組織運営を行うならば「トップ」側、つまり意思決定を行う上層部と経営層が、現場の実態を正しく理解している必要があります。

ここでは、成果主義の評価制度を例にしました。結局、すべての**施策について、市場や組織に対してどのようなインパクトを与えているかを把握すること。そして、常に謙虚にすばやく方向修正ができる「組織のＰＤＣＡ」が、誰を責任者にして廻っているのかが明確であることが、組織運営の大前提**になります。

これを言い換えれば、**組織の設計とは日々の業務、あるいはプロジェクトにおけるＰＤＣＡを廻す単位の設計と言えます。**

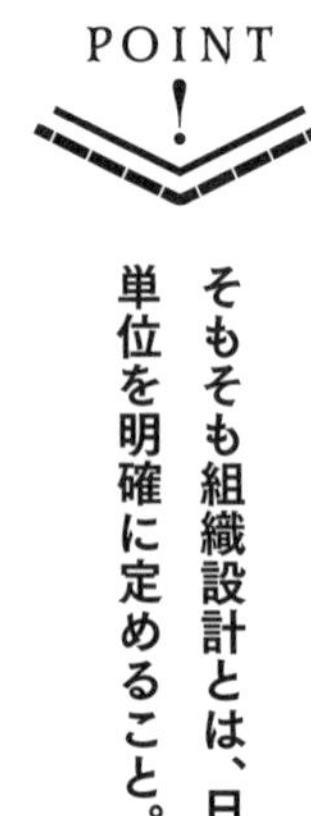

そもそも組織設計とは、日々の業務、プロジェクトにおけるＰＤＣＡを廻す単位を明確に定めること。

PLを自身の成績表と錯覚してしまう経営者

一般的に、商材を仕入れて販売、あるいは原材料を仕入れ、あるいは加工して販売する企業の創業者は、毎日、売上日報を確認する習慣があります。

その様子を見ている周りの幹部や側近の社員たちも、

「経営者というものは、売上を毎日気にしなければいけない」

とトップと同じように日々の売上数字を見るようになります。

私自身が経営陣の一角に籍を置くポジションで企業に入る時も、翌日から営業所や店別の売上日報が手元に届くようになることがあります。

もちろん、日々の売上実績を知ることの重要性は十二分に理解できます。しかし、

「週次や月次ではなく、日々の売上を見て、それぞれの部門の責任者はどう動くことを求められているのか？」

についても、どの会社に行った時にも毎回、考えさせられます。

実は、創業者が日々の売上を見るのは、会社の資金繰りが大丈夫かを確認する創業時の習慣からきています。ご存じのように企業は、月次や年次の決算のＰＬ（損益計算書）が赤字になったからといって、すぐには倒産しません。

企業の息の根が止まるのは、支払いができない、返済や利払いができないなど、現金が枯渇して資金繰りがストップした時です。

小売業では、日々の売上を現金で受け取っている場合、問屋から仕入れた商品の支払いが翌月末であれば、ほぼ1か月から1か月半分の売上（現金）が手元資金としてあることになります。この入金と支払いの時間差を利用した「回転差資金」（現金の回収と支払との差から生じる余裕資金）と呼ばれる手元資金つくりの方法を使うと、特に大きな売上をつくった時には手元に多額の現金を得ることができることを、小売業の創業者のほとんどが理解しています。

小売業チェーンの創業者が、なりふり構わぬ「閉店セール」「半額セール」などの過激なうたい文句のセールを好みがちな理由がここにあります。

「手元の資金が心配だから、毎日私は売上を確認する」

こう言ってしまうと、大物感も失せて格好悪いと考えるのか、創業者もなかなかそうは口にしないものです。

上場して資金繰りに不安がなくなっても、経営者は現金が枯渇した時のトラウマや、あるいは「攻めに使える資金力」を備えておきたいと常に考えるものです。

創業トップが、手元資金の増減を把握するために日々売上高をチェックしているということは、管理本部長や財務担当役員以外は、側近の幹部であっても案外気が付いていないものです。

失敗から学んできた創業者は、経営判断の際の優先順位を間違えない

創業者は、今風の表現をすれば「スタートアップ」の成功者です。

彼らは他の人がやっていない、あるいは気付いていない事業のユニークな切り口に商機を見出し、果敢に挑戦してビジネスチャンスを切り開いてきました。

創業者にとっての最優先事項は常に、**「まだ見ぬ事業機会を見出し、それをものにせよ」**です。

その際の資源となる手元の現金を使い、事業機会へ切り込む角度にさえ確信を持てれば、少々の苦労とリスクはあっても切り込んでいきます。その角度が良ければ道は必ず開けること、そしてリターンはその結果として、時間がかかっても後からついてくることをよく理解しています。

その一方で、自分の部下に対しては「売上を上げろ」「新規事業を人に任せている場合などは「とりあえずは黒字化させろ」という檄（げき）を飛ばして、追い込みます。

そして、めでたく上場を果たすと、財務諸表が期ごとに世に公表され、企業は「利益、つまり配当を生み出すエンジン」の色を帯びてきます。リターンを期待する株主にとっては、配当を生み出すキャッシュマシーンと化し、事業価値の向上を期待する投資の対象となっていきます。

社内的にもわかりやすく、かつ金融機関も重視する、売上の伸び、粗利、経費、その下に記載される営業利益、経常利益、税引き後当期純利益、つまりPLを意識するようになります。

それでも創業者がトップのうちは、日々、どんなに「売上だ！」「利益だ！」と騒いでいても、**本当に重要なのは事業機会の開拓による成長への挑戦であり、そしてその前提にある事業の存続であることを十二分に理解しています。**そもそも銀行がPLを意識するのは、企業に貸し付けた金額が安全に回収できる状態であるかどうかが最重要な管理項目であるというだけの理由です。

よって、借入先のメインバンクが不安になるような財務内容でない限りは、本当に苦労をしてきた創業者ほど、最終的な経営判断の際に、事業の存続と将来の発展を重視し、本当の優先順位を間違うことは、まずありません。

「自分の成績表に汚点が残らないように」とリスクを避けてしまう

ところが代が替わって、2代目以降、あるいは生え抜きの社長、それも学歴の高い社長の代となってくると、無意識のうちにPLを自身の「成績表」として意識するようになります。

世に名の知られた上場企業では多くの場合、高学歴の方が集まります。

その中で、社内で評価される実績を上げた方が経営層に入り、そしてトップになると「自分の成績表に汚点が残らないように」と似た感覚で、とりあえず赤字や減益を避けようとする傾向が出てきます。

一般的には、事業部長として実績を上げた方が次の社長候補になります。ただし事業部長はＰＬの数字で評価されることが多く、ＢＳ（Balance Sheet、貸借対照表）の感覚が磨かれていないことがあります。ＲＯＥ（自己資本利益率）の感覚を持てずに、たとえば工場や物流センターなどに理にかなわない大きな投資をしてしまう例もあります。

また歴史のある多くの上場企業では、高度成長期からの慣習で、前述のように2期4年でのトップの交代が恒例になっています。しかしながらこの任期4年は、自身で新しい種をまき、じっくり、しっかりと育てるには短すぎ、在任中の減益のリスクを回避しようとするとますます大胆な手が打たれにくい状態になります。

日本では、米国企業のトップはすぐに変わる印象を持っている人が多いようです。

しかしこれは、マスコミは大きな変化ばかりを記事のネタとして報道するために起きた錯覚で、ＧＥのジャック・ウェルチが16年間トップの座にいたように、優秀なトップは長期間、続投することがマスコミには報道されない現実です。

考えてみればこれは理にかなった話で、米国の優良な大企業では、トップに上がるまでには、事業部長、事業本部長、そして不振事業の立て直しなどで、その腕を磨きます。彼らは、数多くの優秀者の中から実績を通じて、自身の秀でた能力を証明してきた人材です。目をつぶっていても市場が勝手に発展する高度成長期ならいざ知らず、今のように変化対応が最も重要な経営者の役割となる時代に、真に腕を磨いてきた人材に腕を振るってもらう期間を2期4年に制約してしまうのは、市場、社員、そして株主の視点からもおかしな話です。

謙虚に学び、攻めの姿勢をとり続けない限り、事業は必ず低迷する

２０２０年10月に財務省の法人企業統計調査にて発表された19年度末の内部留保が４７５兆１６１億円となり、過去８年増加し続けています。

今回、全世界が見舞われたコロナ禍では、特にこの日本の大手企業の内部留保の大きさが功を奏しています。しかし、本当にコンティンジェンシープラン（緊急時対応プラン）として読み込んだ上での内部留保だったのか、というと怪しいところはあります。

また、不振企業の再生の場数を踏んだ会計士や弁護士と企業評価の話をしていると、「内部留保なんて、すぐになくなりますよ」と指摘されます。企業が「攻めの姿勢」をとり、謙虚な「学び」を続けない限り、事業は必ず低迷状態になり、そのままでは自力で抜け出すことが難しくなります。

今の日本では、本来、企業にとって必須である、将来の「攻めの投資」のための元手となる内部留保を、必ずしも有効に使えてはいない企業も多々、見受けられます。

これには、20年以上前のバブル崩壊からの立て直しのために、内部留保の確保に努力してきた習慣がそのまま代々、**「前例踏襲」**の形で受け継がれてきたままになっているからでしょう。

そしてそのうちにＰＬが、偏差値ならぬ「成績表」感覚で受け止められるようになり、経営の実態をある切り口から見るための手段が、達成すべき目的にすり替えられてしまったともいえます。

人が考えていることは適切に言語化されないと、伝わらないことが多いものです。そして人の頭は、誰でも自身が気付かぬうちに、いともたやすく「**思考停止**」を起こします。

上場した米国企業の株主は、株価と配当への志向性が強く、CEO（最高執行責任者）に対して、配当か成長性に基づく株価の上昇による当期の事業価値の向上を求めます。

これが行き過ぎて、自身にとっての報酬にも直結する、当期の利益や株価のアップばかりに注力し、会社の先々のことなどは無視した行動も選びうるインセンティブが働きます。

その結果として、たとえばメーカーなどでは期末になると、当たり前のように販社に出荷する商品の押し込み販売などが起きます。

米国企業に比べれば、日本企業の株主の圧は穏やかなもの

米国で行われている経営の方法論については、絶え間なく繰り返される新しい提唱と、実験的ともいえる実践の過程と結果から、学ぶべき点が多々あるのは間違いありません。

しかし米国の経営の現場で、今、行われていることすべてが是であるとして、コンサルタントやITを含む経営ツール販売企業に言われるがまま受け入れてしまうのも、明らかにおかしな話です。

組織内に絶大なる権力を誇ることのできるCEOの上位に、その任免権と報酬を決める権限を持つ取締役会が位置する米国上場企業の置かれる状態は、構造的に捉えれば健全です。

それでも、仮に事業の実務面を理解できていない取締役会が事業観なしに、リターンの追求ばかりを求めれば、事業責任者はそれだけでは良くないことはわかっていても、短期収益の確保に走らざる

を得なくなります。

その結果として事業の「あるべき形」を作り上げるどころか、目の前の数字を作るために、事業と組織の中長期的な発展のための種まきと育成、チームワークの文化づくりなどを無視するCEOが現れるのも、自明の理です。

こうして考えてみると、日本企業を取り巻く環境は、その善し悪しは別にして、株主の姿勢を含めて大変穏やかなものです。

現に株主総会に来られる株主の多くは「中長期的に企業が発展する手を打ってほしい」と切に望んでいます。

自分の「成績表」を気にしながら毎年、単年度の収益の絞り出しばかりにあくせくすることなく、企業の永続的な発展を実現する健全化を図りたいと考え、その腕を持つ、心ある経営者やそれを目指すビジネスパーソンにとっては、本来、日本では極めて理想的な環境が出来上がっているはずなのです。

しかし現実は、せっかくのその環境を有効には活用できていないようです。

もちろん、PLは経営の「今」をある側面から的確に投影した表記方法であり、そのPLを補完するBSと共に見て初めて、財務の全体像となります。日々見慣れているこのPLに成績表感覚を抱いてしまうことは理解できますが、これはあくまで、決算の1年間のビジネスの動きを、現金換算して表現しているだけです。

企業にとっての最重要課題は永続性のある成長

あるアパレルのチェーンでは、多大なる持ち越し在庫を抱えているにもかかわらず、年度のＰＬを改善するためにと、年始に売り出す福袋に、わざわざ粗利益の取れる商品を新規に発注して用意しました。

結局、商品の品質は顧客の期待レベルに至っていませんでしたので、計画していた数量を販売することができず、せっかくの持ち越し在庫を換金する機会を逸してしまい、ただ現金を減らし、ＰＬも改善しないという結果に終わりました。

そもそもビジネス、あるいは商売の本質は、財布の中にあるたとえば１００万円を、１年なら１年という期間単位でどのくらい増やしたのかというシンプルなものです。

ビジネスを続けるためには、それを支える社員が必要です。また、その事業の価値を信頼して「また、買いたい」と思ってくださる顧客に支えられているのです。それゆえ、**事業には永続性が必須になります。**

仕事をしてくれた社員への分配金、事業に要した経費、企業に投資してくれた方々への配当を差し引いて、残った利益分を積み重ね、それを使って事業を拡大、発展させていくべきものです。

その一方で、経費の節約だけで利益を捻出し、前年対比＋数％の成長の達成に一喜一憂しながら、何年間もとりあえずの利益確保で及第点を得た気になっている企業は、世に数多くあります。

そういう会社は、新卒者の採用を続けながら、今のピラミッド型の組織の形を維持するには、その

程度の成長率ではまったく足りないことに気が付いていないのか、あるいはその事実には目をつぶっているのかもしれません。

さらに考えてみれば、本当に企業の発展の原動力となりうる様々な知恵や知見は、経営上は単なる人件費とみなされ、役職定年や定年後の再雇用時に給与が大幅に下がる、実務の経験を積んだエキスパート、特に高度成長期が終わり、現場でアガキ続けた経験のある今、引退しつつあるシニア組が有しているのです。大企業であればあるほど、このことに気が付いていないのか、あるいは目の前のPLの帳尻合わせのためにあえて目をつぶって、人事部が上げてくる人件費抑制プランを承認しているのかもしれません。

たとえば、今の管理体系の中で保身型の技術者も増える一方で、様々な知見を蓄積してきた日本の優秀なエンジニアたちは、定年を迎えると頭の中の**知恵の集積**を会社の財産として十分に残すことなく、企業を去っていきます。

経営側に、その方々にうまく活躍していただくマネジメントのあり方が、いまだにイメージできないのでしょう。

判断を誤るとキャッシュがなくなり、一瞬にして息の根が止まるという切羽詰まった状態ではない限り、事業価値を向上させる経営者の評価は、次の通りです。

(1)事業に要した金額に対して、どのくらいのリターンがあったのか、つまりお客様がどれだけの付加価値を認めたのか(効率)

（2）事業が成長していて、その成長に継続性をもたらす挑戦がなされ、学びがなされ続けているのか（攻めによる学習と、それによる成長性）

（3）その事業が信頼のブランドとして、世にどれだけ浸透して、顧客のリピートにつながっているのか（信頼の蓄積）

この3点から評価されるべきものであることを、今一度、経営層、そして株主は、改めて確認すべきではないでしょうか。

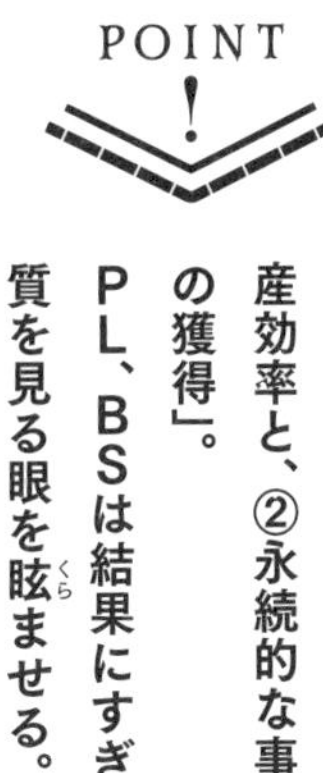

ビジネスは、①財布の中のお金を1年後にどのくらい増やしたか、つまり資産効率と、②永続的な事業の発展と成長のための、永続的な「学び」と「信頼の獲得」。

PL、BSは結果にすぎない。特にPLばかりへの意識の偏重は、経営の本質を見る眼を眩（くら）ませる。

すべての課題や業務において PDCAを廻し、舵取りを行う責任者が明確になっているか?

現実には、本部側が現場に指示を一方的に「丸投げ」している事例は、枚挙にいとまがありません。

以前、日本のある大手のGMS（ゼネラルマーチャンダイジングストア）で、卓越した売り場を実現していることで知られる名物店長にお目にかかった時に、次のように話されました。

「私が毎日行う最も重要な仕事は、本部から毎日送られてくる膨大な量の指示メールのタイトルを確認し、一つずつ消していくことです」

本部からは、どれももっともな指示や伝達事項を現場に発信しているはずですが、その一方で、現場で動かせる手数は限られています。

小売業では顧客の需要を喚起し、商品を提案する売り場を整えることが最優先の業務です。

しかしこの会社では、もし「現場」が本部からのすべての指示に律儀に従ってしまうと、売り場づくりや作業にさえ必要な時間が割けなくなってしまう、本部からの指示の一方通行状態になっていたのでしょう。

チェーン店の運営には、本部からの作業指示、伝達事項の優先順位付けを行うフィルターと整流機能として、店頭での作業負荷を現実的に可能な範囲におさめる役割が必要です。おそらくこの本部にはその機能がなく、この店長が自分の判断でその役割を果たし、組織設計の不備を補い、本部からの叱責のリスクを負っていたのです。この企業では大手のコンサルティング会社が戦略立案を行っており、その際に組織についても提案が行われていたはずです。

しかし、この企業の現状の組織運営を前提にした時に、最も重要な「市場との接点」である売り場の最適化に、店の人員を最優先に向けるための組織設計の視点は、残念ながら抜けていたのでしょう。

私たちも自身の生活習慣において、頭ではわかってはいても「性怠惰」がゆえに、食べすぎたり飲みすぎたりの安易な習慣を続けていることがあります。

企業もまったく同じで、経営レベルでもちょっとした情報を押さえて対応しておけばよいものを、実態の把握不足が積み重なり、徐々に不健全な状態になっていきます。そして**「機能不全」が進行して組織内、特に現場の努力で耐えきれる限界点を超えたところで、一気にPLなどが悪化し表面化することになります。**

言うまでもなく、ビジネスにおいて最も重要なのは、製品やサービスなどの価値を創造し、お客様に提供する開発、製造、営業などの現場です。

「現場が重要だ」の言葉に異を唱える人などなく、社内はもちろんのこと、コンサルタントをつかまえても百人が百人、これの言葉を口にします。しかし現実には、組織を始めとした様々なプランの策定に際して、その「現場」を自身で体感し、理解する努力をして「どこが押さえどころなのか」「何を重視すべきか」を実際のプランに組み込めるスタッフやコンサルタントはあまりいないように思います。

どんなに素晴らしい技術や製品、サービスを開発しようが、その価値を正しく形に表現して顧客に伝え届けなければ、せっかくのそれまでに行った努力はすべて水泡に帰します。

その現場を最適に機能させるイメージが不十分なままに、「ぼくは常に正しい」と「無謬性」を起こした本部から、悪気なく一方的に"Do this"という指示が日々発信されている企業は呆れるほどに多いです。なぜ、このようなことが起きてしまうのでしょうか。

トップの役割は、ＰＤＣＡを初めとするビジネスの基本を組織に躾けること

日々の業務をはじめ、全ての案件やプロジェクトを成功させるためには、「船長役」としてPDCAを廻す責任者が必須です。

これは、本部から現場に発信される指示や実施事項についても同じです。

「現場で参考になればと思い発信しておきます。実施するか否かはそちらでご判断ください」

この注釈付きの発信でもない限り、すべての指示について発信側が責任を持って成功に導くための確認と調整のＰＤＣＡを廻していなければ、おかしいはずです。

たとえば、当週の売り場づくりのプランが本社商品部から発信されたとします。

もし店の売上や粗利益責任が店側にあるならば、店はその売り場づくりの基本案を参考にして自らの判断で売り場を作ります。この場合、店のパフォーマンスを最適にするＰＤＣＡを廻す責任者は店長となり、商品部のバイヤーからの発信事項があったとしてもそこに強制力はありません。

仮に店がその指示に従わねばならないのかについて揉めた時は、組織図の営業部と本社の商品部の上に位置する事業責任者が責任を持って判断します。

しかし、現実には日々の運営では事業責任者も細かいところまではいちいち確認はしません。

結局、どう判断するべきかを現場側が都度、忖度する形になります。多くの場合は、指示に従わなかったことによる叱責よりも、数字を落とした時の上からの叱責の大きさを読み、現場は確実に営業数値がとれそうな打ち手を選びます。かくして本部のプランニングの精度が低くあいまいであったとしても、その実行の判断は現場に委ねられ、発信側の無責任さを助長することになります。

ある企業で、現場への発信物に目を通した際に、何を伝えたいのかが皆目わからなかったことがあります。すべての企画には、Ｗｈａｔ－Ｗｈｙ－Ｈｏｗ（何をするのか、なぜやるのか、いかに行うのか）が揃っていなければなりません。その発信ではＷｈｙが破綻し、Ｈｏｗも一部欠落していたのですが、現場は何事もなかったかの如く通常通りに動いていていました。

多くの日本企業では、組織設計、数値責任の設計をしても、実態はそれに沿った組織運営になっていないことは多いものです。想定通りに商品部、本部の市場起点の学習が進まずに「無謬性」が改善されず、権限も強くならず、現場も言い訳が可能な状態に置かれます。

組織として市場起点のＰＤＣＡが廻る状態を作る

経営レベルの課題や案件のＰＤＣＡはトップが自ら廻す。あるいはその能力があるものに責任を持たせ、ＰＤＣＡが廻っている状態を「見える化」してトップ自身が確認できるようにする。そしてＰＤＣＡが健全に廻る組織運営ができているかを常に確認し、問題があればすぐに手を打つ――。

文章で書くととても当たり前のことなのですが、現実にはこれができていなくて、事業運営が機能不全に陥っている企業は山ほどあります。

・事実から的確に「意味合い」を抽出し、正しく学び素直に読み間違いを認める
・変化の兆候を読み、手を打ち、その結果を検証し続ける
・組織が健全に機能しているかを、公式の会議の場以外でも把握する

世に、実に多くの戦略論がありますが、そもそもＶ字回復のための戦略が必要になるような不振状態は、「組織のＰＤＣＡ」の機能不全が起きて、当たり前のことができなくなったために、市場への価値の提供に不具合が出たためです。

規模が大きくなった事業でも、「当たり前」のことを徹底できる組織の能力を追求する。企業の目指す姿は、これ以外にはないはずです。

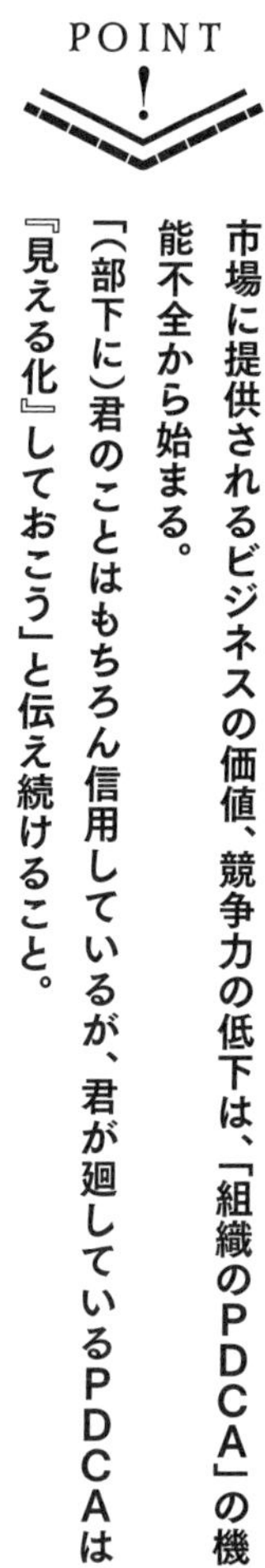

POINT !

市場に提供されるビジネスの価値、競争力の低下は、「組織のＰＤＣＡ」の機能不全から始まる。

「(部下に)君のことはもちろん信用しているが、君が廻しているＰＤＣＡは『見える化』しておこう」と伝え続けること。

目指すべきは前向きな取り組みに組織が喜びを感じる「オキシトシン」マネジメント

創業時には、事業が軌道に乗るまでの間は、現金が家賃や人件費、雑費などの形で、日々どんどん消えていきます。特に、信用力のない起業時には、手元の資金がなくなった時に一瞬でアウトとなるリスクにもさらされています。

よって、起業家たちは皆、本当に事業が軌道に乗ったと思えるその日まで、常に危機意識を持ち、夜は遅くまで仕事。朝は日の出前に目を覚まし、寝ている間も多くの課題を考え続けるくらいの、きれいごとなど言っていられない日々を過ごします。

それゆえ事業の初期は、トップの決めたことは絶対であり、指示の通り、意向に沿って忠実に動き、結果の実態をゆがめずにそのまま報告することが求められます。必然的に「独裁政権」「恐怖政治」の色を、大なり小なり帯びることは避けられないものです。

ただし、このマネジメントスタイルが続くと、後述する健全な企業文化を保つ努力がない限り、自身の評価が下がることを恐れるマネジャーが報告内容を偏らせることもあり、このトップダウン式の組織運営の機能不全が進む危険が伴います。

東証マザーズや東証一部上場を果たした際、創業者が涙することが多いのは、それまでの大変な思いの末に到達した今のステージの価値、意義を理屈ではなく心で受け止めるからなのでしょう。

資金力に乏しいスタートアップの段階は、ちょっとした舵取りのミスが、致命的な事態を招きかねません。

創業者自身が事業を一番理解しているわけですから、舵取りや重要な判断を「丸投げ」して任せることなど、とても恐ろしくてできる話ではありません。

本来は、筋の良い若い社員に任せたいとは思っていても、それよりも自分の持っている成功パターンに当てはめたほうが、安全性が高く確実です。

したがって初期の段階では、基本的に事業についての意思決定を行うトップの「個人的な」能力に頼って成長を果たすことになります。

この段階ではトップを中心に、トップをいろいろな形で支えるように組織は動き、トップ自身を中心にして最高のパフォーマンスを果たせる状態が作られていきます。

ワンマントップは、組織図の上側から見通しが良い状態を好みます。

社内の組織に当事者意識を持たせたいと考え、全てを自分が決める体制からの進化の際にトップが導入しがちなのが、**成果による評価指標を与え、給与と昇格を決める、「馬ニンジン」式の人事システム**です。

その組織図内の誰に、どの責任を負わせたかを明瞭にしておく、我々が見慣れた組織図も、「人治」マネジメントが前提である米国由来の表記方法であり、上の立場にいるものの視点からは、安心感のある「見える化」の方法です。

この組織の成果の評価の際には、そこに、ワンマントップの主観も加わります。

成果主義評価、プラス人物と能力評価の両面を行うこと自体は正しいのですが、いかんせん、絶対権力者の主観評価は、何よりも強くなります。

結果として、多くの側近にとっての行動指針は「数字を達成する」こと、そして何をさておき、「トップに好まれ、評価されなければならない」ということです。

ここで、もしトップが**フェアネス（公正さ）**を組織内に徹底できないと、自分だけが他よりも評価されようというエゴイズムの蔓延を許すことになります。一見、絶対的な尺度に思える数字も、実は予算、計画という、主観的な要素が入りこみやすい基準をベースに評価がなされますので、やはりトップ、あるいはトップに気に入られている幹部の主観が影響します。

結局、ワンマン色が強くなればなるほど、みな、近隣の独裁国家の如くトップに気に入られようと動かざるを得なくなります。社長の機嫌を取ることよりも、事業繁栄のために意見を通そうとして、トップの逆鱗（げきりん）に触れて辞める社員がではじめると、さらに恐怖政治色は強くなっていきます。

これが、事業を発展させるうえで最も大切な「フェアネス」「チームワーク」という組織の基本動作の習得と育成を阻（はば）むことにつながります。

仕事の意義を感じて働く時、生産性は最も高くなる

近年の産業心理学の研究では、この「馬ニンジン」式の評価による動機よりも、**仕事の意義で行動するほうが、生産性が高まる**ことが常識になっています。

TED（Technology Entertainment Design）にも登場したダニエル・ピンクが、このことを『モチベーション3・0』（講談社＋α文庫）の中で、飴とムチ、信賞必罰式の成果指標よりも、「意義」でドライブされた人間の生産性が最も高いことを述べています。学術論文の世界ではすでに当たり前に語られていることが、いまだに経営の世界、特に日本企業では、あまり取り入れられていません。

成果主義指標は、客観的な指標を使いますので、「評価については、この指標で見ることに決めよう」と同意を得た上で、その指標の達成度で業績給、昇格が決まるため、人事評価を行う側としては、「君も納得していた指標だろ」と言い切れるため、もめ事が無くなり実務上は楽になります。

しかしそもそも、どのようなルールも決め事も、はじめから完成度を高く作るのは難しいものです。

マネジャーの仕事は、メンバーを支援することで前向きなエネルギーを創り出すこと

多くの場合、新たにルールを定めると、必ず知恵を使ってうまい「抜け道」を見出すものがいて、さらにその「抜け道」の抜け方は一瞬にして組織内に広がるものです。

「お前も気が付いたか。これ考えた奴、アホやな。こうやったら簡単にポイントを稼げるのに」

この手の「抜け道」情報は、トップや本部がその「抜け道」に気が付かぬうちに、3日もあれば全マネジャーに拡がります。

マネジャーたちの仕事は、出所がトップの意志なのか、本部による創作なのかもわからない根拠の希薄な運用基準に沿った評価数値を黙って受け入れることではありません。その数字を部下に与えて「何とかしろ」と無理強いし、達成できなかった部下を「あいつはだめです」と報告するだけの無責任な仕事でもないはずです。

マネジャーの仕事とは、部下に対して今の仕事の意義を説き、現場のメンバーの問題解決を支援することで前向きなエネルギーを創り出すこと。結果的にすべての業務の生産性を高めることです。

人は、意義を感じることに取り組んでいる時、それがたとえ難易度が高い課題であっても世のため、人やコミュニティ、所属する会社などの組織のためになると腹落ちできる時には、幸せホルモンとも言われる「オキシトシン」が分泌されると言われます。

この状態が、最も生産性が高く、何より本人も幸せを感じる状態なのです。

この意義を感じるための指導を行うのは、マネジャーの役目であり、そのプラットフォームを用意するのは、マネジメントの重要な仕事です。

すでに収益管理や目標管理の徹底などよりも、「イノベーション」の名のもとに、数多くの挑戦を行うほうが結果的に成長性を高め、株価上昇への貢献があることをよく理解しているのがGAFA（Google, Apple, Facebook, Amazon）です。彼らは、人をA、B、C…とレイティングすることを嫌い、挑戦的、前向きな取り組みとその達成を評価する、進化を志向する評価に変化させています。

アジア諸国の台頭による、本当の意味でのグローバル化の実現や、ITハードウェアの飛躍的能力アップによる、ITによるビジネス世界が広がる中、いかに「まだ見えていないもの」に挑戦し、形を見出していくかの勝負の時代に入っています。

ただし、多くの日本企業がよくやってしまう、ただ「KPIなどのスキームを取り入れる」だけではうまくいきません。

その人事制度の下で動くマネジャーがキーとなり、これも、評価研修をやればいいという安易なものではなく、その意義を心底自分たちのものにできているかどうかです。

前向きな挑戦と、そこでの達成を喜びにするエネルギーを生み出す評価のあり方とはどういうものか。企業のトップには、自社はそこに挑戦するのだという想いを抱いていただきたいのです。

押し付けられた仕事では、幸せホルモン、「オキシトシン」は分泌されない。各層のマネジャーが仕事に大義ある説明、翻訳ができるようにするのがトップを頂点としたマネジメントの役割。

トヨタで実践される、「強い事業体＝人づくり」

トヨタは長期間、極めて堅調に事業を発展させてきた日本の代表格の企業です。

一般的にこの手の優良企業はマスコミにとって、ネタ元としてはおもしろみのない企業です。決算の度に「日本企業としては史上最高益となった」との報道を目にするか、あとはせいぜい為替の変動時に「トヨタの規模では〇〇〇億円の減益要素」が取り上げられる程度です。

ところが近年そこに、次世代の移動手段として電気自動車が現れ、早々にテスラがグローバル市場において展開を始め、脚光を浴びました。

トヨタは地球環境への影響を考えて、電気自動車ではなく水素エンジンを提唱していましたので、トヨタが時代の変化に取り残されるのではという危機説がマスコミで唱えられました。

これは、世界金融危機の影響で２００８年にトヨタが赤字決算を発表した時、そして２０１１年に東日本大震災でトヨタの部品の物流網が分断されてものづくりができなくなった「ダウン」サイド報道以来の大きな取り上げられ方でした。

マスコミで流される情報だけを見ていると、自動車市場が瞬く間に変貌してしまう印象を抱いた方も多いと思います。たとえば近年、ＩＴ主軸のハイテク都市として急激に産業構造が変化した中国の深圳（しんせん）などでは、すでに多くのテスラ車が街中を走っています。

しかし、実際にテスラ車を有している方の多くは、この車が特に初期の出荷分では時折、フリーズを起こすことを知っています。テスラのサービスに連絡をすると「ログを確認するので、フリーズした日時を教えてください」と言われ、安全性、安定性が最重要なはずの自動車を、まるでスマートフォンかＰＣのように扱われて困惑したという話もあります。

現に、時の人となったテスラの創業者のイーロン・マスクが、会社に寝泊まりしなければならないほどに忙殺されている状態がつい最近まで続いていたことはご本人の口からも語られています。

普通に考えれば、これはトラブル対応にトップ自身までもが忙殺されている、言い換えれば組織そのものがうまく機能していないことを意味し、この事業規模に至っても、必ずしも事業初期の騒乱状態だけで片づけられないレベルで、事業運営が安定していなかったことがうかがえます。

２０１９年11月の電動ピックアップトラックのデモンストレーションの際にも、耐久性を誇示しているはずの窓ガラスがマスコミの目の前で砕けてしまいました。トップが独走し事業体としては整合性がとれていない状態が、まだ続いているのでしょう。

トヨタの事業運営は「理」を重視し、ムダをとるのが特徴

一方、トヨタは、水素エンジンの開発に重点を置いていたと言っても、冷静に考えればすでに電気自動車の技術はすでにハイブリッド車に搭載され、どこの自動車会社よりも数多く量産されて、現実に公道を走っているのです。チャージのためのステーションの数が少ない現実の下では、自身が運転している自動車そのものに発電する機能を持たせてしまう判断は、極めて「理」にかなっています。システムの開発力においても内製力が高い、底力を有しています。

そもそも**トヨタは「理」を重視し、日々の業務の中には属人的な能力に依存する要素を極力減らし、皆で知恵を使い、柔軟かつシステマティックな事業運営体制づくり**を目指しています。

組織内に起きるエゴが前面に出るような、人に起因するブレが起きる可能性が比較的少なく、組織の運営には、どこよりもムダが少ないのが特徴です。

ゆえに、他社に比べれば、技術者ははるか先を見据え、深く技術面の開発に取り組むことができ、将来に向けての周到な準備を行うことのできる文化を有しています。

トヨタをここまで発展させた、「ものづくり」の知恵

このトヨタの経営の卓越性についての研究については、数十年前から様々な論文や書籍も出ていて、それらは英語をはじめとした他国の言語にまで訳されて、世界中で読まれています。

「乾いた雑巾をしぼる」とも評された経費低減から始まり、業務の「見える化」の推進、ノンストックプロダクション（Non-Stock Production、無在庫生産）方式、リーン生産方式など様々な切り口から、説明がなされてきました。

トヨタは自動車づくりが生業ですから、定着し、実施される具体的な施策は全て、自動車の開発や製造に関するノウハウとして形になっています。

ここで改めて、これらトヨタで行われている施策や考え方は、いったい何を具現化しようとしているのかを考えてみたいと思います。

まず、トヨタがもし、ただのケチケチだけの価値観から施策を実践している企業であれば、これだけの発展はなかったはずです。

一例ですがトヨタは長期間にわたり、量産車の生産は、必ず二つ以上の工場で行っていました。私が在籍していた頃は、現ヴィッツの前身に位置づけられる、スターレットという1100cc、1300ccの排気量の2ボックスカーが豊田自動織機製作所（現　豊田自動織機）と、同じくトヨタ系列のダイハツ工業の2工場で生産されていました。

この車種について、80年代後半のモデルチェンジの際に1工場だけの生産にして、投資をおさえるという試みに取り組んだことがあります。

そもそも2工場による自動車の生産は、最も大きな投資となる工場の設備投資が2倍になりますが、何か異常事態が起きた時に、もう一方の工場だけでも自動車を市場に供給でき、かつ需要増が起きた時に生産量を増やすことができるタンデム（Tandem、二重）生産が可能になります。

通常の生産は1直、つまり昼間の8時間勤務に、必要に応じて残業を加えることを基本とします。生産量が変化すれば、作業人員数を調整し、ラインタクト（ベルトコンベアのスピード）を上下させるだけではなく、昼夜の2直生産を行い、最高では8時間×3直で24時間のノンストップの生産体制にまで持っていくことができます。

この方法をとると、稼働時間だけで考えても1工場の標準となる8時間勤務に対しては、そのほぼ6倍までの生産量にまで対応できます。

さらにこれにラインタクト、つまり工場の生産スピードを変化させれば、さらなる生産量の増減対応が可能になります。かつて圧倒的な販売台数を誇っていた「マークⅡ」は、一時期、三つの工場での生産がなされていました。

トヨタの姿勢は、皮相的に見れば単なるケチケチに見えますが、その実は、昔から「ものづくりのプロセス」に潜む「ムダ取り」と、市場変化に対応できる「柔軟性」を追求する合理化と最適化の徹底にあるのです。

一般的には行われない、この投資額が倍以上になる複数工場によるタンデム式の生産体制を基本にしていたのは、「不測の事態」への対応を考えた、読めない未来、あるいは市場の変化への対応のための「ものづくり」の知恵なのです。

「ムダをなくそう」ではなく「ムダをさがそう」

一方でこの会社には、日々の業務において全社員が「そこにムダはないのか」と常に考え続けている状態が脈々と企業の文化として根付いています。

「ムダとわかっていて放置する奴はいない。ムダがあることに気が付いていないのだ」

トヨタのムダ取りの指導の際に使われる言葉ですが、ここから「ムダをなくそう」ではなく「ムダをさがそう」というスローガンが使われるようになりました。

ムダの発生の温床がわかれば、そこを「**目で見る管理**」を行う対象にできます。

「目で見る管理」は、要監視項目について「見える化」を行い、もしそこに問題が見つかれば、素早くアクションにつなげるため「管理」を行うという意味です。

これによって、問題点の発見に常に注意を向け、目をつけるべき箇所が特定できれば、そこに注視し、素早い対応を行うことになります。

これは、ものづくりから、売上をつくる話になっても同じであり、どこに課題があるのかを「見える化」して、素早い対応を行おうという考え方になります。

製品企画においても、価値があることならば取り入れる前提のもと、それは本当に、コストと品質のバランスの取れた製品を作るために必要なことなのかどうかを検証するために「**品質機能展開**」という考え方も導入されました。

この「品質機能展開」とは、その「品質」は、そもそも必要なレベルの仕様なのか、オーバースペックではないのか、そして製品の「機能」を高めるために価値のある仕様なのかを、部品一点一点についても検証し、製品の企画精度とコストのバランスを見極めていく手法です。

考えさせ、やらせてみて、その結果を検証する

またトヨタのものづくりを、ROEの最大化のために、在庫をぎりぎりまで低減させているという視点から、ノンストック生産（NSP）方式、リーン生産（LPS）方式という表現をした書籍や論文もあります。これらは切り口としては、決して間違いではないのですが、これも、単にROE向上のために行っているとしてしまうと、先ほどの1車種への2工場分の投資が、本当に正当化される説明ができません。トヨタの「ものづくり」は、その中間在庫を極限まで低減させることで、ものづくりの流れの中に、余分な在庫がない状態を目指します。

これは、単に効率性を追求しているだけではなく、市場の変化、変動に連動できる柔軟な「ものづくり」の「流れ」、すなわちプロセスを実現しようとしているのです。

また、これらのことを推進するのは人間であり、その人間が知恵を使って「ものづくり」のプロセスに「カイゼン」を施していきます。

「ものづくり」のプロセスは、PDCAサイクルにおいて「カイゼン（A）」が施されます。

PDCAサイクルは人が知恵を絞るための手順ですから、人の問題解決の能力を高めることになります。トヨタの現場では標準作業が決まっていますが、その標準作業に対してカイゼン（A）を施すのは、基本的には作業をしている本人です。自分の行っている作業は、自分でカイゼン（A）できるということは、その作業工程が目指す状態を作業者自身が理解しているということです。

もし作業者が、今の作業手順では不良品を作り続けてしまうことに気が付いた場合なども、自らの

判断でラインを止める判断ができます。その作業者がカイゼンの余地を顕在化させる自由度を持ち、実際の作業現場にも、ほぼすべての工程で、作業員がいつでもラインを止めることのできる「ライン停止ボタン」が配置されています。

「この標準作業を行いなさい」と本部のスタッフが決めた作業を、ひたすらやらせる米国式の「私、考える人、あなたやる人」ではなく、**現場の作業員も、そもそも今行っている作業が常にカイゼン（A）すべき対象であると新人の頃から教えられ、入社後すぐに、担当の作業改善の実践が始まります。**この際の上長との上下関係でも、ただ答えを教えるのではなく、トヨタで使われる合い言葉に沿って「**考えさせ、やらせてみて、その結果を検証する**」指導が行われます。

部下への指示は、不親切なほど良い

トヨタ系に限らず日本では製造業に就職すると、初めは現場研修として、現場の作業に従事します。私自身も大学院を出て豊田自動織機製作所に就職した際に、初めは自動車事業部の自動車製造工場の一作業者として溶接工程の現場に入りました。

1か月ほどたったある日、現場に責任を持つ組長になる一歩手前の「ライン外」の方から午前の休憩時間に、「カイゼンしたほうが良いと思ったこと、なにか気が付いた?」と声をかけられました。

現状のコンベアラインの足元のローラーについて、安全面と作業性の悪さについて話し、どう直したらいいかのアイデアを話したところ、「よし、次の昼休みにやってみよう」と、早速、昼休みになるとアーク溶接棒を手にして来られました。

「ここに、板をつければ良いね。これでいいか、見ててね」と溶接作業を数分で終わらせ、「午後から、これでやってみて。悪かったら、また直そう」と言われ、昼食に向かいました。

まだ、現場に入って1か月足らずの新米の意見を取り入れて、工程内に鉄片を溶接してしまう、その行動の速さと大胆さ、そして「拙(まず)ければもとに戻せばいい」という姿勢に驚いたものでした。

また、トヨタでは「**指示は不親切なほど良い**」と言います。物事をよくわかった上位のものによる不親切な指示は、個人の問題解決の力を高めるためには、大変有益なものです。こういった文化のもと、**人が知恵を使う方向に上手に追い詰めていくのが、トヨタの「人づくり」のあり方**です。

入社してまだ数年の頃に、トヨタ自動車の工場の現場に行った時に、話のレベルのあまりの高さと深さに驚き「あの方、部長か工場長ですか」と先輩に尋ねたところ、「いや、工長（組み立て、塗装、溶接などの工程責任者）だ。トヨタの現場の管理者なら、皆、あのくらいのことは喋るぞ」と聞いて、その層の厚さに感服したこともあります。

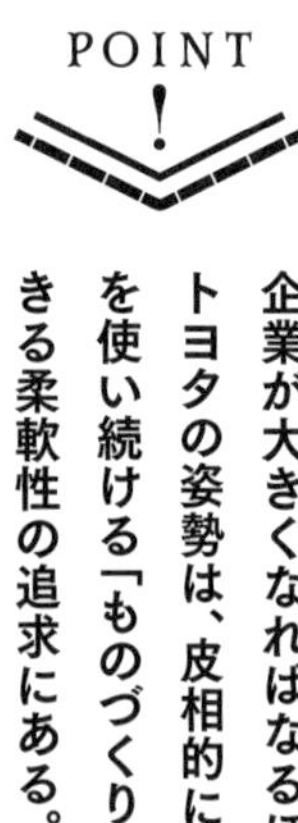

企業が大きくなればなるほど「企業は人なり」が重要。トヨタの姿勢は、皮相的には単なるケチケチに見えるが、その実は、人が知恵を使い続ける「ものづくりのプロセス」に潜むムダ取りと、市場変化に対応できる柔軟性の追求にある。

なぜ、工場のライン稼働率の理想を、95%とするのか？

前節で紹介した内容は、トヨタで行われていることの、ごく一部を取り上げて解説しただけですが、これらからトヨタは何を目指して取り組んでいるというイメージを抱かれたでしょうか。

トヨタは、自動車という製品を、市場の変化に連動して届けることができる、ムダなく柔軟なプロセス、今風に言えば**「バリュー・デリバリー・プロセスを、エンドレスに最適化に向けて常に磨き続け、進化を続けるカイゼンに日々取り組んでいる」**のです。

多くの「ものづくり」の現場では、計画に対して稼働率が100%であれば「良かった、上出来」となり、製造管理部門も問題なしと経営側に報告を行うでしょう。

しかしトヨタの自動車の組み立て工場では、もし**稼働率が100%になった場合は「おかしい、どこかにムダがある」と考えます。**

たとえば、工程間のラインのバランスに偏りがあっても、工程内の在庫が過剰にあると、それは工程間のダンパー、クッション機能となり、バランスの悪さ、つまりムリ・ムラ・ムダの一つ、ムラが顕在化されずに、生産ラインは一見、粛々と問題なく動いているように見えてしまいます。

そこで**トヨタの現場では稼働率95%を超えるくらいがちょうどいい**と考え、常に、どこかでムダが顕在化し、そこに対して手が打たれている状態を理想とします。

常に今の状態は不完全であるという前提に立ち、たとえば工程間で動いているかんばんの枚数を減らして工程間の在庫の数を調整することによって、ものと情報がよどみなく粛々と流れ、柔軟かつ、リーンな状態になっているのかを確認します。

つまり、今は見えておらず、皆が気付いていない問題を顕在化させ、気づくようにする努力が、トヨタにおいて合い言葉として使われて、自動車づくりにおける様々な仕掛けの工夫として実践されているのです。工程間のかんばんの枚数を減らしていけば、工程間に流通する在庫の量も減り、どこかで欠品を起こします。そのぎりぎりの線で、今時点での生産数量に必要な、工程間に流通するかんばんの枚数を決めます。

このようなやり方を人が考え、アイデアをプロセスに盛り込み、前よりも良い状態にしていく。これがトヨタが「ものづくり」において、日々行われている「カイゼン」活動なのです。

これは取引先の工場との間でも行われます。かつてトヨタは、取引先に厳しい要求を突きつけると言われた時期がありました。

しかし、やんちゃな小売業などでは時折、一方的な値引きを取引先に突きつけて、相手の収益構造を圧迫させてしまうケースがあるのに対して、トヨタの取引先には、トヨタからの無理な要求によって収益性が悪化し、つぶれてしまった企業の話は聞きません。

もちろん、担当者個人によっては、その進め方にぶれがあり、取引先に迷惑をかけることがあったであろう点は否めません。

しかしその基本は、むやみに無理な要求を突きつけるのではなく、場合によっては取引先の工場の工程改善にまで踏み込んで、「ものづくり」のムダ取りを行うというのが狙いなのです。


「信頼とは社会的コストを低減させる方法である」

これは社会学者ニクラス・ルーマンの言葉です。

品質やコスト、納期の面の要求は大変厳しいものですが、これをクリアするための努力に真摯に取り組む取引先とは、信頼関係を大事にした付き合いをするのもトヨタの特徴と言えます。

自分たちの頭で考えて自分たちで実験し、自分たちが学んだことを信じる

1980年代には、工場の製造ラインへのロボットの導入が始まり、マスコミは先端事例を見つけては「最先端の技術を取り入れた○○工場」ともてはやしました。

しかし当時のトヨタにとっての認識は、ロボットはただの「まだ安定していない新技術」でした。

トヨタは、マスコミでどのような新技術が取り上げられ、もてはやされても、それに踊らされることはありません。

産業用ロボットに限らず、新しい技術や機械については、ある程度の導入、利用実績をふまえ、信頼性、品質の安定性が担保される状態になってから導入を行います。

あくまでも**自分たちの頭で考えて、自分たちで実験し、自分たちが学んだことで「自信」を積み重ねながら、常に次の状態を目指します。**

グローバルに展開する大手コンサルティング会社のドイツ支社から来たという自動車産業のスペシャリストが、トヨタの工場を見学に行きました。

工場見学から帰ってきた彼女に感想を聞いたところ、

「組み立て工程のロボットの台数が多く、自動化が進んでいて先端的である。素晴らしい」

とコメントされ、あまりに皮相的な部分しか見ていない意見で、がっかりしたことがあります。

だからと言って、トヨタは新しい技術を取り入れないということではありません。

かつて、トヨタはERP（Enterprise Resource Planning）を日本企業としては初期の段階で導入したことがあります。

その際に、ERPシステムの設計思想が、「仮説と検証を繰り返し、業務の最適化を推進する」というトヨタの考え方と合わないという結論に至り、原形をとどめないまでにカスタマイズしたという話を聞いたことがあります。

またトヨタの組織の変遷を見ると、あまり組織図の見栄えの「美しさ」や「整然さ」を気にしていない印象を受けます。これは「人治」よりも「法治」。つまり、その「ものづくり」の業務プロセスの最適化に全社の意識が向いているためと言えるでしょう。

企業の中で行われている仕事は、常に時間と共に、業務プロセスとして示すことができます。この業務プロセスの中には、車種ごとの製品開発はもちろんのこと、技術開発までも含まれていると捉えれば、すべての業務は「プロセス」として表現することができます。

そのプロセスについて、ムダ取りを追求し、市場の変化に柔軟に対応することが可能になっている状態を目指して、常に最適化がなされれば、その企業、事業体は、時代と共に人は変われども、常に最高のパフォーマンスを追求することができていることになります。

組織図よりも「業務プロセス」を重視して磨き続ける、トヨタが目指している方向性は、すべての企業が目指すべき一つの形であると思いますが、いかがでしょうか。

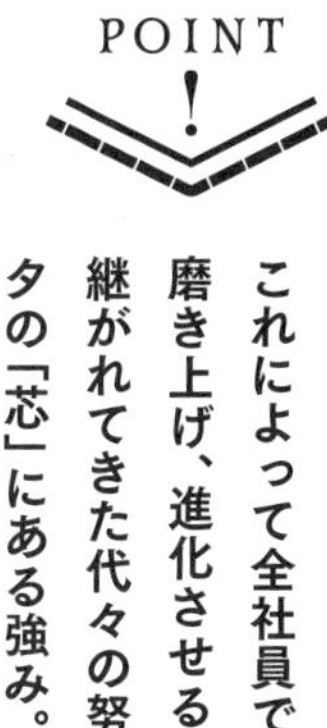

常に業務に潜む問題点を顕在化させる工夫を重ねる。これによって全社員で常に、柔軟性を持つバリュー・デリバリー・プロセスを磨き上げ、進化させる。その思想と方法論の継続的な進化が、先達から引き継がれてきた代々の努力により、企業文化として染みついていることがトヨタの「芯」にある強み。

永続性のある成長軌道入れを実現したドン・キホーテの組織マネジメント

今や世界最大の企業の地位を不動のものにしているウォルマートに代表される、米国のコモディティ品（日用品）を扱うチェーン店、そしてスーパーマーケットなどにおける組織運営は、店舗に売上責任を課さずに、本部が担うのが基本です。

これは、そのほとんどが店側に予算に基づく売上や利益責任を課している日本のチェーン展開をしている小売業からすれば、理解しにくい組織運営です。

なぜ、日米の小売業でこのようなマネジメントの違いが起きるのでしょうか？

そもそも日本の小売チェーンの多くは、一商店主の商売が発展したものです。店主自身が創業社長として、店の販促や売り場づくりや商品構成の改善を進め、事業を成功させてきました。

自分と同じように事業を運営できる人材を育て上げる際には、いわゆる「のれん分け」の感覚で、まずは店舗での売上を上げ、人を管理できる能力を持つことからと考えます。店長は店の売上の責任者であり、売上げを上げることができ、利益を出すことができる能力をつけることが基本であると考えます。

ところが米国では、売上を上げる手腕を持つ店長の存在を前提にしてしまうと、その育成に時間がかかり、企業の成長スピードを上げる際の足かせになると考えます。

また、一般消費者が、その価値をよくわかっているコモディティ商品については、

（1）顧客が欲しいものを探しやすく、わかりやすい陳列
（2）できるだけ安い価格で販売
（3）欠品のない状態をつくることを最優先

にします。そのためには画一的に標準化された店を作り、本部側からすべての指示を行います。ゆえにトップ直轄の本部組織に商品仕入れ部門、売り場のレイアウトを決める部門を置き、そこに、ＰＤＣＡを廻して商品構成の最適化を進めて売上と利益を伸ばすための腕を磨く、優秀な人材を集めます。彼らに売上、利益、商品の回転効率の向上の責任を課し、前年対比、あるいは計画（予算）対比での達成度合いを評価します。

店頭の品揃えを最適にするのは店舗ではなく、この本部の商品部門の役割となります。

この場合の商品部の行うべきことを簡単にまとめると、次のようになります。

・欠品の防止。つまり、売れるスピードと発注サイクルに合わせた、店頭の在庫量の適正化
・死に筋商品を排除して効率の悪い棚を空け、在庫回転数の高い商品の店頭フェース(面)を拡大
・定番商品のフェース比率を決めた上での、実験的な新規商品の投入とその動きの推移の管理
・通りかかった顧客の目線を引き付け、立ち止まらせる魅力のある売り場の企画

これらを商品部門の担当者が、全店について、ITの処理能力も借りてMD（マーチャンダイジング）の動きの分析を行い、最適化を日々行うことになります。

一般的には、店舗数の増加に連れて、この本部の商品部門の担当者の数を増やして、一人当たりの担当する商品の幅を狭めて、品揃えの精度を上げ、店の競争力を高めます。

店頭の陳列などの標準化を推進する部署も本部側にあり、日本でもウォルマートに買収された西友の売り場に見られるように、標準化が進み、商品補充などの売り場維持の手間と人件費がかからない工夫を行った、ローコストオペレーションを目指す売り場づくりがなされます。

こうして本部側から現状の在庫状況、つまり売れ行きを見て、日々の店頭への補充在庫を的確に売り場に届けるのが、本部側の役割です。

店頭は、届けられた補充在庫を指示通りに棚に陳列するという、指示に沿った「完全作業の徹底」が役割となり、それゆえに売上責任は、本部の商品部側にあることになります。

この米国チェーン式の組織運営の前提にあるのは、「**私たち考える人（つまり商品経営の視点からPDCAを廻す人）、あなたたち（その指示に従って）作業する人**」です。

この日本との違いは、前述のように日本では創業者の「売り場の工夫とアイデア次第で売上は上がる」という、商売人としての原体験に基づく信条が強く浸透しているだけではなく、次の二つの理由があります。

（1）米国企業の場合は、成長性による投資価値の向上と収益力によるリターンを重視する株主の下、お客様がセルフ（自分自身）で買い物をする陳列方式をさらに、人件費率を下げるべく、人手のかからない形に、経済合理性を追求する進化がなされてきた。

（2）米国チェーン店の売り場の商品補充は、できるだけ少なくする工夫がなされ1日1回の場合も多い。棚の売れ筋の商品はスカスカの空きスペースが目立っても、安く売ってくれれば構わないと顧客は思っている。一方、日本の顧客は、店主の「お客様のために」という想いの込められた見栄えの良い「手のかかった売り場」に慣れている分、コストがかかる。

売り場としては色気がなくても、たとえば、グローバルに大躍進しているドイツ発のチェーン店、アルディ（ALDI、日本未上陸）のレベルに至るまで、飛びぬけて安く、かつ味も良い、差別化されたPB（プライベート・ブランド）商品でも並べることができない限り、米国式の画一的な売り場では、手間をかけてでもにぎにぎしい売り場を作っている他の日本のスーパーマーケットの売り場に比べて「色気」が足りないと感じるのかもしれません。

結局、日本の小売チェーン店では、商品部と店舗運営部の両方が、売上責任を負うケースが一般的になっています。

この場合は、各部門が責任を持つべき数値の設定とそれらの「見える化」を「上手」に行い、かつ、その業態の総責任者がしっかりとそれらの事実から課題点が見える状態づくりが必須になります。

これができないと、売上の不振時には「店が悪い」「いや、商品が悪い」と部署間の責任の擦(なす)り合いが起き、さらに、その上の総責任者もどちらに課題があるのかの判断がつかないまま、責任の所在があいまいになります。

あるいは、不振の理由が特定できずに、わからないままで放置されるという事態も起き得ます。ピラミッド型の表記の組織においては、その上位のものは、より高い報酬を得ると同時に、本来、担当組織の全ての責任を負い、必要であれば、担当組織の下の業務も自ら行うことさえも求められます。

つまり、組織図の上位に位置するものには、それだけ高い責任感と能力が求められ、前述のように、そのような人材を社内で育てるか、可能であれば中途採用をしてでも配置することが求められることになります。

経営者としての能力を培うための組織論として、米国のGEで取り入れられて知られ、日本でも早々に松下電器（現パナソニック）で取り入れられ、多くの企業に拡がっていった事業部制は、その一つのソリューション（解決策）と言えます。

事業部制が良いのか、機能部門別組織が良いのかの議論が起きることがあります。

事業部門間で重複した製品開発が行われる問題。一方、機能別組織で営業からの市場情報が開発部門に届かずに技術優先で製品開発が進んでしまう例。しかし良く考えればこれらは、その上のマネジメントが機能を果たしていないことが根にある問題です。

急成長を果たした事業の場合、マネジャーのマネジメント能力がまったく追い付かないことが多く、そうなると早々に組織が機能不全を起こして、低迷、下降状態に陥ってしまいます。

数値の管理単位を160部門×店舗数のマトリックスに分割

この急成長企業の多くが悩みを抱える、組織開発のジレンマに解決策を見出したのが、現パン・パシフィック・インターナショナルホールディングス（ＰＰＩＨ、旧ドンキホーテホールディングス）の主力事業であるドン・キホーテです。ドン・キホーテでは、事業の責任単位を小さく分割し、１６０の小さな事業単位をつくり、現場の責任者にそこでの数字を達成する責任と権限、そしてそれに見合った報酬を与え、一事業主として組織運営させています。

店を見ると一見、ガチャガチャのジャングルのように見えますが、実は、数値の管理単位を１６０部門×店舗数のマトリックスに分割された売り場なのです。創業者の安田隆夫元会長によると、この部門の境目をわからないように見せるのも売り場責任者のテクニックなのだそうです。

マトリックスのそれぞれの管理単位の売上高、粗利高、在庫回転数について、新店では計画達成、既存店では前年に対しての改善に現場の責任者が取り組みます。

この三つの指標を見て気が付くのは、この三つは、事業の成長性、収益性、自社の資産（在庫高）からどれだけ稼いだかを示すＲＯＥの向上にそのままつながっており、まさにＰＬとＢＳの両方をカバーし、売上高を重視した規模の追求と経営効率の向上に直結した、見事な評価指標です。

小売業においては、お客様に提供すべき価値を店頭の商品構成、つまり品揃えの形で表現します。前述の米国のウォルマートのように本部の商品部がすべてのコントロールを行う場合は、本部に届いた売上や在庫の数字を中心とした現場の情報に頼らざるを得ず、その分析から判断が行われることになります。

ウォルマートでは、本部にいる商品担当が、いわば「遠隔操作」で最前線である全店の商品構成の最適化を進めるＰＤＣＡを廻すことになり、そのために店の標準化の推進が大前提になります。

一方、ドン・キホーテの場合、このＰＤＣＡを廻すのは、最前線である売り場の部門の責任者たちです。この、**本部ではなく価値を生み出す最前線である現場側に、自律的にＰＤＣＡを廻す権限を与えるという考え方は、実はトヨタとまったく同じです。質の高い従業員が多いとの前提に立てば、これは日本で開発された「鉄板」とも言える組織運営の方向性と言えるでしょう。**

現場の彼らは目の前のお客様の笑顔を頭に浮かべ、提供する価値を最大化させるための知恵を発揮する土俵を与えられて、商品構成の最終判断の権限を持ち、責任と報酬も連動させます。現場の彼らの判断を支えるＩＴシステムもしっかりと整備されています。

エリア毎の店舗を統括するマネジャーは存在しますが、彼らには社長から「現場に指示をしないように」との指示を受けています。

ゆえに、実際に本部の商品部が仕入れた商品を店頭に並べるかどうかの最終判断は現場の責任者に

図表1-5　ドン･キホーテの組織マネジメントの手法

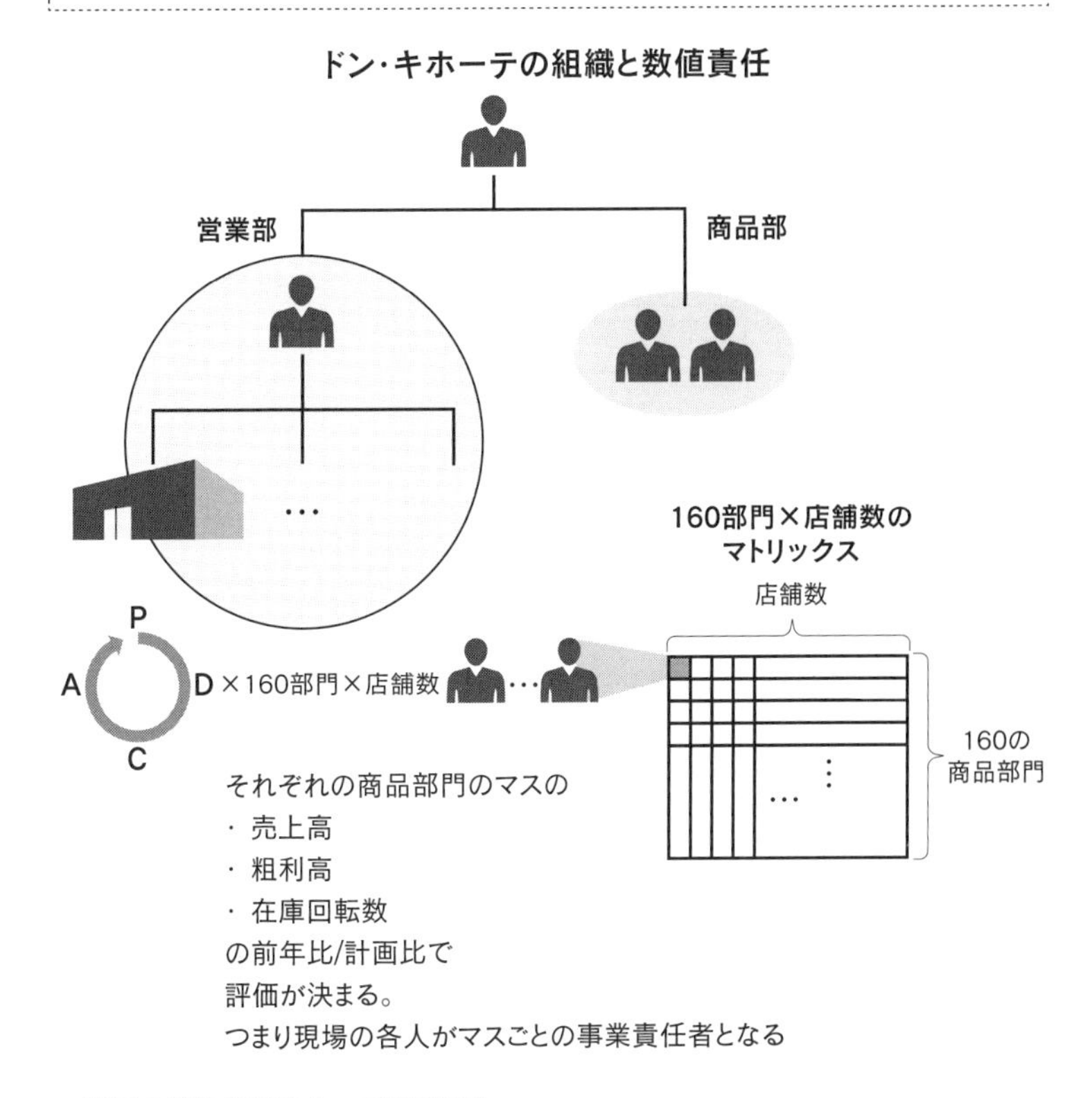

商品の発注権限はすべて売り場側:
店にいる売り場責任者が見る商品部門の数×店舗数のPDCAが廻る

- 160に分割された商品部門について、売り場責任者が決められており、彼らがPDCAを廻し続ける。これが全店で実施される
- 本部の商品部は、基本棚割り案と新規商品を決めるだけ
- 店頭の品揃えの4割は店頭の判断で独自の仕入れを行っても良い
- エリアマネジャーには、社長から現場に指示を出さないように伝えられている
- 「失敗の多いものほど出世する」ことが語り継がれる企業文化
- 実際の人事評価制度も、失敗してもすぐに次の挑戦や挽回できる工夫がある

委ねられ、実際に店に並ぶ商品の40%までは自店独自の判断で仕入れることも許されています。

小売業を含むBtoCのビジネスは、基本的に顧客の嗜好性を追いかけるビジネスです。

このBtoCのビジネスで提供される価値は、必ずしも言葉と数値だけで説明できるものばかりではなく、「うれしい」「楽しい」「素敵」などの、顧客が感じる心地良さで購買行動が大きく変化します。「いかにすれば、来店する顧客に喜んで買ってもらえるか」を日々、店頭の顧客の表情と動きを見ている売り場の担当が考え、自身、管理者が見ている中で数字を見ながら「カイゼン」を続け、その成果によって昇給、昇格がタイムリーに連動します。

失敗の数の多い人ほど出世する

一般的に、**数値責任を課されると、ともすれば目の前の数字の達成ばかりを追いかけ、リスクを避けて安全側に振りがちです。**

しかしドン・キホーテでは「失敗の数の多い人ほど出世する」と社内で語られ、仮に失敗し、昇格降格が頻繁に行われる中で降格しても、次の半期に挽回できるため、皆が前向きに取り組み、結果的に商売人としての腕が磨かれる企業文化が作り上げられています。

これがドン・キホーテの「権限移譲」のしくみで、**「人治」の単位を現場において小さく区切り、階層のない、いわば極小事業部制あるいは、極小カンパニー制とも呼べる事業部制組織を作り、そこで**

評価指標を明確にした上で挑戦を促し、腕を磨いて商売人を育て上げる組織運営をしているのです。

社員にわかりやすいシンプルなしくみを磨き続けることで、組織の文化として根付かせ、自律的に組織が成長し、事業が発展していく状態を作っているという点で、トヨタと同じく、創業者が組織づくりの到達イメージを持って、組織に文化を植え付けたことがわかります。

また、ドン・キホーテでは、ビジネスの成功に必要な想い、そして執念の力として「はらわた」力という言葉を使います。

月刊の社内報の名称にも使われているこの「はらわた」という言葉ですが、安田元会長の『ドン・キホーテ闘魂経営』（徳間書店）などの著書に、この意味合いはよく説明されています。

「経営に関して理屈を振り廻す輩など信用できない」
「企業は想定外のことばかり。それを乗り越えていく力が必要」
「ロジックに表れていない事柄に囲まれているのが、現実のビジネス」

という話が熱く綴られ、起業から事業を大きく発展させた事業家の想いが伝わります。

どこよりも安く、楽しい売り場づくりを徹底して伸びるロピア

先日、このドン・キホーテの持ち株会社であるＰＰＩＨが買収したユニーについても、ドン・キホーテ式の方法論で立て直しが進んでいます。

数字が取れるものを追いかけ、かつデータに頼り過ぎてつまらなくなっていたGMS業態を大胆に改革し、在庫を6～7割積み増し、化粧品のボリュームを10倍に、酒やお菓子を増やし、長年、挑戦を行わず無難に丸くなっていた商品構成をより尖った業態にすると共に、年功序列だった人事制度も、実績連動型に変更を進め、成果を上げ始めています。

西友については、ウォルマートのマネジメントの下で事業力の強化に取り組みました。しかし、英語力が足りないという理由で優秀なバイヤーの重用を怠るという、日本に進出した外資系企業のはまる初歩的なミスで、事業力の強化がなかなか進まないのが実態のようです。

このドン・キホーテに組織運営を学び、スーパーマーケットの新興勢力として大きく台頭してきているのが、神奈川県藤沢市発祥のロピアです。

どこよりも安く、楽しい売り場づくりを徹底し、年商8億円だった従来型の大手スーパーマーケットチェーン店舗の撤退跡地に出店し、年商50億円の売上を叩き出す実績を上げています。

ドン・キホーテと同じ考え方で組織運営を行い、熾烈な競合状況にあるスーパーマーケット業界において、近隣の店を制して快進撃を進めています。ドン・キホーテの役員からも「うちのやり方を学び、さらに進化させている」とも言われているのがこのロピアです。

今はまだ、1000億円台の売上規模の企業ですが、すでに関西進出にも着手しており、今後の組織運営に外しがなければ、早晩、ドン・キホーテ、ニトリ、ユニクロに次ぐ、日本の小売業における大きな勢力になる可能性大です。

小売業の場合、その戦略を具現化したものが、顧客がそれを体感する場である店、つまり業態と言

えます。

小売業の成功は、新しい価値の提供の仕方を発案し、多くの場合、その戦略を業態として形にして勝利した結果です。

ただし、その上に胡坐(あぐら)をかいてしまい、トップが「俺は天才だ」とばかりに「神がかり」状態になると、**「なぜ今、うまくいっているのか」「次の新しい試みは、なぜうまくいくのか」を謙虚に、冷静に問うPDCAが廻らなくなり、方向舵が働かなくなります。**

規模が大きくなった組織においては、方向性が揃った上での各部門の自律性が必須です。事業の責任を持つ単位を小さく区切り、そこで競い合い、腕を磨いて商売人として成長し、結果として事業も自律的に成長を果たす。

我々が街中で目にする、一見、乱雑にも見えるドン・キホーテの売り場は、その磨かれたしくみの賜(たまもの)であり、お客様に支持されて今日も多くの客を集めているのです。

小売業においては業態=戦略。その戦略を支えて、競争力をさらに高めるのが組織の力。ロジックだけでは語りきることの難しい「商売」における「商売人」を育て上げるしくみを作ったのがドン・キホーテ。

Issues and Viewpoints for Top Management

Organization Theory for Top Management

Strategy Basics for Top Management

Dealing with Intelligence Outside

Facing Egoism and Idleness

Preparing for Business Succession

"Being" and "Doing" for Top Management

Chapter 2

トップが知るべき組織論

低迷企業に共通するのは、マネジャー層に「躾」の文化がないこと

「今度、経営層の組織改革をやることにした。ここまで持ってくるのは大変だったんだから」

ある兆円規模の大手メーカーの会長と会食していた時の話です。

この会長は、この企業の屋台骨となる事業をつくられた、情熱にあふれたエンジニア色の濃い親父さんです。ここに至るまでにいろいろなお話をしてきていたので、言っても良かろうと思い、こう伝えました。

「お疲れさまでした。でも組織を変えただけでは、御社はなにも良くならないですよ。だって御社はマネジャーの躾がなってないですから」

虚を衝かれたような表情をされ、一瞬の沈黙がありました。

そして、帰りの黒塗りの車に乗り込む際に、

「言われちゃったよ」

と一言、苦笑いをされて帰路につかれました。

低迷企業の共通点と言えるものはいろいろあるのですが、その一つが、程度の差はあれども、トップを含めたマネジャー層に「躾（しつけ）」の文化がない点です。

この会社もご多分に洩（も）れず、俗に言う社内のポリティクス（政治力）が上層部に蔓延し、部課長レベルの様子見や、すくみ状態が至るところで起き、それをトップが抑えることができていない状態が長期間続いていました。

日本企業は製造現場で知恵を絞り、効率追求を徹底して続け、高品質と低コストを同時に実現し、今でも日本製品は世界レベルで揺るぎのない「メイド・イン・ジャパン」ブランドとして認知されています。

しかし、その一方で、高い給与を得ている肝心の上層部が、生産性が低いどころか、いらぬ忖度や減点評価を恐れてリスクの読みばかりに時間を費やし、予定調和のごとく「やめておこう」の結論ばかりで現場の挑戦の機会をつぶしていく、穀（ごく）つぶし状態にある企業はいくつもあります。

この大手メーカーでも、開発部門に数多くの事業性のあるネタが眠っているにもかかわらず、新しい方向に踏み出すマネジメントがなされずに、長期に渡る停滞状態から抜けることができなくなっていました。

「自分が事業を引っ張ってきたが、社内に自分の後継者が育っていないので困っている」

ある創業者から、こう相談されたことがあります。

創業者に代表されるワンマントップは、自社の事業については、全て自分の頭の中に「何をすれば、市場はこう反応し、組織はこう動く」を描いていますから、その指示は基本的に"Do this"、「こうやりなさい」になります。

この創業者も、役員やマネジャーからの報告を受け、

「この商品は、前年より何%売れているのか」

「この後の週に仕掛けるのは、どの商品か。なぜなのか」

などの質問をして、頭の中で上手くいくかどうかのシミュレーションを行い、必要ならば追加の指示を出していました。

これは、**トップの頭の中に経験を通してできあがっている「問題解決空間」を使って、自身の判断のために必要なデータを得て、その「問題解決空間」を飛び回りながら、成功の因果をベースに今回のプランが正しいのか否かを検証し、意思決定をしているの**です。

そして結果についても、同じ様に質問を行って自分の想定した打ち手が正しかったのか、考えていた通りに機能したのかを確認します。

これは、**トップの頭の中で事業最適化に向けた事業のＰＤＣＡが廻り、頭の中の「問題解決空間」にある、成功の因果律への当てはめが行われている**状態です。

その「打ち手」にたどり着いたワンマントップの頭の中は見えない

トップは常に、それまでの経験から現場で起きそうなことを頭の中で想定し、指示を出しているのですが、トップの頭の中に積み上がっている知恵は、外からは見えません。

側近にとっても、結果としての「打ち手」は理解できても、その「打ち手」にたどり着いた、頭の中の「問題解決空間」を駆使したシミュレーションの軌跡は見えていないのです。

かくして幹部社員でさえも、日々、接しているにもかかわらず、トップの頭の中がどう動いているのかが十分な理解もできぬままに、紋切り口調の指示だけが伝えられていました。これにより、**組織を育てるために必要な、マネジャーたちにも考えさせ、実行の結果を振り返り、修正させるPDCAの「躾」が行われないままに、指示の「丸投げ」文化が出来上がっていたのです。**

指示の出しっぱなしでも許される状態は、事業パフォーマンスの低下を引き起こす

「人、性善なれど、性怠惰なり」

物事がうまく運ばなかった時、人は誰でも他人のせいにしたいものです。

この会社でもトップへの報告の際に、

「現場のレベルが低いので……」

などと現場のせいにする、「ぼくのせいじゃないもん」報告がまかり通っていました。

その際に、

「他人事のように報告するんじゃない。現場の実行の責任者として、どこに問題があったのか、まず自分の伝え方に問題がなかったのか、現場が完全に実施できるための準備が行われていたのかなどを添えて報告するように」

といったトップからの一言があれば、それが「躾」の始まりになっていたはずです。

しかしながら、この会社のトップはたいへん穏やかな方でした。

「そうか、わかった」と、現場の能力のなさのせいにした報告がまかり通り、「現場のレベルアップが課題なのだな」で話を着地させていました。

上席のマネジャーが現場を指揮するマネジャーに適切に話をして、舵取りに必要な納得ができる伝え方ができているのかについての追及はなされませんでした。

結局、本部を含めて社内のマネジャーは皆、指示の出しっぱなしで許される状態になっていたのです。施策の方向修正はなされずに、言いっぱなし。つまり、事業のパフォーマンスを上げるためのPDCAは廻っていない状態が続きました。

困った創業者は次に、「それならば、任せれば人は成長するものだろう」と考えました。

そして将来を担ってほしい幹部たちに、組織上の責任と権限を与え、方向性も本人に決めさせるようにして、「こうやったらいいのじゃないのか」と、あとは自分で考えてやりなさいとの期待を込めたアドバイスをする指導に切り替えました。

ところがこれは、必要なレベルの作法を体得していない人たちに、さらに意思決定さえも「丸投げ」をしたことになります。人を育てる際に「大きな服を着せれば、体も大きく育つ」とよく言われます。しかしこれが機能するには、自身が育たねばならないとの空気感が組織内に存在する前提があります。結局、組織は、従来よりもさらに「ゆるい」状態になってしまいました。

さて皆さんは、この事例から「学び」として何を読みとりますか。

「組織のPDCA」を廻させる「躾」ができているか？

まずここでは、いくつかの問題点を指摘することができます。

- トップから課題を投げかけて考えさせていない。つまりマネジャー自身の頭で考えさせる「圧」、つまり**PDCAのPをまとめさせる「圧」**をかけていない
- うまくいかなかった時、その最も大事な場面で、責任回避を指摘し「あなたは指示の伝達者ではなく、実践の責任を持つ当事者である」との指摘をしていない。そして、**PDCAのCをしっかり行ったうえでPを作る基本を習得させていない**
- 結果的に、**責任ごと「丸投げ」**をしてしまったものの、肝心の責任さえも追及していない

これでは、上長として部下への関与を、正しく行わなかったことになります。

かくしてこの会社は、**マネジメントとしての基本作法である「組織のPDCA」を通した「躾」文化が不在のままに、事業規模が大きくなっていたのです。**

1970~80年代に日本の製造業をグローバルレベルでの圧倒的な存在にまで押し上げる原動力になったのは、**「ものづくり」における真摯な「組織のPDCA」の徹底**でした。

このPDCAは、今、書店に並ぶ多くの書に書かれた、個人の仕事術としてのPDCAや、ただの押しつけられた計画を達成するためのPDCAの類とは、全く異なるものです。

まず上長が、

- **何の目的で、その業務を行っているのか**
- **良いやり方とは、どのようにやるのか**

を自分の言葉で語って理解させ、そして本人にも考えさせて、実行させます。

そのうえで、その実施状況を確認して、方向修正のアドバイスを行い、部下の「自分で考えて動く」スキルアップを進めます。

つまり、**トップを含む全マネジャーは、直下の部下が廻しているPDCAが、適切に問題解決に取り組んでいるのかを確認し、個人の努力の総和を、担当部門としての全体最適に持っていく役割を担う責任者なのです。**

「組織のPDCA」における上長の重要な役割は、部下が捉えている課題が、本当に適切なのかどうか、そのアプローチが適切と言えるのかを見極め、必要ならば修正を施すことから始まり、実施後の

振り返りが正しいかどうか、何が学習されたのかを明らかにする「躾」を、習慣になるまで行うことです。

正しく「躾」がなされたものは、「躾」の価値、とありがたみを知り、マネジャーになった時には自身の部下にも自分の言葉で「躾」を行います。

言い替えれば、**相手の立場に立った「躾」によって「躾をする躾」を行う文化を作ります。**

企業として卓越していく道を歩めるかどうかは、この文化を組織内に根付かせることに成功したかどうかにあるといっても、過言ではないでしょう。

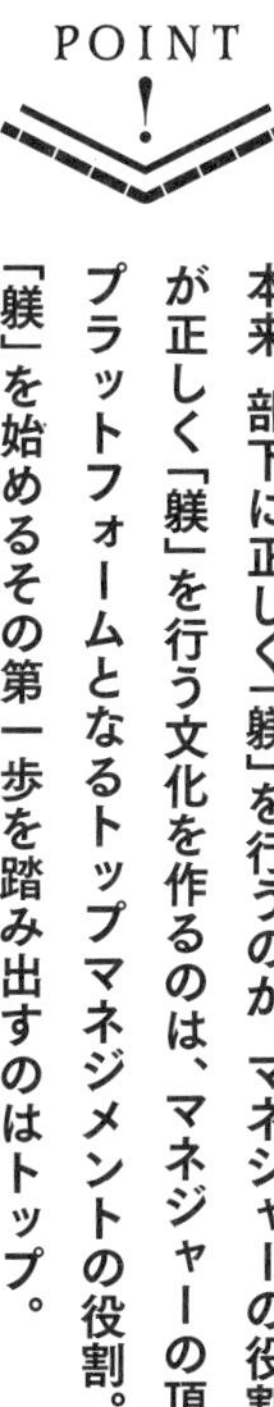

本来、部下に正しく「躾」を行うのが、マネジャーの役割。そして全マネジャーが正しく「躾」を行う文化を作るのは、マネジャーの頂点に位置し、すべてのプラットフォームとなるトップマネジメントの役割。「躾」を始めるその第一歩を踏み出すのはトップ。

組織図を描き、数値責任を明確にしただけで、意図通りに自走する組織などどこにもない

Top Management Organization

まだ、記憶に新しいと思いますが、恋愛リアリティ番組に出演していた女性が、自ら命を絶った痛ましい出来事がありました。

番組内での彼女の振る舞いを不快に感じた視聴者がSNSなどに誹謗中傷を書き込み、それに苦しんだ上での出来事でした。

確かに匿名性が高いSNS上では、人を傷つける、感情むき出しのコメントが氾濫しがちで、このメディアの特性が問題視されがちです。

しかし、ここで忘れてはいけないのは、この番組が出演者の真の姿を描いたものというよりは、面白さを引き出すために、演出された番組であったという視点です。

制作される番組は、視聴率、あるいはビュー数などのKPI（Key Performance Indicator、重要業績評価指標）で評価が決まり、それを制作した人たちが評価されるしくみがあります。

これは、放送業界のみならず、エンターテインメントビジネスや出版業界から、すべての業界に共通しますが、今回の悲劇は、この番組で放送された内容を視聴者が出演者の真実の姿であると思い込んだことから起きました。もし、この番組の終わりにテロップで、

「この番組はあらかじめ想定したシナリオに基づいて進行しています」

と流れていたら、どうなったでしょうか。

出演者の振る舞いについて炎上することもなかったでしょうし、当然、悲劇が起きることもなかったでしょう。

しかし、番組に真剣に入り込んで観る人も減り、KPIとなるビュー数が跳ね上がることはなかったかもしれません。これは、無意識のうちに企業内に浸透しているKPI優先、KPI偏重の価値観により起きた悲劇と言ってもいいでしょう。

おそらくマネジメント側も、このような悲惨な出来事が起きることは想定していなかったでしょうし、冷静に考えれば、そこまでして数字が欲しかったわけでもなかったはずです。

ワイドショー番組などで本件にコメントをする出演者たちも、自分たちがお世話になっている「プラットフォーム」の上では、この指摘はできなかったはずです。

組織運営において放置、放任状態のマネジメントはありえない

ここで、創業者の代から社長が何回も代わり、生え抜きの社員が社長に就任するようになって久し

い大企業を考えてみます。初期の経営層が、よほどマネジメントの仕方を含めた社内の文化づくりを意識して推進していなければ、創業時のトップが持っていた、経営のイニシアティブや根底に流れる大切な価値観は、代を重ねるごとに減衰し、劣化していきます。

企業の文化を維持し、組織に浸透させ続けるのマネジャーの役割ですが、トップを含めて、「人は、性善なれど、性怠惰なり」です。

規模の拡大と共に手間のかかるマネジメントについては、つい手を緩めてしまい、経営側と事業、そして現場との間には徐々に距離が拡がりがちです。トップが何代も替わり、事業規模が大きく歴史のある企業の多くでは、トップの経営管理は一般的に数値管理が中心になっていきます。

定期的な事業確認の場か、予算の承認会議でしか事業部門と直接に接することがなく、各部門で実際に起きている課題を十分には把握できていない状態が当たり前になってしまいます。

それでも、事業にとって追い風状態にある事業の成長期や市場開拓・深耕期であれば事業は拡大し、PL上は実績も上がり、一見、問題はないように見えてしまいます。

ただしトップによる事業管理が、ただ提示された数値を見るだけの管理業務に「劣化」している状態では、トップから見えていないところで根深い問題が進行していることがあります。

経営トップのレベルで、事業を適切に「見える化」した事実に基づいた実態把握ができていなければ、トップとしても「もっと考えろ」「がんばれ」「なんとかしろ」レベルの掛け声しか発することができなくなります。

劣化がひどい場合には、事業部長でさえも、自分が責任を持つ事業の課題を的確に把握できていないことがあり、トップからの「課題は何だ」の問いに即答できないことさえあります。

先ほどの恋愛リアリティ番組の悲劇は、この評価するマネジメント側の関与の薄さ、姿勢のあいまいさによって起きた、「KPI至上文化の暴走」によるものと考えられるのではないでしょうか。

番組で彼女の様子をよく見ていれば、彼女の脆さは充分に表れていました。

担当者は、数字を獲得するために、危険を承知で進行したのでしょう。

「あの子、大丈夫か。気をつけろ」

番組を視ているその上長からの、この一言があったかどうかでも、悲劇が避けられた可能性はあります。

また、上の関与が不十分な状態が続くと、それぞれの部門の責任者が、外から中が見えにくいように「壁」を立てて自分の城を築きはじめ、「お山の大将」状態となり室町時代後期の戦国時代さながらに、本来は一体化しているべき組織内が部分最適のコブだらけになっていきます。

ここで思い出していただきたいのは、今、手元にある組織図は何のためにあるのかという点です。自分の下に書かれている組織については、上が責任を持つという意味であることがどこかに行ってしまっているのです。

ある外資系企業において、米国本社から出張して来たシニアレベルのマネジャーと、入社したばかりの日本人マネジャーとの面談がありました。

その際に日本人マネジャーがふと、「部下が言うことを聞かないのですよ」と口にすると、それまで穏やかな紳士だった米国人マネジャーが突然、まるで異物を見るように彼を一瞥してこう言いました。

「言うことを聞かせろ」

この組織図を使う由来となる米国式「人治」の組織運営の作法においては、放置、放任状態のマネジメントは、ありえないのです。

やっていいことと悪いことの「躾」をする

かつての高度成長期は日本の全事業に追い風が吹いていて、財務データなどの経営数値だけを見て管理をしていても、多くの企業は成長基調にありました。

しかし今、企業が自力で道を切り開き、事業開拓をしなければならない環境に変わってからは、攻める姿勢を持つ組織を健全に機能させなければ、事業が停滞状態に入ってしまうのは、誰が考えても明らかです。

今に至っても、長期的な発展を実現できているトヨタや花王、そしてリクルートのような会社では、自社の仕事の仕方、考え方が文化として社内に根付いており、マネジャーの指導が行われています。

かのトヨタグループを見ても、未だにマネジャーが部下に対して、しっかりと**小うるさく指導する**ことが、日々、当たり前のこととして行われています。

そしてその指導の場を通して、上司と部下のコミュニケーションがなされ、Do's and Don'ts（「やっていいこと、悪いこと」）の「躾」がなされ、何よりも部下に教えることによって、自身の培ったノウハウも言語化されていきます。

高度成長期には、事業の成長に伴い組織も大きくなっていきますので、社員全員とは言わずとも、ほぼ年功序列式に、課長あるいは部長になっていく企業が数多くありました。

中には、その「質」にかなりの問題のある方が部長などの上位職についていて、その方の存在が、事業を正しい方向に進める際の大きな障害となっている事例は、嫌と言うほど見てきましたし、実際にその手の被害にあった経験のある方も多いと思います。

こういう時に、正しい企業文化が根付いている健全な企業においては、その手の部長を棚上げして、仕事を進めてしまうことが可能なことがあります。

「いえ、〇〇の考え方に沿って判断しましたが」と組織図上の指揮、命令系統には則ってはいないものの、宗教のごとく社内の文化となっている「教え」を盾に取り、健全な動きをとることも可能です。

実はこれは、組織図の指示命令体系よりも社内にある企業文化のほうが実質的には強くなっている実例であり、従来、日米の違いにかかわらず、優良企業の培ってきた強さは、この健全なる企業文化づくりの部分にあったとも言えます。

しかしそれもないままに、昨今のように人件費も含めた数値管理、効率管理の縛りばかりが厳しくなってしまった世の多くの企業では、部下の指導などのコミュニケーションに割く時間を十分には取れなくなっています。

かつ、そのコミュニケーション自体が重視されずに、結果として仕事が「丸投げ」状態になることが多くなっているように思います。

ルール化されていないことを判断し、指示するのが本来のマネジャーの役割

本来、人件費率や粗利率などの経営指標は、経営が健全な状態かどうかをモニターするための指標です。

これは「人間ドック」の結果のようなもので、数値の変化がわかった時に、どこかに異常が起きていないかを追いかけるアクションのトリガーとして「見える化」されるものです。**因果を追いかけて、もし問題ないと判断されれば放置してもいいものですし、内在する問題が表面化したものであれば、重篤状態に至る前に手を打つべきものです。それがもし、評価に結び付くKPIに直結してしまい、その達成そのものが目的になってしまうと、話が完全に主客転倒、本末転倒します。**

たとえば「粗利率を上げる」のは、あくまで結果の話です。

そのために「知恵を使って価値のある商品を企画せよ」や「生産地との直接取引によって、中間のマージンがかからない収益構造を実現すべく、事業プロセスを刷新せよ」などの適切な手段を選択し、実行することが、その指示の背景にある意味合いです。

ところが「粗利率を上げる」こと自体が目的になると、とりあえず、今期にすぐできることとして、単に原料や素材の質を落として、当期のPLは帳尻を合わせて、顧客を失望させる製品が世に出てし

まうことがあります。

せっかくファンになってくれている顧客が離れていくという、最も避けなければならない事態を招き、今期は数字を達成できても翌年以降の数字が悪化し、どんどん製品が劣化していく事例などは、アパレル業界ではよく見かける光景です。

この「粗利率を上げてくれ」という指示を受けて、それ以降の「そのためにやるべきことは……」が部下に正しく理解され、正しく実行されているのかを確認、指導するのがマネジャーの役割です。もし「粗利率を上げろ」という指示が、その段取りから今期中に難しい場合には、上長と「いま考えられる現実的な線としては……」とやり合わなければならないのが、本来のマネジャーです。

マネジャーの仕事が、指示を投げ、部下に仕事を割り振る「手配師」と化し、後は数値を管理するだけの、まるでコンピューターかロボット化した「勘違い」マネジメントや組織運営が起きている事例は、大企業でも多く見られます。

様々な経営の方法論が広がるにつれて、If-then ルールとも呼ばれる、「もしこうなら、こうする」という決められたロジックに従うだけの、いわば「機械的」な仕事の仕方が広がった職場が増えてしまったように思います。

そもそも、決め事や目の前のルール、ロジックには、常に「カイゼン」の余地があるものです。

ゆえに、決められたルールに従って仕事をこなすだけの進め方と、理にかなった仕事の進め方とは、まったく別のものです。

日産自動車にいた知人から聞いたことがありますが、ゴーン改革前の日産では、部長は部長会で伝えられた話を課長に伝え、課長は課長会で伝えられた話を課員に伝えると、主な仕事が終わりだったそうです。

もしこれが本当ならば、当時の日産ではマネジメントの機能不全が起きていたことになります。マニュアルも含めてロジックやルールで表現されていないことを判断し、指示する能力が求められるのが、本来のマネジャーのはずです。

組織図はただのスキーム。
マネジャーは仕事の「手配師」でもない。
各マネジャーが担当部門の使命に基づき、自分の言葉で仕事の「指導」と「躾」を行えて初めて、組織は健全に機能する。

マネジャーの頭の中に、経営視点で考える「ニューラル・ネットワーク」を作り上げる

Organization Management

会議の場にて一人で延々と話をして、他のすべての出席者を聞き手にしまうワンマントップはたくさんいます。こういうトップは往々にして、話をしながら実は自分の考えをまとめているのですが、もう一方で、会議の参加者に自身の意思決定のプロセスを聞かせて、自身のやり方を伝えたい、理解させたいというのも本音です。

しかしながら前述のように、その話を聞いている参加者は、なるほどとは思っても、それだけで本人たちも同じ判断が行えるようになるものではありません。

これを、最近はやりのＡＩ（Artificial Intelligence、人工知能）になぞらえて言うと、ワンマントップが率いている組織の場合、今のＡＩに使われている**「ニューラル・ネットワーク」**と呼ばれる「問題解決空間」と呼べるものが、頭の中に出来上がっているのがトップ一人だからです。

ここで、「ニューラル・ネットワーク」を簡単に説明しておきます。

「ニューラル・ネットワーク」はコンピューター・サイエンスにおけるＡＩの一分野であり、コンピューターによる学習を、人間の脳の働きに似せようと考えられた理論です。

システム上に膨大な数の「ニューロン（神経細胞）」を模して、それをネットワーク化し、たとえば、たくさんの種類の手書きの「あ」を読ませ、それは「あ」という文字であると教えます。

これを繰り返していくと、「ニューラル・ネットワーク」は、「あ」らしき手書き文字を「あ」であると認識するようになり、何兆個レベルで用意される、各「ニューロン」に在る変数を変化させて文字を認識する「回路」をつくり上げる「学習」を重ねます。これをさらに、かなり崩れた手書きの「あ」も読み取らせて、「あ」であると教える（システムとしてはマッピングする）ことで、多くの手書きの「あ」を読み取れる状態に進化していきます。

同様の方法で手書きの「い」を読ませ、「あ」だけではなく「い」も認識できるように変数を変化させ、次々と文字の判読率をさらに上げていく、「学習」を行えるシステムなのです。

実は、この「ニューラル・ネットワーク」は、前述のように、パターン認識から事象の法則性を学習する**人間の脳の学習の仕方をコンピューター上で模したもの**なのです。

このアイデアが研究対象として脚光を浴びたのも、30年前のブームの時代です。

当時は、今では実用に堪えない50メガバイトのハードディスクが１００万円ほどもした時代であり、その頃のコンピューターのメモリーやプロセッサーの処理能力ではとても、このアイデアを現実の世界で実現することはできませんでした。

図表2-1　ニューラル・ネットワークとは

今、流行りのAIに使われるニューラル・ネットワークは、人の脳の学習をコンピュータ上で再現したもの。

組織内では、上長の指導により部下の頭の中に、仕事の問題解決のための柔軟で上質なニューラル・ネットワークを作る責任がある

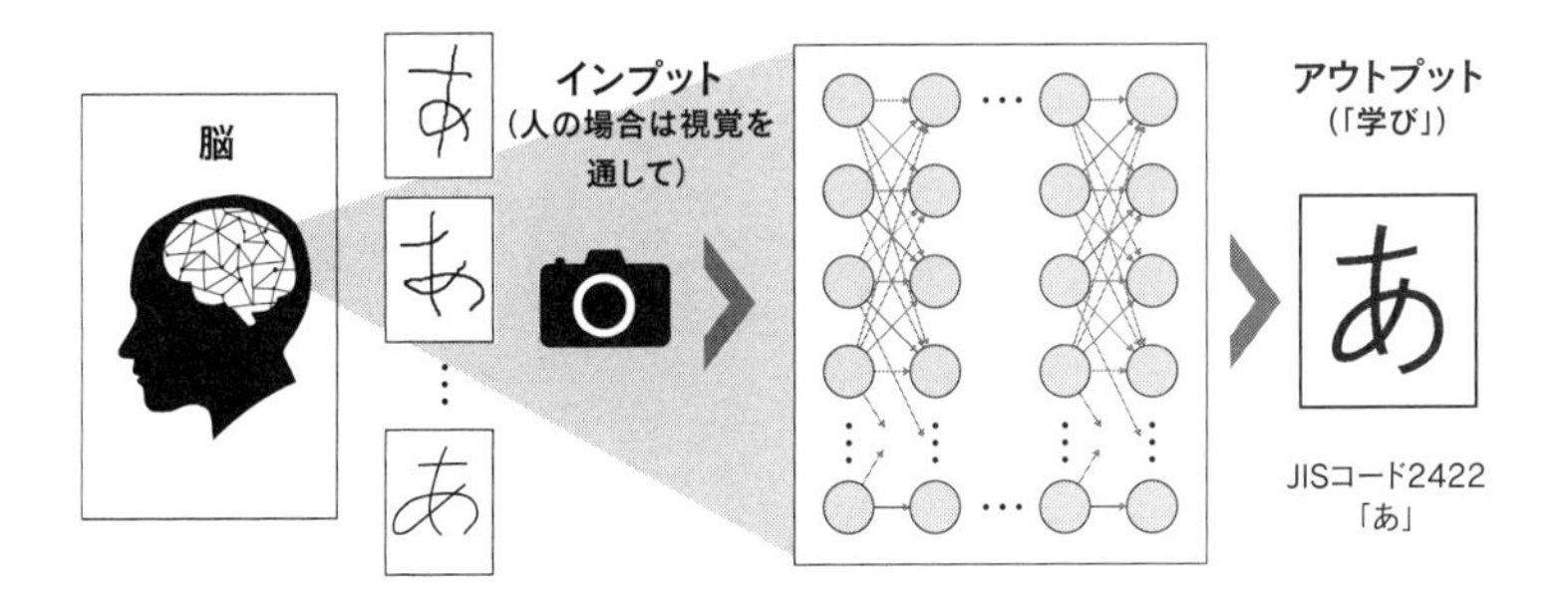

何兆個レベルの「ニューラル」が、様々な手書きの「あ」をJISコードの「あ」であると認識できるようにニューラル内の「変数」を変化させて学習するのが「ニューラル・ネットワーク」。

米国のコロンビア大学の大学院にいた時に、私も「ニューラル・ネットワーク」のシステムを自身で設計し、実際にプログラミングして動かすデモンストレーションを行ったことがあります。その当時のコンピューターの処理能力では、数字を8×8程度の「碁盤の目」で表現した程度の粗さで文字を認識させるのがやっとでした。それが今や、ゼロの桁が5つも増えた1テラバイトのハードディスクが数千円で買える時代です。ハードウェアの性能が高まってきたおかげで、コンピューターが実際の人の脳を模した動きができるレベルに少しずつ近づいてきているのです。

「問題解決空間」は、頭の中にある「ニューラル・ネットワーク」

「成功した創業者」の多くは、必ずしもすべてを言語化せずに判断をしていきます。

これは創業者の頭の中では、その時々に起きた事象が上記になぞらえて表現すれば、パターン認識され、インプットされていて、うまくいった、いかないという結果から、頭の中に「ニューラル・ネットワーク」ができ上がっている状態です。

AIの「ニューラル・ネットワーク」は、その構造上の特徴として、なぜ、その答えになるのかを説明する機能を持ちません。同様に創業者も、説明のうまくない方が多いのです。

先ほどは、これを創業者の頭の中の「問題解決空間」と表現しました。

これがコンピューターであれば、そのシステムをコピーすれば複製をいくらでも作れるのですが、人間の頭ではそうはいきません。創業者の頭の中の「ニューラル・ネットワーク」は、体験による学習で脳の中に作られたものであり、いったん出来上がったものを、言語化して伝えたとしても、それだけでは別の人の頭の中に同じ「ニューラル・ネット」をつくるのは、至難の業となります。

トップから出る指示は、施策の理由、Ｗｈｙ「なぜ」の説明をすっ飛ばした指示か、あるいは説明が不十分な、"do this"「こうやれ」の連打になりがちです。この状態では、彼らは、言われたことをやる、あるいは、言われたことをそのままなぞってやることしかできなくなります。

またワンマン創業者は、部下からの提案を自身が理解できない場合、あるいはお気に召さない場合は、頭ごなしに否定することもあります。理にかなった説明も面倒くさがるがゆえに、好き嫌いだけの判断を、屁理屈をこねて正当化し、ものごとを決めてしまうこともあるでしょう。

かくして、Ｗｈｙ「なぜ」が不在、あるいは不十分なまま、トップ自身は自分の「クローン」が欲しいと願っているにもかかわらず、決められたプログラム通りに同じことを繰り返すことだけしかしない、「ロボット」のような組織を作ってしまいます。

もし、**自身のクローンのように思考し、行動をして欲しいのであれば、まず難易度の高い課題を与えて考えさせ、その提案についての議論から始めなければなりません。**

担当者にとってはこれが、

「社長ならば、どう考えるだろうか」

「○○さんならばどう考えるか」

と優秀な自分の上長をイメージして考えることになり「ニューラル・ネットワーク」づくりの一歩になります。その上でその担当者と、

「なぜ、その課題に取り組むべきなのか」
「なぜ、その方向性をとることが重要なのか」
「なぜ、その施策を選ぶのが適切なのか」

を議論した上で、そのプランを本人の腹落ちのもとに実行させます。

そして、実施の進捗や結果についても、しっかりと振り返りをさせて確認をする。

また、ビジネスの経験が浅いと、たとえ優秀な人材でもリスクを恐れ、その一歩を踏み出すことを躊躇してしまいます。そういう時に「やってみろ」と「背中を押す」ことも全マネジャーの重要な役割です。

これが、Ｄｏｅｒ（実施者）だったものの頭の中に、状況や環境が変わっても、都度考えて対応のできる「ニューラル・ネットワーク」を作り込んでいく方法論です。

「やってみせ、言って聞かせて、させてみて、ほめてやらねば人は動かじ。
話し合い、耳を傾け、承認し、任せてやらねば人は育たず。
やっている、姿を感謝で見守って、信頼せねば、人は実らず」

この本を読まれている方は全員がご存じの、**山本五十六の言葉**です。

ある程度、物事がわかってきた部下には起案させる。それについて話し合い、必要な修正を施したあとはやらせてみて、結果を報告させ、言語化させ、理にかなった総括がなされているかを確認する。うまくいけば褒め、失敗したら、何が原因だったのか、その真芯部分を捉えた説明がなされるかを確かめる。これこそが、部下の頭の中に経営者としての「ニューラル・ネットワーク」を育て上げる手順になります。

日本では誰もが知る大企業の部長待遇クラスでも、おそらくずっとリスク回避だけでやってきたのであろう方にお目にかかることがあります。良い学校も出て、人間的に決して悪くはないのに、とにかくビジネスの能力がまったく鍛えられていません。おそらく、その会社から早期退職でもした後は、外では使いものにならないであろうと思える方です。もちろん、本人の責任と言えばそれまでですが、折角の人材の「背中を押す」文化のなかった企業側にも問題があると思います。

組織の育成による能力向上には、相応の時間がかかります。そのことをまずは受け入れて、トップ自らが考えさせて起案させ、責任を持って実行させることから始めましょう。しばらくすると組織の能力が高まり、理解したものが、今度は自分の部下にしっかりと教え、組織の自己進化がなされるようになります。

優秀な社員の背中を押してやるのもマネジメントの役割。そして山本五十六の言葉に則(のっと)り、「ニューラル・ネットワーク」を育(はぐく)む文化を社内に根付かせる。

すべての報告帳票は、PDCAの「C（検証）からP（修正プラン）への思考の流れを『見える化』したもの」

２００店舗ほどを展開しているある会社で、商品政策、店頭での販促、営業対応の連動を図るために、市場動向、打ち手の効果を見る分析結果を確認する会議をスタートした際の話です。

営業企画の分析担当者が、10月の結果の振り返りの説明をしている時に、店頭への集客効果が上がらなかった際に利用した、店頭のＰＯＰ（Point Of Purchase、一般的には店頭の掲示物を指す）をスライドで映しました。なんとも色気もそっけもない、商品と価格だけの、昭和40年代でさえも見かけなかったレベルのいただけないＰＯＰでした。

我々が、「すかいらーく」や「ジョナサン」などのファミリーレストランで見るメニューの写真は、手間と時間と費用をかけて、とことんおいしそうに撮影しています。これは注文時の注文点数と客単価を引き上げようとする努力の賜（たまもの）です。

実際に出される現物との差にショックを受けることもあるほど素晴らしい仕上がりで、あるファミ

リーレストランの指導をしているコンサルタントから、
「そりゃそうです。だって実際に店に出すものとは違うものを作って写真を撮っているのですから」
と聞いたことがあります。真偽のほどは定かではありませんが。

なぜ、彼らはダサいＰＯＰのほうが売れると考えたのか？

この店の店頭においてショッピングモールの通行客の目線を掴み、足を止めさせて店頭にまで導くための重要な役目を果たすのが店頭のＰＯＰです。

ここでは、営業企画の担当者が、なぜ、誰が見ても良いとは思えないこのＰＯＰのデザインを行ったのかが議論の焦点になりました。

「以前、成功したＰＯＰの実績から『ダサい』ＰＯＰが売れるということが事実として明らかになっています。こういう『ダサさ』で差別化されているがためにＰＯＰが目を引くのだと思われます」

担当者はこう答え、すかさず担当常務も彼をかばうように、

「レトロ調のポップなＰＯＰを使うと売上が上がるという、分析結果がありまして」

との説明がありました。

「では、何をもって、『ダサい』ＰＯＰが売れると判断したのかを確認したい。その根拠になった、以前、よく集客したというこのＰＯＰをスライドに映してみて」

彼らの言う、以前、成功したという「ダサいＰＯＰ」がプロジェクターで映し出されました。確か

に、こちらもレトロ調デザインと呼ぶのも憚られる、本当にセンスのないPOPなのですが、よく見るとそこには明らかな特徴がありました。

小売業においては、お値打ち感のある価格表示はとても重要です。その「ダサいPOP」は、**価格表示に定番のゴチック体の大きな赤文字を使っていて、しっかりと「お値打ちさ」を表現できていました。**

減ったとは言え、今でも新聞の折り込みチラシは、日本中の郊外型の店舗で使われます。かつては郊外型の店舗は、このチラシのデザインの巧拙を競って集客につなげていました。そして、このチラシの企画に従事している多くの担当者が、口をそろえて「うまい」とお手本にしていたのがユニクロのチラシです。

このユニクロのチラシに上手に使われているのが、ゴチック体の赤文字の価格表示です。彼らの主張していた「ダサいPOP」の成功要因は、デザインのダサさによる差別化ではなく、その目立つプライスの表示であろうことは、そこにいる経営陣全員に明らかでした。

われわれの行っている事業活動はすべて、成功則として、do's and don'ts（やるべきこと、やってはいけこと）を明確にして、日々、洗練され、磨かれる事業の知恵として集積していくことに他なりません。

たとえばこれが、ただの「相関」を「因果」と取り違えた間違った知恵を集積していってしまうと、それを学びとして間違った施策を再び繰り返してしまう、間抜けな事態に陥ってしまいます。

これは、売上を大きく左右する重要な集客手段である店頭のPOPの効果について、**「見える化」**さ

れた結果から「意味合い」の抽出を間違えた事例です。

さらにそれを、上層者の眼で確認することを避けて担当者が勝手に進めていたために、おかしな施策が連綿と続き、事業の成長を足踏みさせていることが発覚しました。おそらく、この営業企画の担当者は自分の決める打ち手に自信がなかったために、経営層の確認を通さずに店頭での展開を続け、数字の低迷が続いていたのです。この気づきにより、この会社では店頭にて展開する販促物については、毎月、経営会議の場で、経営層が確認をすることになりました。

そしてその場では、

- 前年同期、そして直前の結果を、ファクト（事実）をもとに振り返りを行い、何が成功し、何が成功しなかったのかを、現物を見ながら、得られた因果を示す（思い切った仮説を出すことも推奨する）
- 得られた因果から考案された新しい企画なども行い、次月に展開するために企画した新しい販促物と、その効果の目論見（新規顧客のアップ）を示す

ことになりました。

事業が成長の踊り場をむかえるのは、事業の打ち手の精度が低下するため

企業が急成長の後に、成長がなだらかになり、トップから営業本部長に「なぜ、成長が止まったのか」と問われると、間違いなく、

「競合も現れて、お客様も選べるようになりました」

「わが社の店舗数が増え、市場も飽和してきました」

などの報告がなされます。

ところが多くの場合、この報告は口頭で行われ、適切なファクト（事実）は伴っていません。

経験的に事業全体が成長の踊り場をむかえる時の原因は、競合の出現や市場の飽和ではなく、自社の事業組織の機能不全による、打ち手の精度の低下です。

ただ、そのような自滅であった場合、その事実は、営業責任者も商品責任者も責任を問われるのを恐れ、自ら表ざたにしたくはありません。

事業にとって重要な因果は、ファクト（事実）をもって「見える化」されなければなりません。

この担当者が怠っていたのは「組織のＰＤＣＡ」を廻す際の基本中の基本である、

- **「見える化」の工夫**
- **適切な「意味合い」の抽出**

の2点です。

これらが組織として鍛えられていないのも、低迷企業に必ず共通しているポイントです。

トップを含めた上長が、この二つの基本中の基本の確認をおろそかにし、担当者もつい手を抜き、かくしてＰＤＣＡが形骸化し、機能不全が起きるのです。

経営層が、現場の実務に何もかもに関与する必要はありません。しかし起きている因果を導くために、ファクトをもって「見える化」し、そこから読み取られた「意味合い」を必ず明記することを徹底して、主要業務における意思決定の過程が、誰からも見える状態を作らなければ、何が起きているのかがブラックボックス化してしまいます。

報告帳票をうまく設計することで、この報告とＰＤＣＡサイクルの精度に、雲泥の差が付きます。**すべての報告はＰＤＣＡにおける、結果のＣ（検証）から次のＰ（修正行動）につなげる説明であり、その場に使う資料は、そのＣからＰへの思考の流れを「見える化」したもの**です。

適切に、意思決定に至る思考プロセスが「見える化」されていけば、自然に業務精度は上がっていきます。

今の日本企業の低迷、つまり日本経済の低迷は、経営理論と称するものへの安易な依存による弊害、その修正も含めた、本来の「組織のＰＤＣＡ」の機能不全に起因すると言えます。

組織のＰＤＣＡの基本動作を、今一度、再認識すること。

この当たり前のことへの着手が、自社の事業の活性化への唯一の道であることを、改めて認識していただきたいと思います。

プランＰがうまくいかなくても、決して怒ってはいけない。むしろ成功だけでなく、失敗も「こんなことがわかった」と自慢をさせる。もし担当者がうまくいかなかった原因を事実を基に追究し、説明していない場合は、それを放置せず、必ず期限を決めて、再報告させ、健全な「組織のＰＤＣＡ」を機能させる。

PART 5 本部組織のクライアントは、トップ自身

Organization Theory for Top Management

ある大手の飲料メーカーの営業支社長、営業企画部長に、支社ごとの営業戦略の立案の指導をしていた時に、ある営業企画部長がこう言われました。

「商品本部が今期の製品の展開戦略を作り、我々はそれに従うだけなのです」

その戦略を記述した資料を拝見し、こう伝えました。

「商品展開プランを拝見する限りは決して悪い切り口ではないと思いますが、ブランディングを狙うなら、このパッケージングや訴求方法がなぜ適切なのかは、これを読んだだけではわかりません。狙いは書かれていますが、具体的な施策については、こちらで決めたことを、現場はその通りにやれとしか書かれていないですね」

「その理由の部分は、我々にも知らされていないので、答えようがないのですよ」

このやりとりがあった後に、営業本部長から、

「商品本部から、下半期の商品戦略の説明があります。その場に同席してもらえませんか」

との依頼を受け、営業企画部長たちと共に説明の場に出席しました。

その会議の場では、製品展開の基本方針に関する説明はありましたが、その施策を行う理由などの説明は分析の裏付けなども特になされませんでした。やはり、これでは、"Do This"になっている……と思いながら聞いていると、ある支社の営業企画部長の一人が質問をしました。

「なぜ、下半期もこの展開になるのですか？　現場で起きていた課題を考えると、プランに修正がなされるべきだと思いますが」

これに対しての商品本部の説明者は、

「その件につきましては、この場での回答は控えさせていただきたいと思います」

今時、国会答弁でもありえないような答えで、思わずその場で吹き出してしまいました。質問をした営業企画部長も「また、これだ……」とでも言いたそうな表情で黙ってしまいました。

ここで、組織における本部機能について考えてみたいと思います。

本部機能は、一般的に組織図においては、事業部門の上位、あるいは事業責任者の直轄のポジションに描かれます。経営判断をサポートする経理、財務、人事などが含まれる管理本部や経営企画部などのスタッフ部門、場合によっては、基礎・応用研究を推進するR&D部門などが設けられ、さらに、営業部などのライン部門、事業部、事業本部などの事業のパフォーマンスを上げるための営業企画、販促企画などのラインスタッフ部門があります。

我々が組織論で時折耳にするスタッフ、ラインなどの言葉は、もともとは軍事用語です。さかのぼって考えれば、戦争も領土拡大による国単位のビジネス、つまり経済活動のひとつであると言えます。ラインは最前線、スタッフは我々のイメージする広義の意味での参謀、つまり本部組織を意味しており、これがビジネスの組織でも使われるようになったものです。

トップの顔色からも意向を読み、動くのが米国文化の下での本部機能

「人治」マネジメントの考え方に沿えば、事業全体としての最適化は組織の上に位置する社長や事業部長の役割になります。

よって本部機能に属するライン業務を支えるラインスタッフによる、営業などの最前線への営業企画案の策定、上記の飲料メーカーの例では商品戦略の策定になりますが、もちろんこれはラインスタッフが勝手に考えていいものではありません。事業のトップの意志が初めにありきで、その意志のもとに策定されるべきものです。これを言い換えれば、**このスタッフ、ラインスタッフ部門のクライアント（顧客）、つまり仕えている先は、組織図でその上位に描かれている事業のトップ**なのです。

外資系企業につとめた経験のある方はご存じでしょうが、本来、本部機能に所属するマネジャーは日本の企業と異なり、トップの一挙手一投足を見ながら動きます。

「自分のやろうとしていることは、トップの意向にあっているのだろうか」

「今、トップは何を考え、何を志向しているのだろうか」

あえて誤解を恐れずに言ってしまえば、トップの顔色を見ながら動くことになるのです。

もちろん従うばかりではなく、自身からも企業のため、つまりそれを率いるトップのために、新たな提案を行いますが、基本的には事業の総責任者であるトップを主軸に置いて補佐して動くことになり、これが組織図に表記された本部機能のあるべき動き方です。

ところが日本では、太平洋戦争の時代から、高学歴のエリートを上層部に持ってきて、現場から距離のある彼らに実質的な権限を与えてしまいます。頭の回る彼らは、その上位にしっかりと見張っているものがいないと自身の身を安全なところに置き、減点のリスクを避けて、加点の評価ばかりを求める動きをします。これは彼らが非難される話ではなく、その上による、彼らの処し方を間違っている話なのであり、日本の官僚機構にも今でも連綿と残る課題なのです。

そもそも、人は弱いものです。

「お天道様が見ています」なしには、ほぼすべての人は、「性善なれど、性怠惰」に振る舞ってしまうものです。先ほどの飲料メーカーの事例は、商品本部から、地域営業支社内に配置された営業企画部への商品施策の発表の場での話です。

商品本部は組織図上、社長の直下にあります。よって商品本部は社長の意志の下に、地域営業部の営業活動の最適化に向けて、商品の展開プランを作成し、承認を受けて営業部隊に実行してもらい、さらに必要に応じて、方向性の調整を行うことになります。

もし商品本部の展開プランの出来に問題があるならば、これは本社の社長が、商品部に「丸投げ」して放置することなく、しっかりと前期の振り返りと反省を現場起点で行い、トップの意志の下に策定をさせたかがポイントです。

その施策を実行する理由を、なぜ説明しないのか？

「弊社の戦略を見てもらえますか」

こう、依頼をされる機会は多いです。

確認すると事業規模にかかわらず、「何をする」「こうする」というＷｈａｔとＨｏｗの記載はされていても、「なぜそれをするのか？」のＷｈｙが説明されていない、あるいは定量的な裏付けが不十分なケースがほとんどです。そこを指摘すると、決まって「現場にややこしいことを伝えても混乱するだけですから」という答えが返ってきます。

あくまで比較論ではありますが、この国の多くの人は物事に取り組む士気も意欲も高く、その場その場で考えて対応する能力に長けていると思います。

「なぜ」の部分が伝わってさえいれば、策定したプランに必ず内在している、読み違いの部分についての対応を現場サイドで柔軟に判断して行うことができます。

この飲料メーカーの場合などは、現場にいる方々は、皆一流大学も出た方たちですし、かつ現場で顧客と接して様々な問題に取り組んでいます。

したがって必要なことさえ知らせておけば、市場の機微の理解をした上での具体的な打ち手の策定力は、むしろ、日々、本部で過ごしている商品本部の方々よりも高い印象を持ちます。

「なぜ」の伴っていない戦略書や企画書の発信は、現場に対して、

「四の五の言わずに、黙ってやれ」

あるいは、

「この施策を行う理由については、自分たちで適当に考えて実行しなさい」

のどちらかの意味合いとなります。

したがって現場のレベルが高い組織では、後者の「なんとか、自分たちで解釈して実行しよう」となりがちです。現場がプランの問題点の指摘をした時に、自分たちの立てたプランの非を指摘されることを嫌う本部が、それを「受け流し」、実質的には放置することもあります。しかし、こういう状況が果たして健全と言えるでしょうか。日常、ビジネスの現場に接していないものは、いくら高学歴で、書籍を読み、外部の研修に出てロジカルシンキングの手法などを学んできていても、自分たちの策定した方針、企画が本当にベストなのかどうか、真の確信にまで至っていないものです。

現場との連動は、その学んできた手法を実のあるものにし、自身の本当の実力にする最高の機会なのですが、非難を受けるという失点を恐れるあまり、自分たちにとって「逃げ」口上の余地を残し、あるいはうまくいかない時に「現場の理解力がないのです」などの言い訳の報告をしてしまいがちです。

トップは遠慮なく、本部のスタッフを使い倒さなければいけない

実践展開されるすべての施策や戦略は、誰かが必ず、ＰＤＣＡを廻して成功に導く責任者として、

「これでうまくいく」とイメージができていなければならず、もし想定外のことが起きれば、すばやく対応しなければなりません。上記の状態は、おそらくトップの承認はとったからと、実質的には現場の対応力に甘えて、放り投げている状態なのでしょう。

商品本部が作った商品展開の戦略に、「これでうまくいく」と確信を持てるイメージを描かねばならないのは、彼らのクライアントである社長や事業責任者です。本来は、その開示もスタッフに任せてしまうのではなく、**事業責任者たるトップが自分の口で、書面には十分表現されていない部分も含めて、現場の責任者に向かって説明し、質疑応答さえも行うべきもの**です。

現実には、未だに日本企業では高度成長期のマネジメントスタイルをそのまま踏襲して、「神輿（みこし）」の上に乗ってしまうトップが多いのが現実です。

しかし、今の組織設計の考え方の基本にあるのは、米国式の、トップ自身が組織を動かす、つまりトップがＰＤＣＡの主体であり、責任はトップ自身にある組織論です。

米国式の組織運営の考え方を採用するのであれば、トップは自身で事業のＰＤＣＡを全責任を持って廻すか、廻させるかしかないのです。

トップは、自分の決裁事項である商品展開プランを含めた事業プランについては、自身が「確信」できるイメージを抱けるまで、徹底的に必要な分析をさせるなり、事実としての情報を集め直させるなり、遠慮なく、本部のスタッフを使い倒さなければなりません。

もし、説明を商品本部にやらせるのであっても、その場にトップが同席するのが基本と考えましょう。この場でのやり取りは、営業の現場と本部の商品部の認識の差がどのくらいあるのかを知ることができる、トップにとっても絶好の機会になります。

本部のスタッフを、知的作業に秀いでて事業運営にも責任を持たせることができるエリートとみなすのは、特にお人好しの「性善説」に走りがちな日本の組織運営では、決して推奨できることではありません。彼らは、現場からの距離を置かれ、現場の実態を知る機会も少なく、限られた情報の範囲で思考を巡らさなければならない、ある意味では気の毒なポジションなのです。

米国であれば、数値責任を持つ自身の権限で、「この数字が必要」「この調査を行ってくれ」と命令を出して組織を動かすイニシアティブを発揮しますが、日本の組織ではいとも簡単に「面従腹背」が起きるだけです。

彼らの正しい成長のためにも、トップは彼らを無理やりにでも現場に出し、具体性、新規性が出るまで、悲鳴が出るほどまでに現状分析から始まるプラニングのやり直しをさせ、ある意味、トップの意志の下で使い倒してやらなければいけないのです。

それによって、彼らはトップの厳しい事業目線もリアルに培うことができるのです。経営企画、経営管理出身者が役員となることはあっても社長になることがほぼないのは、これが理由なのです。

すべてのプラニングの起点は現場であり、実施も日々の舵取りも現場で行われます。

現場では、その会社の強み、弱みのすべてが表面化します。トップは、ぜひ、本部にいるスタッフ、特に事業に関与する、経営企画、営業企画などの部門には遠慮なく関与し、彼らを育て上げてください。

「本部がプランを作り、現場にやらせる」ではありません。正しくは、

「トップが本部にプランを作らせ、トップがそれを現場にやらせ、トップが実態を把握できるように、実務のPDCAを廻させる」

と、主語はすべてトップになるのです。

これを怠ると、いともたやすく、本社、本部機能が「無謬性」を起こし、正確な因果の検証を怠り、「僕たちの考えることは、間違いはないんだもん」とばかりに、失敗に関する因果の隠ぺいがまかり通ることが起きえます。

「後工程は、お客様」

ここで、その組織運営のうまさが文化として根付いているトヨタの知恵の一つに触れておきたいと思います。トヨタでは、製造ラインのみならず事務部門であっても「**後工程は、お客様**」が合い言葉となっています。自部門の仕事のアウトプット、つまり成果を納品する先である次工程がお客様であり、そこが満足する品質、納期で届けることが当たり前のこととなっているのです。

このトヨタのやり方は、**業務プロセスの最適化を、米国式のトップダウンではなく「連鎖式」にプロセス全体で進めていく、「自律性」に依存した上手な「業務プロセス」の最適化の方法**です。

この手の、誰もが「なるほど」と思える合い言葉を文化にした工夫は、トヨタの組織運営が卓越している、その一角を表していると言えるでしょう。

なお、先ほどの飲料メーカーの後日談ですが、社長や営業本部長に、気になる点について、いくつか指摘をしたところ、半期後にはそれらが店頭において展開され始めました。若干の時差はあるものの、事業のフィードバックが健全に機能していることを知り、安堵しました。

また、この企業はその後に、組織の改編も大胆に行い、市場視点で見ていても、元気よく攻めの姿勢をとっている印象を受けます。これまでに、様々な事業活性化のプロジェクトに携わってきましたが、**本当に事業活性化の動きに火がつくのはトップが本気になった時です。**

「この改革はやれる。意義があるし、おもしろいかも」と、トップの頭の中のイメージが、リアリティを帯びた瞬間です。

様々な角度から事業の「見える化」がなされ、トップが真芯をついた意見を述べ、正しく組織に関与してもらえるようになると、とたんに組織はガラリと変わり、前向きになって活気づくものです。

本部は現場から信頼されなければならない。そうさせるのはトップ。本部組織は経営を支える機能であり、放任して良い組織ではない。そしてトップが自身の給与から彼ら一人ひとりの人件費を払ってでも使いたいと思えるかどうか。

マネジャーの「判断力」を育てる「躾」がなされているか

昨今、日本企業の中で耳にするようになった言葉の一つに「(現場に) 落とし込む」があります。

この言葉は「(トップの) 承認をとった新しい評価制度を、営業現場に落とし込む」という感じで使われます。

しかしよく考えてみれば、20~30年前までは「やらせる」はありましたが、「落とし込む」はなかったと思います。

仕事柄、飛行機を使う機会は多いのですが、先日、このようなことがありました。

日本の大手航空会社の利用回数が多いこともあり、若干の年会費はかかりますがメンバーとなり、搭乗前に航空会社のラウンジを使えるようにしています。これを使って、早めに飛行場のラウンジに行き、その時間を原稿書きや資料作成に充てて乗り遅れることも防ぐようにしています。

その日もいつものように旅行会社のサイトから予約を入れ、空港に向かいました。

その予約サイトではこの航空会社と、契約している他社のコードシェア便が混ざっていますが、通常はその航空会社のサイトであれば、どの便を予約してもラウンジを使えますので、特に気にしていませんでした。出張当日のある日、チェックインカウンターでこのコードシェア便は、ラウンジは使えないと告げられました。

普段はコードシェア便でも何も変わりはなかったのに、なぜ、急にルールが変わったのだろうと思いましたが、「おそらくサイトにも注釈があったと思いますが」との説明。

「とりあえず、到着までに仕上げなければいけない資料もあるので、今日はいつものようにラウンジを使えませんか」

と地上係員の方に相談をしましたが、やはりこの便の顧客は使えないことになっているとの答えです。組織論で考えれば、現場は上からの指示を守る「完全作業の徹底」が使命です。担当は正しく業務を遂行しています。現場での決まり事にない事例への対応は、その一つ上のマネジャーに聞くのが、一般的な組織運営のルールです。

よって、本件判断の権限を持っているはずのマネジャーに聞いてみて欲しいと依頼しました。地上係員の方は、すぐに電話をしてくれましたが、上司からは即答で「不可」という答えだけが戻り、一言で終わり。

やはり、と思ってどこかのカフェで仕事をしようかと思っていると、その地上係員の方は「ちょっと待ってください」と、どこかに電話をかけ始めました。そして、

「今、ラウンジに話をしました。受付でお名前を言っていただければ、わかるようにしましたので、

お名前を伝えてお入りください」とのこと。

こちらも丁重にお礼を言いラウンジに向かいました。

さて、この事例について少し考えてみたいと思います。

マネジャーの仕事は現場に「ルールを守らせる」ことだけではない

まず予約サイトに、この日のこの便の予約のみラウンジが使えない例外規定が突然混ざってくるのは、常用している利用者にとって一貫性という意味で、不自然な感は否めません。

しかし、市場や現場との距離感を持ってしまっている本部側が定めて発信する決めごとには、不具合の発生はつきものです。それを是正して対応するのが現場の責任者によるその場の判断です。みなさんがよく目にする組織図においては、「そもそも論」に戻って柔軟な対応を行うのが、その現場の責任者であるマネジャーの役割です。

欧米の組織ではこのような状況になった場合は、とりあえずマネジャーは現場に出てきて対応者から状況を聞き、必要に応じて顧客の話を聞き、そして顧客の言い分が理にかなっているかを判断し、顧客にもその判断の理由を説明し、適切な対応を行います。

ところがこの航空会社の場合は、電話の先、つまり事務所にいたマネジャーはまさしく「私はルールを守らせる人。以上、終わり」です。

米国の企業が絶不調に苦しんでいた80年代には、同じように本社が決めた、市場と現場の実態を無視したような施策で現場に問題が生じていました。そのしわ寄せは現場のマネジャーに行き、彼らが対応に多大なる時間を取られている場面に遭遇することはよくありました。

収益確保のために、製品コストを切り詰め、不良品が出回り、現場がその対応に右往左往している場面、現場におかしな指示が本社から出て困っている場面もよく見かけました。

現場はなんとか対応をしようとしても、製品への信頼が損なわれていて、多大なるコストをかけて新規顧客の開拓を行う一方で、既存顧客をどんどん逃していくという、現場には気の毒なケースはよくありました。

しかし、当時の米国でもほとんどの企業は、組織としての基本に則り、マネジャーが問題解決に際して必ず現場に出て、ことが理にかなっているかどうかの判断を行い、対処をしていました。最前線のマネジャーが市場への対応を行い、今の日本企業のようなムリを押し通すようなことを防ぐ役割が不十分とは言え、ありました。

欧米式の組織運営を採用するならば、最後の一線では現場のマネジャーに判断させるというのが常識です。決め事や出してしまった製品やサービスに不具合が起きたならば、即座にそれをさらに上席者に報告して、対応します。

それがない場合は、組織図はあっても「それは上が決めたことだ」を一方通行に'Do This' と下ろすだけ、まさにただの「落とし込み」です。

かつて、東西冷戦の終結直後のハンガリーのブダペストに出張に行った時の話です。飛行機のチケットを紛失した際に、航空会社で話をしても「日本の旅行会社にメールをした。返信が来たら対応をする」とだけ言われて、あとはマネジャーも誰も、まったく取り合ってくれませんでした。

結局、自分でチケットを買い直したのですが、後から聞くと、当時のそのメールシステムは日本にはつながっておらず、答えなど返ってくるはずのないものだったそうです。

店頭は、マニュアルで決まった通りの対応を、機械的にしていただけなのです。

当時の東側諸国でのビジネスは、まだ国営色が強く、そこには「顧客のため、利用者のため」という概念はなく、上から言われたことをこなすのみで、組織の上層部から「落とし込み」された指示だけを実行し、それ以外のことは仕事ではありませんでした。

今の日本では、残念ながらこのような事例に数多く遭遇します。

有無を言わせずにやらせることが「落とし込み」なのか

先ほどの日本の航空会社のケースに話を戻すと、現場での柔軟な対応を行ったのは地上係員でした。

この係員の対応をマネジャーが知ったとしても、おそらく自身の判断に従わなかったと、気を悪くはするかもしれませんが、指示・命令違反として叱責などを行うことはないでしょう。むしろ、そのマネジャーの上席者、役員や経営層からはこの係員は、指示内容を違反しているにもかかわらず、立派な判断の事例としてほめられるかもしれません。

しかしこのマネジャーの対応、その上の上席者、本部のあり方には違和感が残ります。

上層部が、その地上係員の対応をほめた後に、決まり事や、HPの表示方法の修正に動いてくれればいいのですが、もし、それがなされない場合は、それもおかしな話だと思います。

「落とし込み」とは、有無を言わせずにやらせることなのでしょうか？

だとすると、現状のルールの不備に対して、状況に応じた柔軟な対応、つまり例外事項に対しては、いったい誰が責任を持って判断するのでしょうか。

今の日本企業の多くが、あの低迷に苦しんでいた80年代の米国企業よりも、さらに原始的(プリミティブ)な状態にあると言えます。

本部が決めて、それを現場に徹底させるならば、そもそも、本部のプランニング（P）の精度が高く、かつ実施（D）において発覚（C）した不具合や改善の余地があれば、すぐさま本部が対応し、手順、決まりごとの「カイゼン」（A）をしなければならないはずです。

先ほどのブダペストの航空会社と同じで、「本部が決めたことは、顧客が不便を感じようが、私には関係ありません、悪しからず」とだけ伝えて、窓口のカーテンを下ろしてしまっています。本来は考える能力を持っている現場を、わざわざ無能化させるようにしてしまうマネジメントのあり方はおかしく、組織の機能不全が起きていると言えます。

大手の不動産会社が管理している弊社の事務所のある建物では、土日や連休などの不在時には、受付で現金を預かり、代引き宅配品を受け取ってもらえる便利なサービスがあります。とても重宝していたのですが、ある時、預かり金額に上限が設定されたことを告げられ、現金の預かりを拒否されました。こちらは「何かあっても、責任は問わない」と一筆入れればよいだろうと、上位のマネジャーにつないでもらったのですが、先ほどの航空会社と同様に、「当社ではコンプライアンス上、お受けできないことになっています」との一言が返ってきて終わってしまいました。

後でも触れますが「コンプライアンス」は何につけても、本部の担当者にとって、すべての判断を自分たちがリスクを避けて安全側に振る、便利な言い訳の魔法の言葉として使われているのが現実です。

本来の日本企業のマネジメントでもなく、それでは米国式のマネジメント化なのかと言えば、そのようにもなっていない、似て非なるお粗末なマネジメント。

米国式マネジメントの仕方の中途半端な理解により、多くの日本企業で蔓延している、変異を起こしてさらに悪質化した「欧米病」（かつてW・E・デミング博士が命名）の一例です。

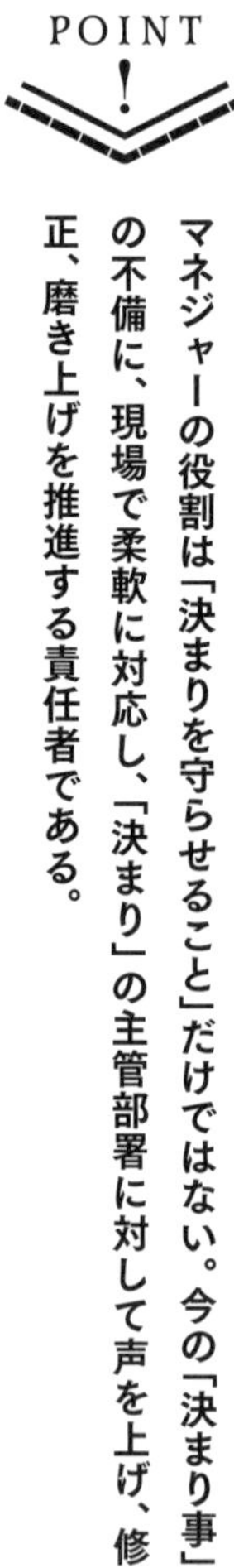

マネジャーの役割は「決まりを守らせること」だけではない。今の「決まり事」の不備に、現場で柔軟に対応し、「決まり」の主管部署に対して声を上げ、修正、磨き上げを推進する責任者である。

マネジャーには、決め事や仕事の手順を進化させる「カイゼン」の推進能力を求める

ある会社の新しい人事評価制度の導入時の、マネジャー向け説明会に同席した時の話です。

人事企画部から一通りの説明があり、現場の責任者たちとの質問のやり取りがあった後、説明を行った担当者は「ルールを守らせるのが、マネジャーの仕事です」とこの場を締めくくりました。

確かに、会社の決め事に沿って担当部門内の業務が行われているのかを見ることは、マネジャーの仕事の基本の一つです。しかし、それがすべてではありません。

すべてのルール、決め事にはその前提の外にある、いわゆる想定外の事態が必ず発生します。

よってルールとして決められたものが、その精度を高めて完成度が高い状態に至るまでには、一般的には、ルール外への対応と、何度ものルールそのものの修正が必要なものです。

長い期間にわたり、その事業における優位性を保つことができている企業は、マネジャーが自律的に判断をする力を培っており、さらに事業のやり方、方法論に常に「カイゼン」を重ねて、決め事、ルール、仕事の仕方を進化させ続けています。

ここで、企業として明確にしなければならないことは、**マネジャーの自律的な判断力を育てるマネジメント体制ができているか**ということ。そして、**決め事、仕事の進め方、ルールの「カイゼン」や進化を、社内の誰が推進するのか**が明確かという2点です。

この業務の「カイゼン」の推進については、米国式の組織運営に沿って考えれば、これは事業の全体最適を推進する業務システム改善推進室などの部署を設けて、社長直轄、あるいは事業責任者の直轄組織で推進します。

このやり方をとっているのは、ニトリです。**業務フローのカイゼン推進は、社長直轄の部門として、様々な業務システムの進化、カイゼンに取り組んでいます。**

特に、大きな家具を扱うニトリの場合は、物流システムの巧拙で、人件費と物流費が大きく変化し、収益にも大きな差がでてしまいます。誰よりも目指すべきものと情報の流し方のイメージが、トップの頭に描けている時に行える体制です。

一方、トヨタを見ると、業務カイゼンの推進は各階層のライン系業務のマネジャーの必須の役割になっています。トヨタにおいてはカイゼン活動が、全社的に社員皆で常に行われるべきものという文化になっています。

このような会社ではPDCAのAは、業務手順の改善として定着しています。

新しいことに挑戦し、させ続けるのがマネジャーのあるべき姿

私が豊田自動織機の自動車事業部に在籍中に、工場で製造している2車種についてモデルチェンジとマイナーチェンジが2年連続することがありました。

ある日、設備に依存する工程である塗装課の課長が、「今のスケジュールでは、来年のマイナーチェンジの際に、新しい試みに取り込むのはとても無理だ」と言いだしました。すると、

「おい、塗装課長が来年のマイナーチェンジは、モデルチェンジでやったのと同じラインにすると言うとるらしいぞ」

「そりゃあ、通らん話だ」

その話はすぐに工場の事務所内に広がりました。

案の定、事業部長による各部門のこのマイナーチェンジ対応の実施事項の確認の際に、新しい試みが何もないというのは、あり得ないと一蹴(いっしゅう)されました。

現場を持つものにとって、失敗のリスクを避けたいと考えるのは当たり前です。

しかしながら、たとえリスクがあっても、新しい試みである「カイゼン」は重ねるべきものであるというのがトヨタでは空気のごとく常識となっています。

工場の生産ラインの変更は、当時はほぼ3年に一度行われ、それ自体が工場計画のレベルを高める一つのPDCAサイクルとなっていました。

そこでは毎回、品質向上、原価低減、リードタイム短縮のための新しい工夫が取り入れられ、その

たびに「ものづくり」の工程は、ＰＤＣＡのＡ（＝「カイゼン」）の対象となり、進化をし続けていきました。これを積み重ねることによって、自動車の企画、デザインから量産に至るまでのリードタイムも短くなり、私が在籍していた当時でもフォード・モーター、ＧＭが5年かかっていたところを、トヨタでは2年半で量産を始めることができるほどの差がついていました。

新しい取り組みを行えば、当然、そこには読み違えていた部分があり、問題が起こるものです。しかし、後から見えてきたそれらの課題にも対応を重ね、それでも、工場ラインのパフォーマンスの向上に向けて、**新しいことに挑戦し続けるのが、トヨタのマネジャーのあるべき姿**になっているのです。

マネジャーを「決まり事を順守するだけ」の思考停止状態にさせない

かつての日産が、工場のラインの更新のたびに新しい試みを競い合っていたのとは対照的に、トヨタでは、生産ラインはその直近のものに「カイゼン」を積み重ねて進化させるべきものという普遍的な考え方が浸透していました。

もし、マネジャーの仕事が、ルールに沿って仕事をこなし、ルールを順守しているかどうかだけを管理し、ルールに沿って人事評価を行うだけならば、**すべてのマネジャーをコンピューターに置き換えて無人化してしまったほうが理にかなっています。**

現状のルールの課題や問題点に一番先に気が付くのがマネジャーですから、そのマネジャーが、自身が責任を持っている部門へのカイゼンを重ねていく状態が、組織のPDCAが定着している企業の特徴です。

業務手順の「カイゼン」の推進の仕方については、前述のニトリの事例のように、経営層がすべての課題対応の推進を行う、つまり業務システムについてもどうあるべきかをトップが自ら直接采配を振って事業の業務フローの最適化を推進する、米国企業によく見られるトップダウンマネジメントの進め方も一つのやり方です。忘れてはならないのは、その場合の前提となるのが、業務課題を明確にイメージできている優秀なトップが存在すること。そして、そのトップが自分の意志の下に手足のごとく動かせる優秀な本部組織があることです。

もう一つのやり方が、前述のトヨタに見られる、その役割をマネジャーに担わせ、PDCAのAである「カイゼン」として、それぞれの担当範囲での業務フローの最適化を推進させる企業文化づくりです。前述の通り、**優秀なワンマントップが采配を振るマネジメントを、代が替わっても継続することは現実には難しい**ことです。

目指すべきは、マネジャーを「決まり事を順守するだけ」の思考停止状態にしてしまうのではなく、自社の事業を進化させるのは、自分たちの役割であることを理解して「カイゼン」を積み重ねる状態であり、トップがマネジャーたちに、その「カイゼン」の精度の追求を迫ることでしょう。

「今のうちのマネジャーには、そんな能力はない。任せられない」

こう、言われるワンマントップも多いと思います。

しかし、もしそうだとすれば、そのマネジャーたちに考えさせず、育てなかったのは、マネジメント組織の根元に位置する歴代トップの皆さんなのです。

あるいは、そのマネジャーの能力を開発する機会を抑え込んでいるのは、トップを取り巻く今のマネジメント体制が、「新しいことはしなくてよい。私のやってきたことを否定してもらっては困る。リスクなどおかすな」と組織に向かって醸し出している空気感、文化なのでしょう。

謙虚で優秀なトップが永遠の命を有しているのであればいいのですが、そのようなことは現実にはありえません。

これは、創業者であっても、2代目であっても、あるいは参謀役であっても、「マネジャーたちによる業務カイゼン推進」の意義に気が付いた方が、先陣をきって取り組むべき課題と言えるでしょう。

現状の事業を廻すためには、手かせ足かせとなっている決まり事を前にして、

「でも、決まり事だからなあ」

と口にして話を終わらせるトップがたまにいます。

では、その決まり事を変更していく総責任者は、誰なのですかと聞きたいところです。

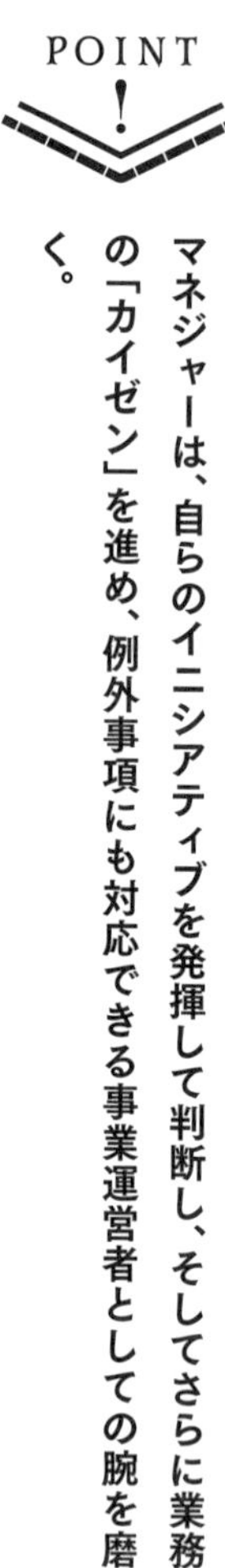

Chapter 3

トップが知るべき戦略の基本

戦略とは自分たちの手で作り上げ、自分たちで舵取りや方向修正を行うべきもの

これまでの経験から、企業の「戦略」と呼ばれるものは、こと日本企業においては事業の実態を知る立場のものが自身の頭で考え、自分たちの手を動かして策定したものが一番機能します。

その過程を通して頭の中に出来上がった、前述の「ニューラル・ネットワーク」によって、自在に舵取りができ、ゴールに向けた的確な操舵が可能になるのです。

戦略系のコンサルティング会社などに依頼して精緻に論理的に作り上げられた戦略が、事業のその先の勝算を読み、舵取りを行うにあたっての「初期仮説」として有効なのは間違いありません。

ただしこれはもともと、戦略系のコンサルティング会社が米国発祥であることもあり、それなりの成功報酬も伴う米国のトップが、それこそ知力と体力の限りを尽くして自身で采配を振るマネジメントを前提として開発された、戦略という名の「初期仮説」を提供するサービスなのです。

そもそも企業を発展させる総責任者であり当事者として、トップが自らの頭の中に戦略を描き、必要に応じて細かい舵取りさえも自身で行う経営のPDCAを廻すのが米国式のマネジメントです。

その立案を外部の参謀スタッフとして戦略系のコンサルティング会社が、論理的にも理にかなった形でアウトソーシングを請け負います。

過去も含めて「現状把握」を事実ベースで、MECE（Mutually Exclusive, Collectively Exhaustive)、つまり「もれなくダブりなく」行い、そこからの「意味合い」をしっかりと抽出し、現状の突破に重要な因果を解き明かして、成功のためのシナリオを見出します。

この最初に立案する仮説となるシナリオの精度を高めるために、参謀スタッフはトップとのミーティングを重ねてトップの認識との差異を埋めるための修正や追加の分析を繰り返しながら仕上げていきます。

トップはこの戦略策定のプロセスを通して、自身の肌感覚やこれまで抱いていた仮説の裏付けを行います。よって戦略が出来上がった段階では、トップが自身で采配を振るための初期仮説が背景や今後の展開なども含めてイメージを描きます。

こうして出来上がった戦略は、本来、トップ自身の口から社内に発信するべきものです。

そして実施段階においては、戦略における「現状把握」、抽出した「意味合い」、設定した問題の選択肢、選んだ打ち手の有効性などに読み間違いがなかったかを検証し、必要に応じて戦略の前提にあった思い込み部分などを修正し、舵の切り直しを行います。

戦略の実行は、自社で舵取りを行えるようにすること

ところが多くの日本企業では、トップは戦略策定の段階でそこまでのコミットをしません。

これは「トップの怠慢である」と断じる話ではなく、トップの意思決定に必要な経営情報の「見える化」が不十分なために、事業、市場の機微を上手く把握できる環境にないのが一番の原因です。

それゆえに、特に今期の業績が良く、利益に余裕のある場合などに、高い金をかけて、「どんな戦略が出てくるのか見てやろう。良いものだったら採用しよう」程度のスタンスで依頼する企業もないわけではありません。

また、その真逆の捉え方で、

「(有名なコンサルティング会社に作ってもらったのだから) よくわからんところもあるがやってみよう」

と経営層が考えていた企業がありますが、策定してもらった戦略を「金科玉条」のごとくに扱うことも明らかに間違いです。

新規分野や未開の領域に挑戦する際には、事前にどんなに精度高く読んでも、必ず読み間違えている部分があるため、自社で舵取りを行えることが必要になります。

誤解を防ぐために補足しておきますが、これは「戦略」には意味がないということではありません。

最近では、年度の事業方針を戦略と呼ぶ企業が増えましたが、狭義に捉えた時の「戦略」は、低迷状態にある現状を打破することを目的とした「V字回復」のためのシナリオです。

この目的のもとに分析を重ね、読みの精度を高め、事業観を有する人と徹底的に詰めたプランは、成功確率が間違いなく上がります。しかしながら、そもそもすべての戦略プランは前述のごとく、どんなに精度を高めたとしても、しょせんは**初期仮説**にすぎません。

「戦略」に論理性が求められるのは、その後の方向修正の際に、

「どこに読み間違いがあったのか」

「想定していなかったことは何だったのか」

などを、常に策定した「戦略」に戻って修正し、手元にある「戦略」の精度を高めるためです。策定した「戦略」は、いわば船出前の海図であり、立案した「戦略」を有効活用するこの方法論においては、事業責任者が責任を持って舵取りを行うことが前提になるのです。

日本企業の場合、確かにトップは優秀な方が多いのですが、創業者以外はいったんトップの座に就くとほとんどの方が「神輿（みこし）」の上に乗ってしまいます。

そしてこの手の改革ごとについても、自身が自ら細かく進捗の実態を確認しながら改革の実践を進めることはあまりなく、よほど実務に精通し、組織に影響力のある参謀役がトップの代行として機能していなければ、残念ながら米国式の方法論が有効に機能することはありません。

「戦略」の策定と実践も、日本企業に合う進め方が必要

では、日本企業は飛躍のための改革ができないのかと言えば、そうではありません。

例えば、外部のコンサルティング会社に策定してもらった戦略がいま一つ響かないことはよくあります。理由はいくつもありますがその一つとして、その会社の事業について白紙状態のコンサルタントが戦略策定の際に最初に立てる仮説は、データの基本分析に加えて、社内のヒヤリングから作られる点にあります。

彼らはヒヤリングで情報を取り、基本分析を行ってどこに課題があるのかを探っていきます。

しかし、インタビューされる側がうまく言語化して説明できていない場合、またコンサルタント側がマネジメント経験や事業観に乏しい場合には、真の押さえどころが見抜けていないケースが出てきます。改革のテコとなる重要な部分を抽象的な表現でまとめてしまっているケースや、肝心の実践の際の打ち手の難易度評価が甘いケースも見受けられます。

これは策定の過程で、先ほどのように「お手並み拝見」とばかりにトップを含めて企業側の関与が薄くなることがあることに加えて、コンサルタント側もコンサルティング会社内部での、立案した「戦略」についての評価を得ようと意識するあまり、企業側が求める以上にクリエイティブさやユニークさを追求する場合があるからです。

「これでは、クライアント・インタレスト・ファースト（顧客第一）ではなく、ディレクターズ・インタレスト・ファースト（上司の評価第一）じゃないか」

コンサルタント自身が自虐的に、こうこぼす例もないわけではありません。

もし、これが米国企業のトップの場合であれば、高い金をかけて策定させる戦略は、自分にとって有用なものでなければなりませんから、コンサルティング会社に好き勝手に策定させるなど言語道断であり、自社や自身が関与を怠ることなどありえません。

修羅場の問題解決の場数も多く、事業観があり、組織の動きをしっかりとイメージできているコンサルタントが担当すれば良いのですが、現実にはエリート然としたコンサルタントが多く、そういう理想的な担当者に当たるかどうかは、運を天に任せるような話です。

企業に納品される「戦略」という名の仮説を、実践を通して検証し、その結果を見ながら惜しげもなく自身の判断でどんどん修正する、つまり、実践におけるPDCAを自ら廻すスタンスが必要になります。さもなければ、腹落ちのないままに事業のハンドル操作を固定しているに等しい運転になり、かえって危険な状態にもなりかねません。

こうして考えると、「戦略」の策定の仕方と実践時の扱いにも、日本企業に合う進め方が必要であることに気が付きます。

「戦略」の策定は、トップとその直轄プロジェクトが密に連携して行うべき

私が推奨しているアプローチは、**プロによる分析の仕方や仮説の立案の指導を受けながら、トップ直轄のプロジェクトメンバーの手で事業の活性化のプランを策定する方法**です。

次の世代に自社を担うと考えられる現場の腕利きを選んでいただき、その方々と一緒に現状分析から始まる一連の「戦略」策定の流れを、手法の指導とともに進めるようにします。

「この事業報告書では、ただの事業の概況報告にしかなっていませんね。成功、不成功の因果を『見

える化』するために、この書式でグラフ化して差を見てみましょう」

「なぜ、ここの数値にギャップ（差異）が発生しているのか、その原因はわかりますか」

「ここに書かれているギャップの発生理由は、おかしいじゃないですか？　他に心当たりがないならば何が因果として考えられるか、現場の担当者からヒヤリングしてみましょう」

「このギャップの原因が、本当にここに書かれた通りなのか、データを見て、さらに事実ベースで『見える化』をしましょう」

「この仮説が一番、的確そうですね。ではこの実験をやってみましょう」

こういう指導を重ねていくと、事業に関する成功と失敗の因果が徐々に解明され、ややもや状態にある今の事業の視界が開けていきます。

また「戦略」の策定は、トップや事業責任者とプロジェクトが密に連携して行うべきものです。

そして、実践に移行する段階では、

「何を根拠に、その方向性を出したのか」

その理屈の道筋がすべて見える状態になっています。

「どの事実を基に判断をしたのか」

「その仮説はどこから導かれたのか」

そして何よりも、

「その選択肢を選んだ場合、越えなければならない壁がどれだけ大きいのか。そして、その際に得られる『果実』の価値はどのようなものなのか」

など、実施の際の難易度と効果が、事業を知るものたちによって、海図と航海プランとして「見える化」されており、ゴールに向かう未知の道筋がトップとプロジェクトにはイメージできている状態を作ります。

事業が低迷状態にあり、なかなか抜けることができない時は、間違いなく**組織で廻すPDCAの機能不全**が起きています。多くの場合、押さえるべき数字や事実を示すべき「計器」となる帳票が、今必要な精度の情報を提供できなくなっています。これらを整えて、事実を適切に「見える化」していくようにするだけで面白いくらいに事業は活性化していくものです。

事実を基に意味合いを抽出して定めた「戦略」と、うまく「見える化」された「計器」と言える帳票を手に各事業部との定例の会議を行うようになると、会議に出席している社長の発言は飛躍的に、的確になっていきます。

「こうやって見ると、今まで、よくも何も見えないところで舵取りをしてきたものだ……」

社長の口からよく聞かれる感想です。毎回、この一言が出たときには、これから改革の道のりを歩む、その軌道の上に乗ることができたと実感します。

「戦略」策定においてトップは、自社の事業の実態をよく把握した上で、事業成功のシナリオのイメージを頭の中に描く。そして精度の高い舵取りが可能になるように、事業実態が的確に「見える化」された状態を作ることで、経営レベルで「戦略のPDCA」を廻す。

そもそも戦略とは「頂」に向かうためのシナリオ

Strategy Basics for Top Management

最近では企業内でも、営業戦略、商品戦略など、戦略という言葉が一般的に使われるようになりました。従来、使われていた「方針」という言葉が「戦略」に置き換わり、「今期の我が事業部の戦略につきましては……」という表現が使われている企業も多いようです。

ただ、そもそも論に戻って狭義に捉えた時の「戦略」は、「今年は○○に取り組みます」レベルのものではなく、中長期に渡り挑戦的な試みを繰り返しながら、健全な成長性を確保するためのシナリオということになります。

また、もし今、現業が低迷状態にあるとするならば、その状況を脱却して再成長軌道に入れることを目的に新たに挑戦するべき事項が明確になった、いくつかのハードルを越えていくV字回復のためのシナリオになっているでしょう。

「サステイナブル・コンペティティブ・アドバンテージ（Sustainable Competitive Advantage、永続性のある競合優位性）の確保」

これは「永続性のある競合優位性」を得るためのシナリオという意味で、「戦略」という言葉の定義に適した表現だと思います。

これを、もう少しくだけた表現に直してみると、

「一発だけの『打ち上げ花火』で終わることなく、他社よりも優位なポジションでビジネスを継続し、成長させるために、何に取り組むべきかを具体的に示したシナリオ」

という感じになるでしょうか。

あるレベル以上の事業規模に至った会社、あるいは成功して脚光を浴びている会社は、市場におけるポジショニングに成功し、まずは「戦略」的にも成功を果たせたと言えます。

ところがその後、仮に毎年ある程度の利益幅を確保できていたとしても、

- 売上が、前年対比＋数％前後の実質横ばい状態が長期間続いている、実験や挑戦のなされない企業
- 売上の微減傾向が長期化し、利益も減益基調で、先々には赤字化が予想される、下降基調にある企業
- 自ら船を進める力が弱く、市場環境次第で売上が上下し、景気と言う名の風任せに波の上に漂っているだけのような状態の「笹舟」企業

は数多くあります。

これでは、市場の期待を上回る価値を提供、あるいは期待にそった価値の創出に挑戦できている状態とは言えません。

本来、市場のニーズを上回る挑戦を、正しい検証を伴って続けていれば、顧客の離反は最低限に抑えられ、着実に客数は増え、事業は発展していきます。

もし今、自社が低迷状態にあると感じているならば、すでに市場の求めている価値とのかい離が起きていると捉えたほうが良いでしょう。市場の開拓の余地があっても、それが見えていない、気が付いていない、あるいは現場は気が付いているが、そのことは上には伝わっていない状態と考えられます。

ＰＤＣＡの精度の低下は、事業の停滞に直結する

ここで企業がいかに成長に至り、そしてなぜ停滞状態を招き、抜けることができなくなるのかを簡単にまとめてみます。

スタートアップ、つまり起業の時は、創業トップ、創業メンバーが、ユニークなアイデアを持って、市場の反応を見ながら、また打ち手の修正を行いながら、なんとか成功則を見出そうと日々、試行を重ね、高速のＰＤＣＡを廻します。そしてこの成功則を掴んだ時に、企業はブレークスルーをむかえて大きく成長します。この成長に伴い組織は大きくなり、社員も企業の成長に追いつくために日々忙しく過ごします。

図表3-1　事業の成長、発展と停滞

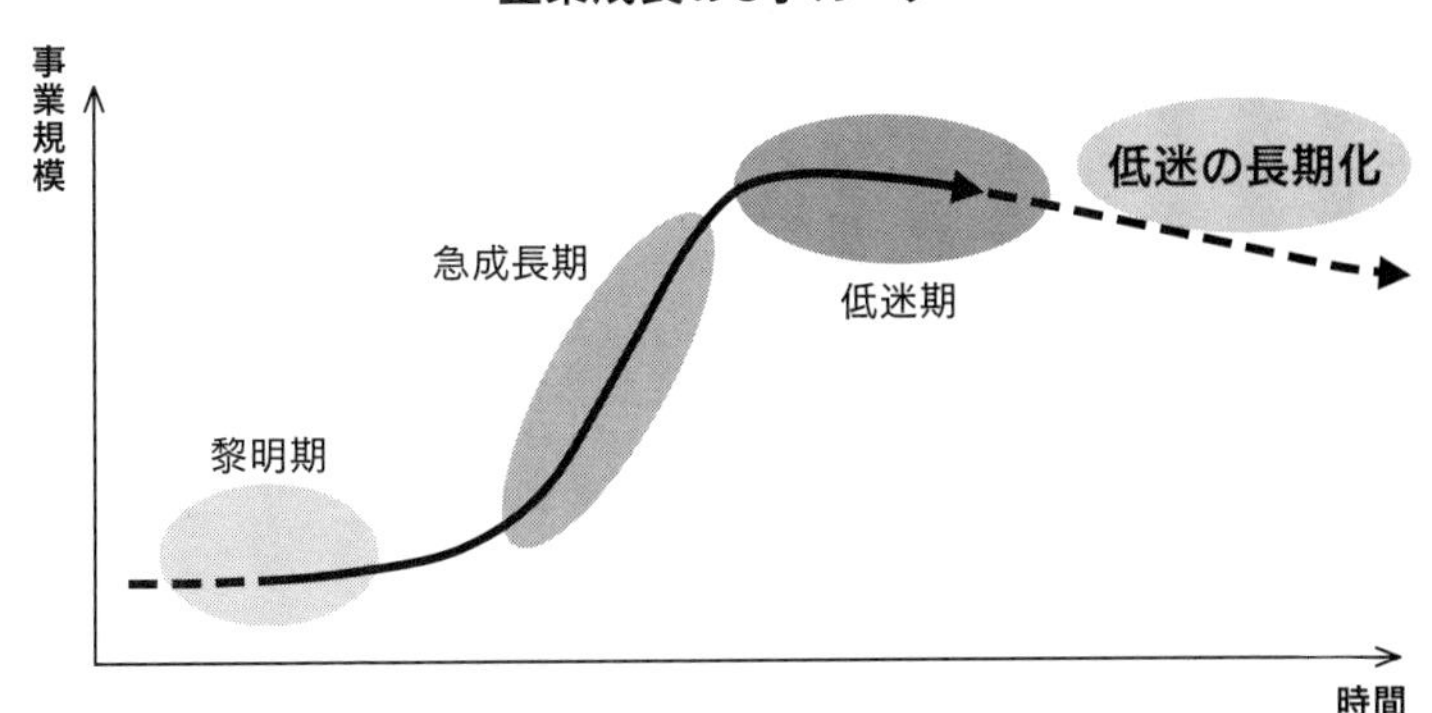

ビジネスのアイデアはあるが、まだ原石の状態。限られた資金と人手で、成功則を求めて創業メンバーが高速のPDCAを廻す

（急成長前期）組織の規模も小さく、やっていいこと、悪いことの共有ができている。前向きなエネルギーに満ちている。

（急成長後期）場数の少ない社員、管理職が増える。忙しさが言い訳になり、さらに無意識のうちに起きる慢心で、Cがおろそかになり PDCAの精度が低下。

一方、いったん顕在化した市場は進化を続ける

思い付きの打ち手が増える。経営陣はとりあえず、利益確保に走るが、経費の効果検証の「躾」がなされていないので、切りやすい経費から切ってしまい縮小均衡状態に

他責文化がはびこり、保身、減点主義評価が当たり前に。

そして、社内には様々な「思惑」が根をはり始める。経営陣は新戦略を欲するが、挑戦を行う自信を失っており、経費削減による帳尻合わせばかりが続く

しかし多くの場合、前述のように本来この段階では「組織で廻すPDCA」を組織の能力として体得させることにトップの意識が向きません。そして勢いに任せた成長志向の事業運営が続くと、かつては創業メンバーが頭の中で緻密に廻していた事業のPDCAの精度が低下します。

事業のPDCAの精度の低下は、若干の時間差があっても、必ず事業の停滞につながります。事業あるいは市場というものはおもしろいもので勢いのある時、調子に乗っている時は、「慣性力」のようなものが働いて、企業側がやっていることに少々難ありでも、お客様はついてきてくれます。これは市場からの、目には見えない一種の「信頼」が作用しているということもできます。

問題はこの「実は難あり」状態ながら、

財務面で見た時に、大幅な減収や減益もなく航行している事業の陰で蔓延(はびこ)っている問題の大きさに、マネジメント側が気付いていないことです。

一人ひとりのお客様を顧客化することが、いかに大切であるのか。そのための努力がどれだけ大変なのか。金額換算してみると、どれだけの費用と人手がかかっているのかを、経営側がリアルにイメージできていないのです。

事業低迷の原因は、打ち手と市場実態のかい離

多くの企業では、ことの深刻さが財務諸表に表面化した時点では、事業のどこに問題があるのかがわからず、手の打ちようがないという状態に至ります。

本来、PDCAのCとは、商品企画なり販促企画なり、事業運営上の様々なプランニングPを実施Dした結果から、特にうまくいかなかった時に、何が読み外しの原因だったのかを都度、明らかにしていくことです。

この過程を飛ばさずに正しく踏むことで、**PDCAが廻るたびに、事業運営における「やっていいことと悪いこと」の学習を重ねることができます。そうすることで、Cから得られた学習から次のプランニングPの精度を高めることにもつながります。**

またPDCAのA、つまり「カイゼン」は多くの人がイメージする業務の改善(= improvement)レベルの意味ではありません。

事業実態を把握するための分析手法の「カイゼン」により、ＰＤＣＡを廻すマネジメント精度を向上させることに加え、製品原価の低減、生産リードタイムの短縮など、事業の行い方、業務手順の「カイゼン」Ａを重ねることで業務精度を高め、進化を進めていくことを意味します。

これが行われていれば、その業務の狙いは何なのかが常に研ぎ澄まされ、同時に業務の効率化も推進されるので、人の動きも効率的になります。

結局、事業が低迷しているのは、打ち手がマーケットとかい離した結果です。

低迷状態が何年か続いた時に初めて経営者は、焦り始めます。

これは、皆さんが人間ドックの数値結果を見て蒼ざめてから、何が原因なのかと探り始める状態と似ていませんか？

ＰＤＣＡの最初のＰは「Ｃから始まるプランニングＰ」

相談に来られる企業のほとんどは、この状態になってからです。

そうした際に、事業活性化のためのシナリオ策定のために、まず行うのは次の三つです。

（１）市場とのかい離が起きているので、まず、現状の実態と過去の経緯を「見える化」するための「現状把握」

（２）それがなぜ起きたのか、因果を解明していく「意味合い」の抽出

（3）「解の方向性」を明らかにして「具体的施策」と「実行計画」を展開

これはPDCAの最初のPの作法の基本に則った「Cから始まるプランニングP」です。

この一連のセットが事業活性化のための「戦略」と呼ばれるものです。

日々の事業運営のPDCAの精度が落ちていたため、あるいは怠慢により、市場の実態とのかい離を起こしている状態で、改めて「現状把握」からやり直すのが「戦略」の立案作業だと捉えてください。

戦略立案をただの思い付きではなく、一般的に「ロジカルシンキング」と呼ばれる作法に則って、理にかなった形で作り上げておくことで、実践段階での修正の舵取りが容易になり、事業の成功例が明らかになっていくのです。これは、新規事業や海外などの新規市場への挑戦、日常の販促や商品企画も全く同じ話で、組織が大きくなってきた時には、これらを組織における作法として定着させることが重要です。

プランニングPの作法に則り描かれたプランをトップが承認する

戦略も含め、どのようなプランにも読みを外した部分が、大なり小なり含まれます。

さらにこれが、新しい試みとなるプランが挑戦的なものであればあるほど、この読み外しの幅は大きくなると見込んでおくべきです。

その読み外しの際の、修正行動のスピードと精度を上げるために必要なのが、この理にかなった戦略立案、プランニングPの作法で描かれたプランです。

・数字が間違っていたのか
・把握しておくべき事実がとれていなかったのか
・数字を含めた事実を見る「見える化」の角度が適切ではなかったのか
・抽出した「意味合い」が間違っていたのか
・具体的な施策の選択が適切ではなかったのか

など、上記の「現状把握」「意味合いの抽出」「解の方向性の定義」「具体的施策」のどこに、読み違いや読みが不十分な死角があったのかを、当初、立案した戦略のプランPに戻って確認することで、修正行動の精度が上がります。

つまり、実施をしながら戦略の精度を上げていくための初期仮説になるのが、PDCAのPの作法なのです。

PDCAのCは、後からでもできないことはありません。

しかし、企業内で減点主義評価への悪しき偏重傾向が強くなっている昨今、うまくいかなかった場合に、後からの総括には、様々な人たちの思惑が働きやすくなります。

トップを含めた「僕、悪くなかったもん」と責任の押し付け合戦、あいつの評価を落としてやろうなどの悪意が、表沙汰になっているか、水面下なのかは別にしても、蠢(うごめ)きがちです。

そして結局、Cの総括資料の作成時に、影響力の強い人の神経を逆なでしないように忖度した総括を描くことが大命題になってしまうものです。

実はこれらの手順は、「成功した創業者」が常に頭の中で行っていたことを、組織で行う時に置き換えたものです。組織が大きくなってくると、これをトップの頭の中だけではなく、事実の「見える化」と言語化を行い、組織で共有できる状態にすることが必須になります。

ワンマントップは、自身の頭で様々なプランを考えて実施させますが、当然その中には、読みが外れるケースも出てきます。その時に「社長の思い付きは、間違っていました」と指摘されれば、トップも頭に血が上るのは当たり前で、「お前らがプランを出さないから、俺が考えなければならないのではないか！　10の打ち手のうちの二つや三つ、いやそれ以上、外れたからって、ガタガタ言うな…」がトップの本音です。

ゆえに仮にトップの発案であっても、実施D前のプランニングPの段階で、先ほどの「現状把握」から「実行計画」までをプランニングの作法に則って、スタッフか誰かに書面化させることが必要で、それによって実施後の、適切な振り返りができる状態を作っておく必要があります。

今でも多くの会社で、うまくいかない時に「誰のせいだ」とその責任者に責任をかぶせて、本来、行うべき検証を止めてしまう「どんぶり」総括の横行を見ることがあります。

中には、その責任者のことを「気に食わない」「つぶしたい」という思惑を持つものが本部や力を持った幹部にいる場合に、「待ってました」とばかりに動くこともあります。

これまでにも、難易度の高い仕事を押し付けておいて、うまくいかなくなると、総括の話をすっ飛ばして、「責任を取らせる」と、責任者を降格させる話に短絡的に追い込んでいく場面を、いやというほど見てきました。

このような事態を避け、組織としての正しい学習がなされるようにするためにも、PDCAのPは**作法に則って、その策定のプロセスを書面化し、トップが承認するようにしておくべき**です。

「戦略」は、目標となる「頂（いただき）」に向かうためのシナリオです。

シナリオは、どんなに精緻に作り上げたとしても、その通りにことが運ぶことはほぼありません。たとえば、「登頂プラン」を作成する際に上空から撮影した写真には写っていなかった断崖絶壁が突然、目の前に現れたりします。また途中で熊と遭遇してしまうなど、予期せぬ出来事が必ず付きまといます。

だからと言って戦略立案など要らないとの結論は、短絡的すぎます。

事前の調査に基づいてプランを作ってあれば、

「左側に回り込めば、少し遠回りでも進める道があるはず」

「右側の道を塞いでいる大木は、電動のこぎりを運んで来させれば、切り離し道を進むことができる」

などの二の手、三の手を見出すのにも役立ちます。そうすると経験的にも実際の舵取りの際に、

「ここは見えている」

「ここは、さらに情報を集めておこう」

「ここは、行ってみないとわからない」

という議論が行いやすくなり、現状把握に基づくシナリオ策定、つまりPDCAのPを正しく行っておくと、事業の成功確率が上がります。

つまりPDCAが廻るたびに、「戦略」という名のご本尊となるマップが修正され、精度が上がり、そのマップの読み取る力も上がっていくのです。

これらの想定外の事態を乗り越えて、前に進むことのできる力が「実践力」と言えます。

この「実践力」に必要なのは個人、組織にかかわらず、次の6つです。

(1)事実にもとづき、常に見通しを描く先読み力
(2)経験によって描かれた土地勘と事業観
(3)イレギュラーへの対応の場数から得られた判断力
(4)「(未知の課題でも)これまでなんとかしてきたから、なんとかできる」という自信と、「やりきろう」という気力と執念
(5)それを支える、プラットフォームとしてのマネジメントの姿勢や組織文化
(6)実行過程で明らかになった事実に基づく、CによるPの見直しの繰り返しの徹底

これらは企業の持つ強みや文化の話であり、リーダーやトップの素養にも大きく依存します。

登頂途中においては、ほぼ100%、困難な状況に直面する場面があると思っておいたほうが良く、その際にチームが崩壊の危機に瀕することもありえます。

その場合はチームのリーダーやトップが、適切な方向性を口にし、チームの団結力を高めるコミュニケーションができないと、チームが瓦解し、進むことさえできなくなります。

これを防ぐためも、そこまでの実践を通じた「学び」がチーム内で共有されることが重要です。**その「学び」が、焦ったトップによる刹那的、感情的な判断に流されないように、右記の（6）を行うことが基本中の基本になります。**

これらがなんとかでも機能している状態ならば、かりにスタート時点で先行きが十分に見通せていなかったとしても、踏み出した後の成功確率は高くなります。

スタートアップ後に最初の成功フェーズを迎え、ある意味、慢心状態のまま未知の領域に踏み出して、泥沼から抜け出せぬ状態になっている例は、数多く見かけます。

最初の成功を果たした時に、創業者が「俺の『神通力』をもってすれば成功する」と信じるのは、上記の（3）と（4）がクリアできている状態です。

これを、さらに（1）をしっかりと書面化して確認し、客観的に見てもシナリオに「筋が通っている」状態を作ったほうが舵取りは楽なのですが、残念ながら調子に乗ってしまった時は、（3）と（4）だけで進んでしまい、なかなかブレーキをかけるのは大変になることがあります。

この時にも重要なのは、「今の成功の要因」と、方向性の修正のための気づきにつながる（6）になります。

語感から錯覚を起こしやすいのですが、「戦略」は決して魔法の道具のようなものではありません。

「戦略」策定は、事実に基づいて描く「マップ作り」の作業です。

特に、未開の分野に踏み出す一歩には、たとえ閃き（ひらめ）が最初にあったとしても現状把握に基づいたシナリオをつくり、トップやリーダーが十分にイメージを共有できる状態を目指すべきであり、それを良くも悪くも日々の新たなる発見の中から更新し続けることが基本です。

「戦略」は、現在、想定できる事業活性化のゴールと「道のり」を、実態の情報をベースに、理にかなった形で「見える化」したもの。その描いた「道のり」を、しっかりと足元を見て、検証を行いながら進む力が「実践力」。

成功企業の戦略の多くは、「攻めのPDCA」を廻し続けた結果に後付けで因果を添えたもの

「プランB」という言葉を耳にしたことはおありでしょうか。

今は事業を大きく成長させた企業の多くは、実は創業当初は全く違う異なるビジネスモデルである、「プランA」を手にして船出したところが多々あります。

そして事業を続けて様々な思考を重ねているうちに、他の事業拡張の機会が見つかり、そちらに乗り換えて大きな成功を手にしたのです。今や球団まで所有するようになったDeNAも、当初はビッダーズというオークションサイトのビジネスプランで資金を集めて船出した会社です。

世の中には、成功した企業の数だけ戦略が存在します。成功した企業の創業者、スタートアップのイノベーターは、当初自身で描いた「戦略」をイメージして、その一歩を踏み出します。そして10人が10人、すぐに想定外の課題に立て続けに直面します。

数字などの事実から、市場実態の捉える切り口が適切ではないことなどは当たり前。

協力を得られると思っていた取引先が、対応をしてくれない。

「イノベーティブな企業」を高らかに標榜している企業内の新規プロジェクトであっても、責任を回避したい関連部署の部長の協力が得られずに、ことが進まなくなるなども、当たり前のように起きます。かつて、ホンダの北米戦略は「成功した戦略」のケーススタディとして取り上げられ、中でもBCG（ボストンコンサルティンググループ）がまとめたものが良く知られています。

ホンダは、日本ではスーパーカブとして知られていた小型バイクというユニークな切り口で米国市場への参入に成功しました。その後、大型バイクにおいて、市場を席巻していたハーレーダビッドソンを倒産寸前にまで追い込んだという内容で、これはビジネススクールのケースとしても用いられるほど、よく知られたケースです。ホンダはその後、自動車でもシビックやCVCCエンジンで大成功し、米国市場では確固とした地位を築きました。

結果の軌跡だけをまとめると上記の通りなのですが、現実にはまず、

「米国は広いから、大型バイクの需要がある」

との本田宗一郎の着想で、米国進出を決めたところから始まります。

実際に米国での展開を試みてみると、ハーレーダビッドソンの牙城に食い込むのは容易ではありませんでした。

また、広大な米国の大地を走り続けるには、当時のホンダの大型バイクのエンジンの耐久性はまだ十分ではなく、その技術課題の克服に技術者たちが必死で取り組みました。

その間に、ホンダの社員が営業のためにロサンジェルスを走り回るために使っていたスーパーカブ

が評判になり、売らせてほしいというオファーが飛び込んできました。女性がスカートをはいていても乗れるこの画期的なバイクは、当初は経営側が想定していなかった、まさしく市場において差別化された製品でした。

スーパーカブは、日本での展開イメージとは異なりファッショナブルに乗る小型バイクとして打ち出され、米国内の潜在市場を切り開きました。

当時の日本の製造業は、第2次世界大戦後の日本製に対する「安かろう、悪かろう」のイメージを引きずっており、昭和40年代は日本国内でも、国産車に「欠陥車」という言葉がマスコミで使われるほどに、まだ品質問題を抱えている状態でした。

そこにTQC活動などに代表される、ものづくりプロセスのパフォーマンスと精度の向上に日本企業は取り組み、日本のものづくりのレベルは世界を席巻する品質の高さ示す「メイド・イン・ジャパン」ブランドを築き上げるまでに至りました。

ホンダの、広大な米国の土地を長距離走行に耐えることができる品質の高さ、耐久性を実現した大型バイクは、その後、かのハーレーダビッドソンをも追い詰めていったのです。

当時のコンサルティング会社が戦略提言していたら、ホンダの北米市場進出はなかったかも

ところでもし、ホンダが北米市場進出を検討している段階で、ホンダの北米市場への進出のための戦略策定を、大手のコンサルティング会社や、著名な経営学者の提唱するフレームワークに当てはめ

たとしたら、どうなっていたでしょうか。

たとえば、ＢＣＧのＰＰＭ（Product Portfolio Management）に単純に当てはめれば、当時のホンダは、いきなり「負け犬」の象限に入ってしまい、そもそも進出などは論外となります。

また、マイケル・ポーターの提唱する三つの基本戦略は、（1）コストリーダーシップ、（2）差別化、（3）集中化の三つであり、小型バイクは（2）の差別化の枠組みに入りますが、いかんせん、まだ需要が顕在化していなかった小型バイクの市場機会が見えていない状態ですので、成否の検討は簡単ではありません。もちろん、これらは単純に「静的」にフレームワークを当てはめただけの話です。

もし、コンサルティング会社に正式に戦略立案の依頼があった場合は、努力の方向性を示す、それなりのシナリオは提案されたとは思います。

このフレームワーク、ＰＰＭで表現し、市場として設定するエリアをもっと市場のセグメントを分けてつぶさに見ながら、まだ顕在化していなかったニーズをその向こう側に**読み取る**ことができれば、小型バイク市場の出現が読めたかもしれません。

これはこのフレームワークの善し悪しの議論ではありません。

それ以外に、顧客の潜在ニーズを読み取ることができるような市場調査を巧みに設計し、実施して市場を理解したとして、その先にある成功をイメージできるかは、やはり事業責任者の腕、先読み力に依存する話です。

当時は、ホンダをはじめとする日本の自動車メーカーが、世界を席巻できるなどという見通しをした経営学者や、シンクタンクなどの研究機関は皆無だったのです。

「動的」な努力と実践におけるＰＤＣＡにかける「時」が企業を進化させる

経営学者が発表し、コンサルタントが用いる分析のためのフレームワークの多くは「静的」なものです。それらは現状をうまく整理するためには有効ですが、現実のビジネスでは、人や競合企業がそれぞれの想いに沿って動き、「時の流れ」の中で作用しあいながら、かつ、知恵を絞ったイノベーションを起こしながらダイナミックに物事が進みます。

人と健全な組織は、ＰＤＣＡを廻して進化を重ねていきます。

この時間軸の上でその先に起こる作用や出来事は、一般的に「静的」な分析だけで戦略立案を行う戦略系のコンサルタントには、イメージすることができません。

たとえば、ＱＣＤ（品質、コスト、納期）は、ものづくりの業務フローのパフォーマンスを示す３軸であることはすでに述べました。このＱＣＤが議論される時には、

「品質Ｑを上げる、あるいは納期Ｄを短くするにはコストＣがかかる」

「品質Ｑを犠牲にしてでも、コストＣを下げるべきか」

という議論が、マイケル・ポーターの論文などでも当たり前のようになされていました。

しかしながら、現実に世界の市場を席巻していったトヨタをはじめとする日本の自動車会社は、そのような経営学者たちの意見などは無視して「知恵を使え」と「カイゼン」を重ね、

「品質Ｑを上げ、納期Ｄを短縮し、しかもコストＣを低減させる」

という「頭のいい人たち」の決めつけをあざ笑うような離れ業をやってのけました。

これが企業の「実践力」と呼ばれるもので、「静的」な分析に対して、時間軸の上での「動的」な努力と実践におけるＰＤＣＡで達成される進化なのです。

この作用をイメージすることができるのは、強いて言えば社内の腕利きなのですが、そのメンバーとの協業作業ができる協調性を持つタイプが少ないのも、「静的」分析が得意なコンサルタントたちの傾向でもあります。

おそらく、亡き本田宗一郎氏が米国進出を決めた時に頭に描いていたのは、米国の大地をさっそうと走るホンダのバイクの姿だったのでしょう。

その成功の実現性をイメージする時に、時間がかかってもホンダであれば達成できるだろう品質のターゲットレベルへの確信と米国に渡ったメンバーとホンダの技術者なら、何があってもやってくれるだろうという、彼らの「実践力」への期待と信頼。これらがトップの頭の中にイメージできていたのであろうと思います。

多くの社長方とお付き合いをしていて、成功する事業家たちに共通するのは、たとえ戦略などのプランニングの資料を手にしていようがいなかろうが、**ロジックの向こう側にあるゴールの成功とその道筋をイメージしている**ことです。

戦略を立てて実行する本人、あるいは組織に実行させる責任者が、必要な情報を集めた現状把握を行い、そのうえで何が起こるかを自分の頭の中でイメージし、同じく頭の中で描く時間軸上でリアルなシミュレーションをする。

その過程を、理にかなった形で「見える化」したプランニングの資料にすることは、その後の舵取りのために有効です。

「これならやれるだろう」とイメージを持って着手をするわけですが、その時に腹にあるのは、たとえ十分な言語化はできていなくても、頭の中で描いている確信とも言える「できるはず」「何とかなるだろう」なのです。

そして念のために「万が一、失敗しても、その時の損失はこのくらい」であり、「だから屋台骨を揺るがすことはない」、あるいは「失敗しても学習がある」という算段があっての判断となるでしょう。

ロジックだけで、成功する事業プランなど出来るわけがありません。

数値分析から導かれる戦略的な方向性や施策を立案することはできますし、この精度を上げることで、戦略そのものの精度を上げることは可能です。

しかし**ロジックの世界では事象をモデル化して考えます。そこには常に、まだ表現されていない重要事項がどこかに存在する可能性が付きまといます。**『ブルー・オーシャン戦略』で知られるW・チャン・キム教授は2018年に来日した際に、今の日本企業は80年代の競争戦略に未だに捕われたまま閉塞状態から抜け出せなくなっていることを指摘しました。事業創造に成功したトップの中には「非常識の経営」を標榜する経営者が少なからずいます。

洋服の青山を起こした青山五郎氏。

ドン・キホーテの創業者の安田隆夫氏。

皆、自ら、業界の常識を覆したと語られます。

これを、非常識だから成功したのだと、非常識そのものを正当化する勘違いをすると大変なことになります。

正しくは、皆が信じている「既存のロジック」、つまり常識には、常に語られていない不備な部分がつきものであるという意味です。それゆえに行き詰まりがあったところに、新たな「価値の軸」の存在、すなわち可能性を見出し、事業を具現化して成功させたのです。

もっとも重要なことは、その先にある成功の因果のイメージに責任者が確信を持てるかです。

重要なのは、戦略を描いた資料や、ものまねをする対象をただ眺めるのではなく、たとえばお客様が笑顔で来店して、満足して帰られるシーンをイメージできるかどうかです。

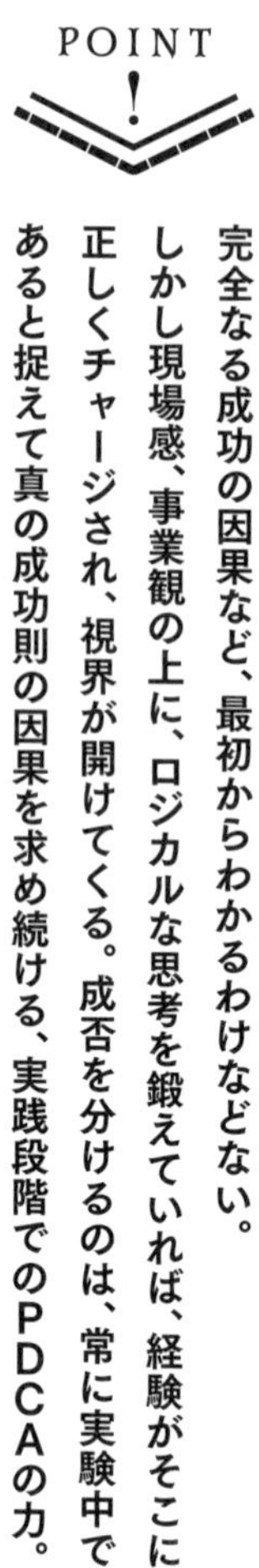

POINT

完全なる成功の因果など、最初からわかるわけなどない。しかし現場感、事業観の上に、ロジカルな思考を鍛えていれば、経験がそこに正しくチャージされ、視界が開けてくる。成否を分けるのは、常に実験中であると捉えて真の成功則の因果を求め続ける、実践段階でのＰＤＣＡの力。

新規事業への取り組みは、自社の持つ「強みと弱み」をよく吟味し、課題を見極めてから

一つの事業に成功した経営者といえども、その勢いで他の新規事業や新しい市場に乗り出していって、うまくいかないケースを見かけることがあります。

事業が成功すると自社の事業内で金が廻るようになり、金融機関からの信用力も得て、借り入れはしやすくなり、かつ外部からの人材を調達することも容易になるため、経営者にとっては、新たなるチャレンジが行いやすい環境が整います。

これらの有形の「果実」も手にし、実績に基づく無形の「自信」も得られます。

それ自体はとても良いのですが、戦略のＰＤＣＡにおける、肝心の「事業が成功した理由」を冷静に捉えずに放置すると、「自分がやるのだから成功する」という一種「神がかり」に近い、調子に乗った状態になってしまうことがあり、とても危険です。

事業が成功するにも失敗するにも、必ずその因果、理由があります。

競合がひしめき合っていて、一見、レッドオーシャンに見える市場でも、実はお客さんが潜在的に「もっと、こうだったら良いのに」と思っていることがあり、まだ具現化されていないブルーオーシャン状態のニーズが潜んでいるものです。

たとえばニトリの勝因は、問屋を介さずに自らものづくりまで行うことにより、他社よりも大きな利幅を確保したうえで、低価格帯での商品提供を可能にしたことです。

それまでメーカーと問屋からの仕入れに頼っていた家具の小売業界では、自ら製造にまで踏み込むのは難易度が高すぎ、在庫を抱えなければならない問題も大きいと考えられていました。

しかし、ニトリは「直接、工場にまで出向いていてものを作り、作った分は全数引き取る」という方針を取りました。これは既存の企業が捉えていなかったものの、実は、家具メーカー、問屋が在庫を抱えるために原価にのせていた大きな粗利を、自らリスクをとることによって粗利益幅という事業の自由度を手にした成功事例と言えます。これにより、たとえ事業において少々の失敗があったとしても、気にせずに実験を続けられる収益性の高さを手にできたのです。

道なき道を切り開きながら進み、あがいた経験を持つ方は、先を見通す能力を培っていることがあります。

今、世界の産業構造を大きく変えてきているＥＣ（電子商取引）、あるいはＩＴ技術を使った事業もこれに当たるでしょう。ＩＴが絡む分野は、アイデアの実現においてボトルネックとなっていたハードウェアの処理速度や能力の飛躍的進化によって、かつては理論だけだったものが現実になってきています。**他に先駆け、いち早く肌感覚で「ここに商機がある」とイメージができたものが、まだ見ぬ**

「未知の大陸」を切り開いていっている状態と言えます。

一方、小売業で一業態を成功させた方が、「自分たちの強みは、小売業での成功体験である」として、別の小売業態に出ていくことがあります。確かに、販売組織のマネジメントや店舗開発の立地情報のネットワークを既に強みとして持っているのは間違いないと思います。

しかし、同じ小売業でも、接客式でお客様にマンツーマンで提案していく接客販売業と、来店したお客様がセルフで商品を選んで買っていく小売業では、都度、板さんに握ってもらいカウンターで食べる寿司屋と回転寿司ほどに、ビジネスのあり方が違います。

接客販売で成功している小売業の場合は、一般的にEQ力の高い販売員が多く、腕のいい販売員を育てることのできる文化を強みとして持っているものです。

他方、来店客が接客なしに一人で買える売り場で成功している企業は、商品構成のメリハリや訴求力の高い売り場づくりの能力が高く、それぞれが有している強みは全く異なります。

成功している企業は、必ずその成功の因果にかかわる、自社の強みを有しているものですが、肝心のトップや経営層が、あまりにそれを大き過ぎる「どんぶり」で捉えてしまい、本当の強みに気が付いていないことも多いのです。

自社の核となっている強み、競合優位性を理解していない企業は多い

競争力のある製品を扱っている、ある中堅の化粧品メーカーは、新しい販社制度に変えてから売上

が大きく伸び始めました。

調べてみるとこの制度では、同業他社に比べて販社側に卸す仕切り価格が低く、販売組織側が手にすることのできる利益の幅が大きくなる設定になっていたため、販社が自ら販売員を開拓して売上を上げるインセンティブが強く働く構造になっていました。

ところがこの会社はこの優位性に気が付かずに、さらなる成長のためにと、ECを使った新たな販売チャネルの開拓や直営店舗の開設など、既存の販社にとっては脅威となるプランの検討を始め、販社との信頼関係を崩す事態が起きていました。この事例のように、**自社の核となっている強み、つまり、対競合優位性を自覚できていない企業は意外に多い**ものです。

中には自社の持つ強みを、どこかで聞きかじってきた「ガラガラポン」の美名のもとに、平然と壊していくワンマントップを見かけることもあります。せっかくの自社の強みを理解することなく、あるいは新しい分野での成功に必須となる強みを課題としてイメージすることなしに乗り出していくと、その後が大変です。

また、強みを活かすつもりで始めても、予期していなかった新たな問題、課題は必ず現れます。対応すべき課題の難易度や量が、自社、あるいはトップの経験から培われた能力やキャパシティの限度を超えてしまうことにもなりかねません。

すべての事業は、常に前向きな実験の連続

2018年に**ゾゾタウン**を運営していた株式会社スタートトゥデイ（現株式会社ZOZO）が、ゾゾスーツによる計測データをもとに、カスタムオーダーのスーツ、つまり背広の通信販売を始めました。背広は、型紙、縫製、素材特性のバランスを整えて、初めて美しい製品が出来上がります。これらが背広つくりの本当の技術であり、ノウハウと言えます。

たとえばストレッチ性の高いカジュアルな素材のものを除き、背広の上着にはその形を保つために、目に見えない内側に毛芯、あるいは接着芯を使います。この接着芯を使う場合は、生地に接着芯をあてて高熱で接着剤を溶かし、この芯素材を表地の裏側に張り付けます。この時の熱のせいで、表地の生地の縦糸、横糸がそれぞれ伸縮を起こし、裁断の際に使った型紙とは、まるで違う形になることがあります。

変化の激しい時は、上着の前面部分に当たる「前身ごろ」が1・5〜2cmも縮んでしまうこともあり、同じ型紙を使ったはずなのに、まったく着心地の異なる背広が出来上がることなど、ざらにあります。

さらに最近は、前述のストレッチ性の高いジャージー素材の生地を使うことも増えてきて、縫い手と現場の指導者のレベルが高い工場を選ばないと、縫製の最中に歪みが生じ、想定していた通りの形にはならずに製品の品質が安定しなくなります。

これに対応するためには、素材の材質と生地の織り方から収縮を予想し、あるいは実際に試作をしてから、裁断時に使うCAD上の型紙データの補正をするシステムと縫製職人の技術力と工場の選定能力が必要になってきます。このように現実のものづくりにおいては、資料の上に表現された、単純化されたスキームレベルのプランには表れてこない変動要素が常に付き物であることは、携わっている方にとっては常識です。

ゾゾスーツを使った計測データから縫製されたカスタムオーダースーツは、期待していたほどのフィット感とは程遠い代物が顧客の手元に届いてしまい、顧客の期待を大きく裏切ってしまいました。

素材の伸縮のことが分かっている縫製工場が、クレームが起きないように大きめの型紙を用意して裁断を行うであろうことは、このビジネスを知っているものには容易に想像できたことです。

ある程度は予期せぬことが起きることはスタートトゥデイも読んでいたはずですが、この生産体制の整備がネックになりうることについては、気が付いていなかったのでしょう。

または、縫製の現場に、事業の目指すものを理解し、ものづくりの現実とのギャップ（差異）を埋める問題解決を行える人材を送り込めていなかったのではないか。つまり新しいことに乗り出す際の組織能力の重要性を理解していなかったのではないかと考えられます。

このビジネスの立ち上げ時は、大々的なセレモニーを行った発表がなされました。「ゾゾタウン」の成功の後であり「神がかり」的になり、大きく花火を打ち上げたい気持ちは理解出来ます。

しかし、例えばディズニーランドのようなアミューズメント施設では、新しい施設を導入する際には1年ほど試行期間を置いて安全性を確認し、問題点をつぶしてから一般公開すると言われています。

トヨタでも新車の量産を始める前には、製品試作のみならず、実際の量産ラインを使った号口（量産）試作を行って問題点を表面化させ、未然に課題をつぶします。

ゾゾスーツの場合も、やはり地に足をつけて生産体制から整え、実験を繰り返すプロトタイピングを入念に行い、事業の提供する価値の精度とその安定性を高めた上で、大きく打ち出しをしたほうが、この手の新ビジネスのブランディングの面からも正解だったはずです。スタートトゥデイは、このビジネスの縮小を発表し、結局、前澤氏はビジネスを手放すことになりました。

いまさら言うまでもなく、すべての事業は常に前向きな実験の連続です。

本来この新規事業には、前澤氏より前に、このビジネスに必須の「生産背景」をすでに持っている、既存のスーツ販売業を生業としている企業が着手すべきだったと思います。

しかし既存の勢力は、往々にして今の自分たちのやり方を否定するように見えるやり方には、うまくいかない難しさの理由を挙げて、手を出してこないものです。

何よりもＩＴ技術によって、顧客が今よりも便利にスーツを購入できる状況をイメージできなかったのでしょう。ニトリが自ら生産に乗り出す前の、家具小売業界も全く同じ状態だったと思います。

前澤氏の手は離れましたが、現在、この事業を継続している株式会社ＺＯＺＯには「羹に懲りてなますを吹いて」しまわないように、執念をもって課題に取り組みこのビジネスを開花させていただきたいものです。

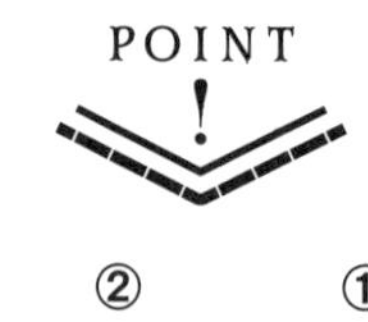

必要な組織能力を無視した「神がかり」に注意。

① 自社の事業を支える強みは、意外に適切に捉えられていないことが多い。調子に乗っている時、自身が「神がかり」状態かもしれないとの想いが頭をよぎったら、一度、頭を冷やす。

② 「虎は竹藪（自らのテリトリー）を出ない」。ただし自身の竹藪は何かをわかった上で一歩を踏み出す時には、新たな強みを体得することにつながる。

PART 5 企業のビジョンとは社員が共有し、語れる「方向性を持った力(=ベクトル)」

何かの節目に、トップが「今後の自社のビジョンを描いておきたい、まとめておきたい」と思うことがあります。

(1)一所懸命に自身が会社を引っ張ってきて、今後、自分の会社はどの方向に向いていったらいいのかを、改めて言語化しておきたいと思う時。
(2)次の世代への引き継ぎを意識し始めた時、その指針のようなものを描いておきたいと考えた時
(3)代替わり、経営者の交代などで、これまで自社が大事にしてきたものを言語化したいと考えた時

などが、そのタイミングです。そのために、費用をかけて広告代理店などを使ってまとめてもらう企業もありますし、社内でプロジェクトのようなものをつくって議論を行い、あるいは役員や次世代

の役員候補が何度か合宿を行い、自分たちのありたい姿を描く例もあります。

しかし、多大な費用や時間をかけて作成した「ビジョン」がその後、有効に使われているかというと、なかなか、そうはなっていないのが現実です。なぜ、わざわざお金と時間をかけてまとめた「ビジョン」が、使われないものになってしまうのでしょうか。

「粗利率が高いビジネス」が事業ドメインになるのか

そもそも「ビジョン」とは、会社が目指すゴールであり、自分たちが進みたいと思っている方向性を、言語化やチャート化して「見える化」したものです。そこには企業としての必然性と、自分たちがそれに向かって進むことに意義を見出せる、誰でも共感できる価値観が必要です。

ある会社の「超」がつくほどのワンマントップが「ビジョン」を描きたいと言い出し、役員と側近数人で合宿をした時のことです。トップから「うちの事業ドメインは何だ?」という投げかけがあり、参加者で議論を行い、まとめたものを報告しました。

その場の議論だけでまとめたものなので磨き上げられたレベルまでには至っていませんでしたが、粗削りながら及第点レベルと言ってもいいものでした。

その発表を聞いたトップは、真顔でこう言いました。

「では、俺の考えてきた仮説を言う。うちの会社の事業ドメインは『粗利率が高いビジネス』ってことでどうだ」

その場にいたものは唖然としましたが、その後、どんなに良い議論が進んでも、トップがそこに戻してしまうため、場が完全に白けてしまい、しまいには、時間のムダだから早く終わらせて帰ろうと囁くものが出る始末でした。そのトップは創業者ですので、ビジネスにおけるキャッシュフローの大切さは、誰よりも身に染みてわかっています。会社の金を使って自分がやりたいと思っていることもたくさんあったのでしょう。

しかしながら、自社のビジョンを語る際に、

「粗利率が高いビジネスが、我が社の事業ドメインである」

という定義のいくらなんでも「いただけない」感じは、物事をすべて主観的に考える創業ワンマントップには理解できなかったのでしょう。

さらによく考えてみれば、粗利率は単にPL上の表記の話であって、一見、儲かっているように見えていても、在庫過多や過剰投資でキャッシュが枯渇してしまう場合もあります。後にこの会社は、粗利率の高いビジネスに巨額の投資をしてしまい、このワンマントップの個人所有の美術品を換金処分するに至ったと聞いています。

この話からわかることは、「ビジョン」と言えるものに必要なのは、**社内での共感が得られるもの**でなければならないという点です。

「我が社は、粗利率が高いビジネスを事業ドメインとする」

をビジョンの中でうたってしまえば、

「うちの会社は金が儲かればいいのか」

「気持ちはわかるけど、そんなことをビジョンとして、うたうなよな」

「やっぱり、うちのトップは品位にかける」

となってしまいます。

事業実態の把握は、なぜ顧客に支持されないのかの因果を知ること

また、社内でのビジョンの議論を行うにあたって、よく起きるのが、事業実態を踏まえていないケースです。

企業改革の仕事をやってきて、ほとんどの企業は、自社の事業の実態を的確に把握できていないという印象を持っています。こう言うと、

「何を言っているんですか。弊社は毎月、経営会議において経営状況についての報告を受けて、実態を把握しています」

と答えられる企業がほとんどです。

しかしこれが、たとえば、経理からの月次決算の報告がなされているだけだと、先月末で締めたPLとBSと今との変化が語られているだけです。

もともとは、資金繰りの確認目的で始まった財務、経理の報告が毎月連綿と続き、確かに経営の実態の一側面を表しているのは間違いないのですが、事業の実態を示しているとは言いがたいものです。

さらに、少し気の利いた経営管理担当がいる場合は、事業の概況をまとめた月次の資料を発表してくれるのですが、それでも多くの場合は、ＩＲで発表されるレベルのチャートをもう少し詳細に踏み込んだ程度に売上と利益の推移がグラフ化されている程度の報告です。

事業実態を把握するということは、事業あるいは製品ラインごとに、その成長性と収益状況も伴って把握し、自社の事業において今、何が起きているか、何が顧客に支持されて、何が支持されなくなっているのか、それはなぜかという「押さえどころ」となる因果を知ることです。

そして自社の持つ「強み」と、これから克服していきたい「弱み」＝課題を明らかにしていくことになります。

ビジョンの検討の際には、少なくとも創業から今に至るまでの売上、利益を基本とした事業内容の変遷と、何が発展をけん引したか、何が良い意味、悪い意味で転機をもたらしたのか。それはなぜなのかを「見える化」した、いわゆる「時代分析」を押さえることから始まります。

特に、ある程度の歴史のある企業になると、今に至る事業の変遷が、成功・失敗の因果についての言語化を伴って残されていない場合や、経営の変遷のデータが失われていることもあります。

何より重要なのは、きれい事ではない、事業の成長をけん引した努力について語り継ぐ人が、ビジネスの最前線はおろか、社内にもいなくなっていたりします。

- 何が、今に至るまで、成長のけん引をしたのか
- その時々に、何が市場から評価されていたのか

図表3-2　時代分析の行い方

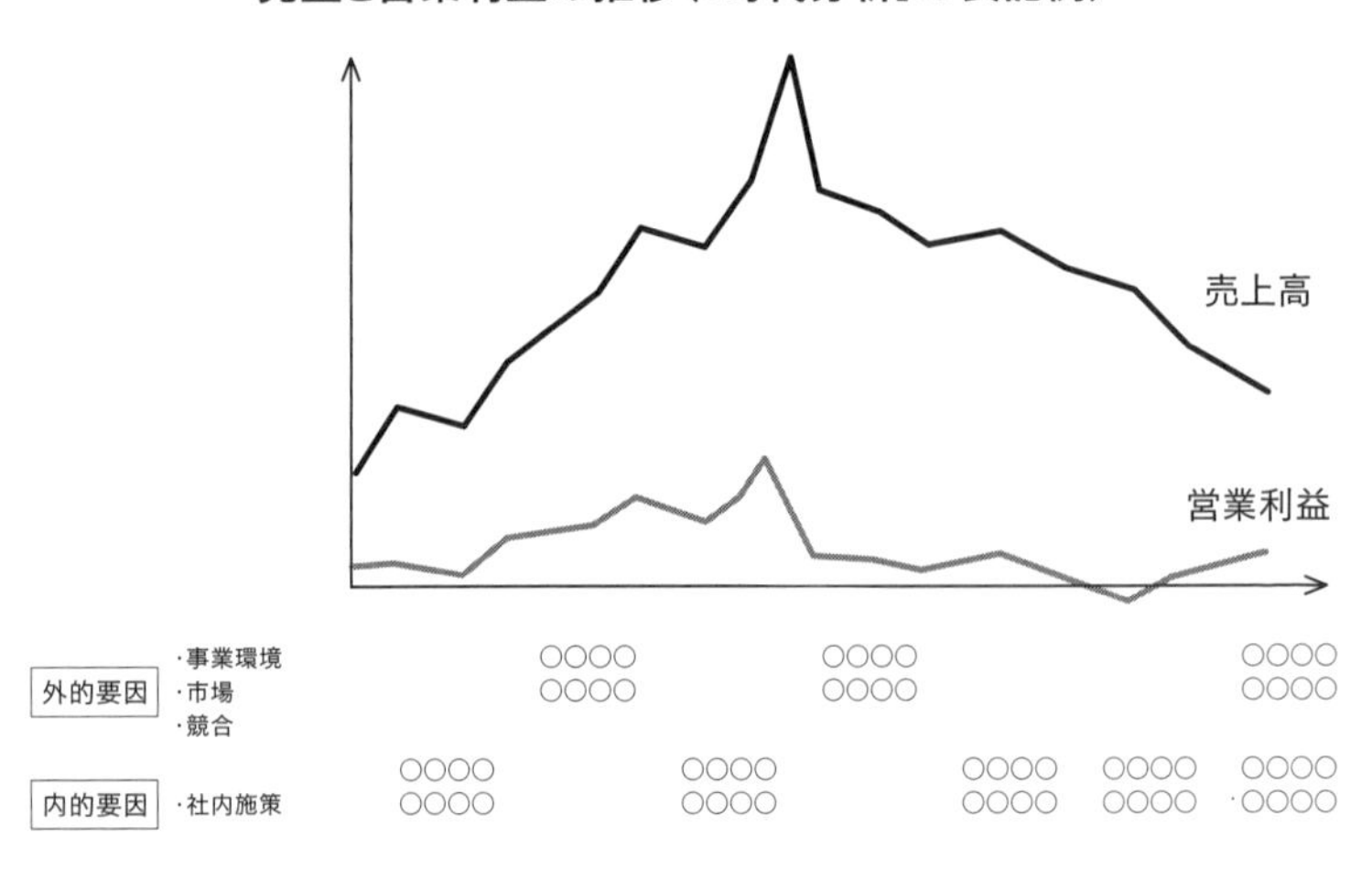

売上、利益に顕著な変化のあった年度の外的要因（環境変化）、内的要因（社内施策）と対照できるように、変化の真下に記述する

・その時々に、何が発展のトリガーとなったのか
・それらの判断の際に、トップが大事にしていたものは何なのか
・これまでの失敗で、得られた学びは何であったか

これらを、「時代分析」の中で、売上と利益の変化にマッピングさせて、何のおかげで今があるのかを、共通認識として持つことから始めないと、個人の頭の中に残っている印象の強かったことばかりが強調され、それが議論のスタートになってしまいます。

また、頭の中にある情報だけでビジョンの議論をすると、参加者の中にある「夢」や「願望」をもとに話がなされるため宙に浮いたような話になることがあります。そこに、自分の行ってきたことを正当化したい絶対的権力者であるワンマントップなどの想いが入り込んでくると、もうその場限りで終わらせたい、ビジョンとは呼べない代物に仕上がっていくことになります。

ビジョンの議論を行うにあたっては、できるだけファクト（事実）に沿って、**事業の実態とその背景を押さえた、過去と現状の正しい認識をベースに置いて行うこと**が重要です。

事実を起点にしてあれば、その解釈についての議論を行うことができ、仮に食い違いがあっても、事実としてその裏取りを行っていけば、多くの因果が明確になってくることになり、自分たちの今の立ち位置が明らかになってきます。

ビジョンは多くのマネジャーが自分の言葉で語れる状態でなければならない

広告代理店にまとめてもらったビジョンをトップが承認し、その発表会が開催される状態では、「これが、（代理店が作ってくれて）わが社の（トップが承認した）ビジョンです」と一方的に語っているだけです。ビジョンは、策定して額入りのポスターが出来上がれば完成というものではありません。

ビジョン策定にあたって最も重要なことは、そのビジョンを多くのマネジャーが自分の言葉で語れる状態ができていなければならないという点です。

ビジョンは社内に浸透していなければならず、そのためには少なくとも、まず幹部や主要なマネジャーがビジョンについて、自分の言葉で語れなければなりません。外部にまとめてもらったものであるならば、なおさら一方的な発信は好ましくありません。

それを、各部門で議論して自分たちのものとして言葉にするステップが必須となります。

本来はビジョン策定の段階で、選抜メンバーでの議論を通して組み立てを行い、さらにその参加メンバーを拡げ、抜けている視点がないかなどの意見、発言を徹底的にもらい、皆が策定に参加している状態をつくることが重要です。

ビジョンと呼べるものが出来上がるまでには少々の時間がかかっても、最終的な目的を考えると、このアプローチが最も効果的であると言えるでしょう。

トヨタグループ発祥の会社である豊田自動織機製作所（現　豊田自動織機）の会長にまでなられた磯谷智生氏と今でも話をする機会があります。

氏との話では今でも、創業者である豊田佐吉翁の精神、考え方、信条をまとめた、今のビジョンにあたる「豊田綱領」がよく引き合いに出されます。ビジョンを軸にしてトップ自身の口から方針が話され、施策に展開されます。これが、我々が目指すべきビジョンが浸透した姿です。

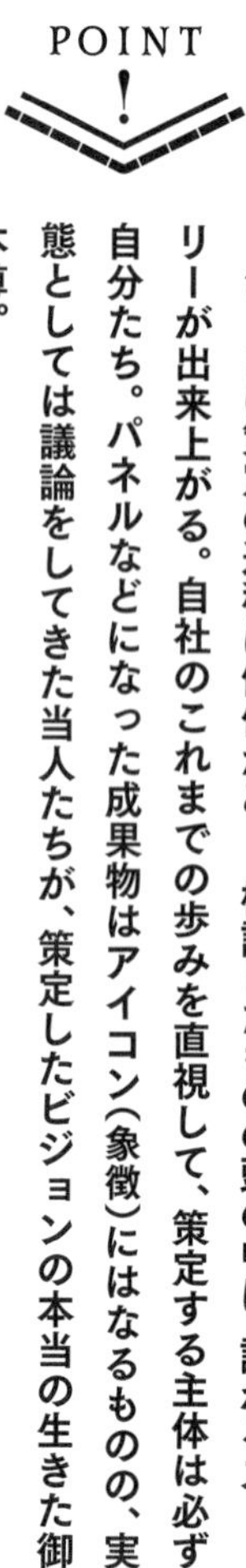

POINT

ビジョンは策定の過程に価値があり、検討したものの頭の中に、語れるストーリーが出来上がる。自社のこれまでの歩みを直視して、策定する主体は必ず自分たち。パネルなどになった成果物はアイコン(象徴)にはなるものの、実態としては議論をしてきた当人たちが、策定したビジョンの本当の生きた御本尊。

事業の発展に有効な市場・ビジネスの切り口は、社内のデータだけでかなりのレベルまでわかる

低迷状態、低成長にある企業では、思い付きのアイデアの連打ばかりの消耗戦や、あるいは毎年、前例踏襲の施策ばかりが続いていることがよくあります。

これは、市場の実態を理解しようとできず、いわゆる市場起点のＰＤＣＡが廻っていない状態であることが理由です。市場と事業の実態を示す情報、データは、かなりのことがわかるレベルのものが社内に眠っているものです。

低迷状態に陥っているのは、これまでの事業活動から得られてきた貴重なデータを、忙しさを言い訳にして、本来、見るべき角度から見る努力や工夫をすることなく、放置してきただけなのです。

これらを、適切な見るべき形に「見える化」することも、定型業務におけるＰＤＣＡを廻すために重要な「業務定義」の一つです。

たとえば、先述した店頭ＰＯＰの例では、顧客の購買行動を、ＢｔｏＣビジネス成功のために「時間軸」上で捉えたRVAPSサイクル（図表3－3参照）における、店前から店頭にまで近づけるステップの効果です。

このPOPが店頭に掲示された時に、POPに表示されている商品の売上がどのくらい変化したかを見れば、POPがどれだけ、店頭まで人を運ぶ効果があったかがわかります。

このような因果をファクトとなる数字でどれだけの変化が起きたのかを明らかにして、強い因果を見出していければ、事業運営はかなり楽になっていきます。

社内にあるMDデータを、今とは切り口を変えて見るだけでも、気が付いていなかった多くの売上の拡大機会を見出すことができます。

商品の販売をしていると、売れたか、売れなかったかばかりが論点になり、商品をしかけたものの「外して」しまい、製造あるいは仕入れてしまった在庫を抱えることがあります。

在庫が残ると管理帳票にも在庫の回転日数の悪化がそのまま表示され、上長からもわかりやすいために、大目玉を食らうもとになります。

しかしながら、本当に重要なのは、手元の帳票には表れていない「機会損失」がどれだけビジネスの現場で起きているかです。

「機会損失」は帳票に記載されている数字のままでは判別しにくく、マネジャーも気が付かないことがあります。

当の仕入れ担当も本当はそこに売り上げを上げるチャンスが隠れていることに薄々気が付いているものの、万が一、読みが外れて在庫を残した時に怒られることを考えて、あえて黙っていることもあ

図表3-3　RVAPSサイクル

商売の繁盛を「時間軸」で捉える

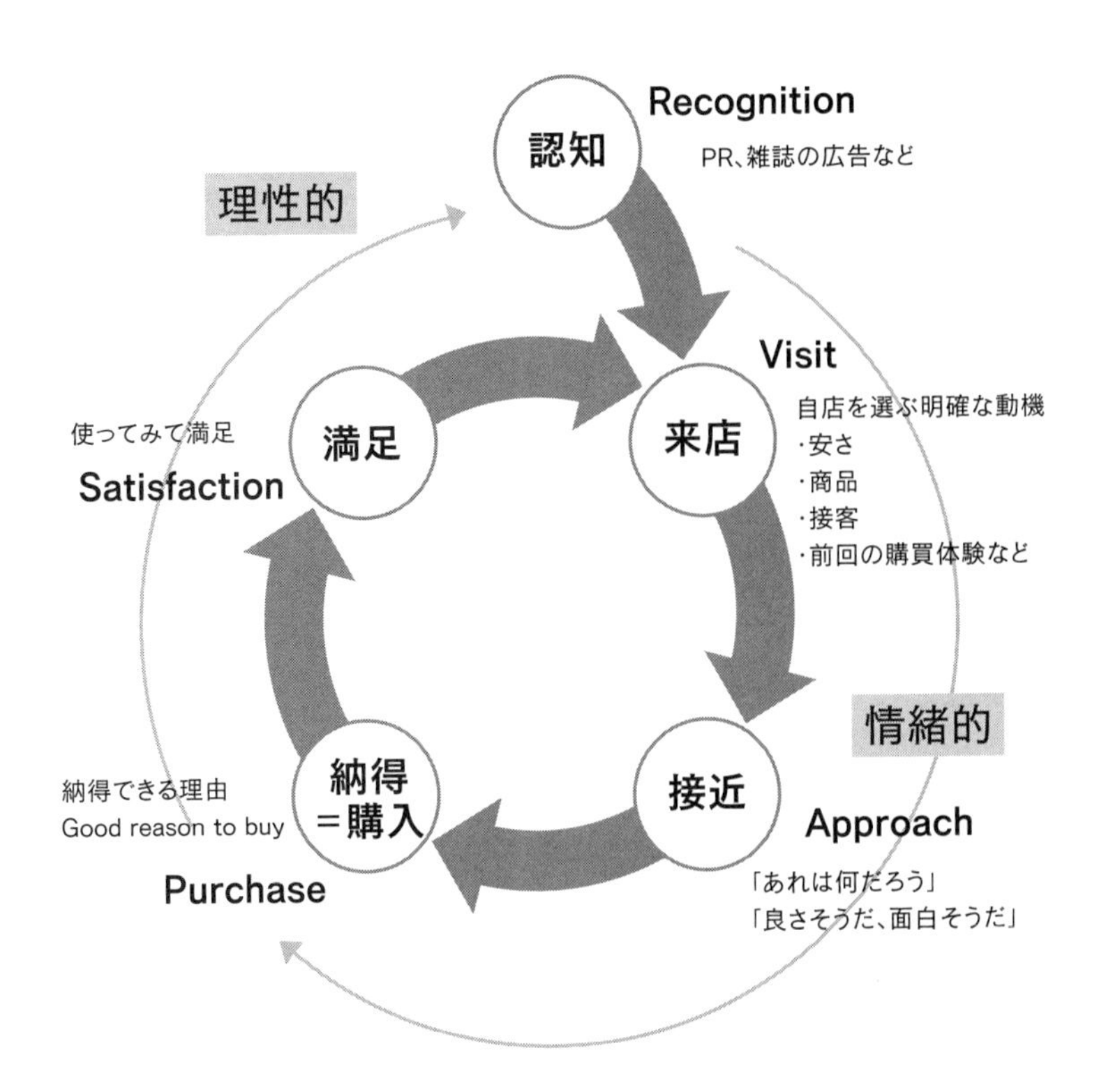

ります。

欠品と過剰仕入れでは、どちらが収益にマイナスなのか？

機会損失の重要さについての、わかりやすい事例をいくつか挙げます。

ある会社では社長が急逝され、急きょ、奥様が会長になり、息子が社長に就任しました。食品に添加物を使わず、こだわりを持つ会社で、「商品である食べ物は大切に」と亡くなられた社長の遺志を引き継ぐところまでは良かったのです。

新会長は、「うちで扱っている商品は賞味期限が短いので、当日中に売り切らなければいけない。在庫を残しては絶対ダメ」と自店を毎日のように回り、確認して回りました。確かに、廃棄ロスが発生すると損金扱いになりますので、過剰仕入れの管理が重要なのは、間違いありません。

ところが各店の店長は、毎日午後になると巡回してくるかもしれない会長を恐れ、本当は粗利を稼げて、しかも競争力もある自社開発商品をとにかく少なく仕入れ、午前中で売り切ってしまう店が続出していました。

会長は日々満足なのですが、午後、しっかり在庫を積めば、どのくらいまでの販売ができるかという実験については、誰も恐ろしくて行わず、適正発注量を探るデータも取れてはいませんでした。これは、帳票には表れず、普通の帳票からでは読み取りが難しい、欠品による機会損失の例です。

商売をされている方は皆、この欠品問題の大きさについての自覚はあるのですが、どれだけの事業へのインパクトを与えているかを把握できている会社や、これがしっかりと「見える化」されてすぐに手が打てるように管理されている会社は、意外に少ないものです。

みなさんの会社では、商品が欠品した時には、どのように「見える化」されるようになっているでしょうか。

当たり前ですが、欠品状態では一切、売上は立ちません。

また、衣料や靴などのファッション雑貨が複数店舗に展開されている場合、帳票上はまだ在庫があっても、その実、SやXLなどのいわゆる「端サイズ」ばかりで、売れ残りだけが店頭にあることもあります。

あるメンズアパレルの会社のトップは、

「うちの店は、新宿歌舞伎町のホストに人気があるのです」と得意げに話をしていました。

しかし実際にバイヤーに確認すると、そのような品ぞろえをしているつもりはないとの答えです。

ここで大体、何が起きているのかは想像がつく方もいると思います。この会社では、「ド」が付く定番の売れ筋である、普段使いしやすい白のビジネスシャツの少しおしゃれなバリエーションの一品番当たりの発注数も、奇をてらったデザインのシャツの発注数と大きな差はなかったのです。

結局、ベーシックなものは2週間ほどの短期間でほとんどの店で欠品状態となり、この店では1年のほとんどが、奇抜のデザインのシャツばかりが常に陳列されている状態で、それらがホストたちに受けていたのです。

この手の事例は、どこの小売業でも大なり小なり起きているのですが、日々使っている帳票には、この部分が見えるような工夫がなされていないために、バイヤーは気が付かない、あるいは気が付いても黙ってさえいれば表面化しないのです。

他社でも、この手の「見える化」をしていくと、**数千万円レベルの機会損失がボロボロと見えるようになり、売上の向上策にダイレクトにつながる**ものです。

この「見える化」は、たとえば、単品の消化率の推移曲線を示すと一目でわかります。

複数の店舗を展開している場合は「端サイズ」にばかりになると消化率は数十%でも横ばいになってしまうことがあります。

これは発注数が少なすぎるだけではなく、サイズ別の発注バランスの悪さも影響している可能性があります。

なお、欠品の発生が表面化すると、社長や役員に怒られると思っている商品部長などの上層部のマネジャーが、これらが「見える化」されることを極端にいやがることがあります。

機会損失の「見える化」をしてわかること

ある会社で、機会損失の「見える化」に着手したのですが、実際にやってみたいくつかのカテゴリーは全て20~30%の売上機会損失が表面化し、その分析結果をもとに策定して手を打ったアイテムは軒並み+20%以上の伸びを示しました。

慌てた商品部長はすぐに社長のもとに向かい、「もう大丈夫です。やり方は体得しました。これ以上の指導は不要です。自分たちだけでやっていけます」と説得してプロジェクトが本格始動する前に終了させました。

結局、最初の段階でこの取り組みを行った二人のバイヤーはとても有能だったにもかかわらず、商品部からは外され、一人は退社、一人は新規事業に回されました。

おそらくこの商品部長は、そのままプロジェクトを続けると、自分の管理責任のもとでどれだけの機会損失が起きていたのかが表面化することを恐れたのでしょう。

その後、この会社では本来見込まれていた売上上昇の話はありませんでした。

おそらく実際に、商品カテゴリーごとに機会損失を明らかにする「見える化」を、自分で推進することはできなかったのでしょう。これはトップによる組織の押さえがしっかりしていなかったがために起こった事例であり、せっかくの事業の活性化の機会を、保身に走る幹部により封印されてしまったのです。

この機会損失の「見える化」はあくまで一例ですが、これがなされにくい背景としては、このようにこれが定量的に明らかになっていくと、管理者の責任が問われることを恐れ、隠ぺいに走るということがあります。だからと言ってその商品責任者が、この「見える化」を自身で推進できるかというと、まず自分たちではやりきることができなかったというのが現実です。

現実的な答えが見つかるヒントは「手元」にある

最近はプロジェクトのスタート時に、トップに大小様々な「カイゼン」の余地が「見える化」されてくることを事前に説明しておきます。

実際、トヨタでは問題点は隠れているものであるとの前提に立ちますから、課題の「見える化」は評価に値するという考え方があります。

トップに「絶対に、担当者を怒らないでください。むしろ問題を明らかにしたことをほめてください」と納得してもらってから着手します。

なお社内データを駆使してもわかりにくいのが、顧客自身が、競合している製品やサービスとの比較を行っている場合です。

また、顧客が購買の意思決定をするまでにいかに検討を行っているかも案外わかっていないものです。

これらを知るためには、ＢｔｏＣビジネスであれば、顧客のインタビューとネットなどを使った定量調査を利用し、言うなれば、顧客の頭の中を「開けて」みて、購買行動につながる因果を「ライトで照らしながらのぞき込む」方法が有効です。

ある会社でＭＤデータから顧客の購買行動の実態を把握する手段を詰めている時に、新しもの好きのＩＴ部門の部長が「カメラを置いて、お客様がどのような動きをしているかがわかれば話はすむ」とアマゾンゴーの事例を引き合いに出しました。

「実際にそれを導入した時の効果と見積もりを提案してもらい、検討はされましたか」と尋ねると、その部長は答えに詰まり、すぐに離席してしまいました。

目新しい技術の効能を嬉しそうに論じる前に、現実的な答えが見つかるヒントは目の前のデータ、つまり「手元」にあるのです。

夢のような「戦略」や「道具」が、どこかにあるように夢想するのは、古代の中国の皇帝が不老不死の薬を本気で探させたことに一脈通じます。

事業においても、難易度の高い問題解決に取り組んできた方々の多くは、ずっと探していた答えが、実は目の前にあり、気が付いていなかっただけだった経験があると思います。

目の前にあるデータからわかる、売上アップの機会、成長のためのネタは、しっかりと山のように眠っていることを理解しておきましょう。

問題は、社内にあるせっかくのデータが使える形で「見える化」されていないこと。そしてその工夫の文化がないこと。まずは社内に「見える化」の文化、そしてそのスキルを磨き続けることを習慣にする。

CS（顧客満足）において、最優先に取り組むべきは顧客の不便さや不愉快さの発生原因をつぶすこと

1996年に百貨店のノードストロムの取締役だったベッツィー・サンダースが書いた『サービスが伝説になる時』（ダイヤモンド社）が出版され、CS（顧客満足）について日本でも大きく取り上げられました。

確かに、「お客様にご満足いただくことが重要である」ことは、働くものの姿勢としてはとても重要です。そのため、精神論として朝の朝礼などで確認し合い、現場でお客様と接する際には、常に肝に銘じておくべきことであるのは間違いありません。

ところが、このCSについては、具体的に何を狙い、どこまで行うべきかについてはあいまいなままで、マネジャーによっても線引きするラインが異なる、気合いの掛け声になっているものです。

このCSについては、どこまでが本当に効果があるのかを定量的に調査した結果があります。

たとえば、店舗に来店された場合、お子さんにおもちゃを上げ、とにかく親切を徹底したりしても、それによってお客様の再来店率が大きく上がることはなく、店舗として、本来やるべきことができていない時に、再来店率が下がるということがわかっています。

ノードストロムなどの接客型の百貨店の売り場では、販売員に個人売上の10%を超えるインセンティブ給与が販売実績に応じた歩率（ぶりつ）で支払われる報酬制度をとっています。

ノードストロムは、仕入れた商品の売り場での編集スキルが高いのが特徴で、高めの商品の価格設定から、上顧客に対して、要望に応じて商品をしっかりと提案するアシスト型の接客を行います。

この上顧客たちは、心地良ければ、何百万円レベルの買い物を平気でしますので、そこにつく販売員の手にするインセンティブ報酬を10%と考えても、かなりの金額になります。

伝説と言われたノードストロムの販売員が、来店した顧客が「車のタイヤの調子が悪い」と言った時に、ショッピング中にタイヤを無料で交換したという逸話があります。これは販売員が、単に自分がもらっているインセンティブ報酬の中から自腹でその費用を払い、次回来店時に、その上得意顧客から自分を指名してもらおうとした、経済性という意味でも理にかなった行動なのです。

確かに、アラブ諸国から自家用機で買い物に来るような顧客に対しては、感動を体感する機会を提供するのが当たり前という社内の文化があるのでしょう。

しかし、私も何度かノードストロムは訪れて買い物をしたことがありますが、一般人が、欲しいものを1、2点見つけて買う程度のショッピングでは、この驚くような経験をする機会はまずありません。本当に注力すべきCSは、顧客を喜ばせる、プラスに作用するアイデアを考える前に、顧客を幻滅させるマイナスに作用する事項をことごとく撲滅することです。

顧客の不便や不快をなくすことが第一

私の友人が、かつて80年代にニューヨークに留学し、マンハッタンにあった東京銀行のニューヨーク支店に口座開設に行った時のことです。閉店時間の15時の5分前に店に到着し、中に入ろうとすると入り口に座っていたセキュリティの男性に止められました。

「今日はもう閉店だからダメだ」

「まだ、閉店の5分前だろ？」

「いや、お前が受付の列にならんで、受付の前に立つ時には15時を過ぎる。帰れ」

これが当たり前だったのが、当時の米国です。

上からの指示、「業務命令」のみが絶対で、それ以外のことは行っても何の評価も、すなわち、昇給にも昇格にもつながりません。自身の仕事の使命を考える必要も責任もなく、金をもらって指示された仕事をすればいいというのが、当時の米国の労働者の実態だったのです。

彼らが悪いというよりも、現場をそのように扱うマネジメントが、当時の企業では一般的でした。おそらく人体を模した指揮系統のモデルよろしく、上から言われたことだけをやれば良しという、現在の視点で考えれば、「お粗末」としか言えないマネジメントが普通に行われていたのです。

当時の米国では「本部が考え、現場がやる」という、一見、スキーム上は理に適っているように見えるものの、よく考えると市場起点のＰＤＣＡが廻りにくい、上意下達（じょういかたつ）の一方通行型の組織運営が常識でした。

図表3-4　マイナスをゼロ。ゼロをプラスへ

顧客満足を考える前に、顧客の不満や飽きるポイントをなくす。
つまり、より良い状態を目指す前に「それはまずい」ものをなくす

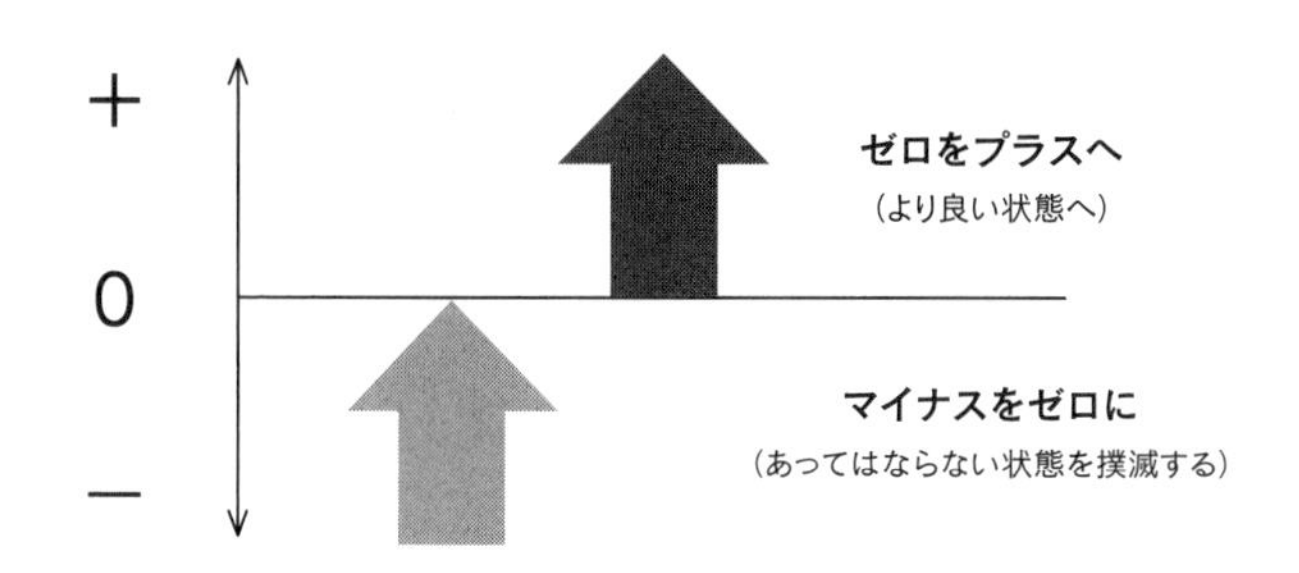

例）
・自動車の性能や内装の豪華さを追求する前に、不良発生をゼロに
・売り場面積の広さを誇るよりも、まず、S・Aランク商品の欠品をゼロに
・人事部が組織の力を高めるためにと教育予算を確保するよりも、マネジメント、上長が、組織、部下との信頼関係を築く日々の努力を

しかし「本部で決めた業務命令の完全徹底が現場の使命である」という当時の常識に沿ってしまうと、上記の銀行の例のように、その業務指示の精度が低い場合には、顧客に失礼なケースが起き、本部側が気付くまで、その状態が継続することになります。

こういった背景のもとに、「これではいけない」と始まったのがCS運動です。

たとえばマクドナルドでは、わざわざメニューに「笑顔0円」と、実は従業員を意識して表示することまで行わなければならなかったのです。

当時の日本では、「CSと言えばノードストロム」というように紹介されていました。

これはそもそも、当時の米国のようなお粗末な顧客対応は、日本ではあまりお目にかかることがなかったため、CSを「一段階

上の満足を目指しましょう」という打ち出しにしたほうが、リアリティを持って受け入れられると考えられたからでしょう。

お客様にご満足いただくために、知恵を絞ることは大切です。

しかし、**最優先に行わなければならないのは、お客様に理不尽な不愉快を感じさせないこと**です。もしお客様が不愉快だと感じることが起きていたなら、それは担当者個人の責任にするのではなく、その上位のマネジメントのあり方が問題であると考え、制度やマネジメントの振る舞いをどう変えるべきかを考えなければなりません。

先日、知人から聞いた話ですが、日本に滞在していたドイツ人が、日本のどの店に行っても、皆、笑顔で親身な接客をしてくれたことに大変、驚き、彼にこう聞いたそうです。

「あの態度、本気じゃないよね？」

相手のための親身な接客を行うのは「和を以て貴し」とする我々日本人にとっては当たり前でも、日本から一歩出れば、インセンティブとなる報酬と教育体系がなければ、その実現は難しいものです。この強みを十分にアセット（財産）として、活用できる現場を実現しましょう。

すべてのビジネスは、顧客のための問題解決業。マイナス要素をゼロにすることが先決。

Chapter 4

外部からの知恵を賢く使う

経営は、いともたやすくバズワードに塗（まみ）れる

「もし『ＣＦＯの役割とは』と聞かれたら、どう答えますか？」

ゴールドマンサックスに十数年勤め、財務の上席マネジャー、そしてアジア地区のＣＦＯをしていた経験もある友人からこの質問をされ、確かに一般的に使われるＣＦＯという言葉について、その役割を示す適切な説明は考えたことがなかったことに気が付きました。

皆さんならば、この問いにどう答えるでしょうか？

彼はニューヨークで、米国ゴールドマン・サックスのＣＦＯを12年間務めたデビッド・ビニアにこの質問をしたそうです。この問いにデビッド・ビニアは、次のように即答したそうです。

「Liquidity, Liquidity, Liquidity」

彼が3回繰り返した'Liquidity'は「流動性」、つまり現金に代表される、企業の支払い能力のことです。CFOにとって、企業の手元資金の流動性を必要なレベルの高さに維持しておくことが、何よりも最初に押さえておかねばならないことだとの答えです。

新興のIT企業のトップから、投資銀行出身で入社したばかりの若いCFOを「彼はバリュエーション（Valuation、企業価値評価）の専門家で……」と紹介されたことがあります。

しかし日々の実務において、算式のモデルを用いるバリュエーションが有効な場面が、果たしてどのくらいあるのだろうかと思います。

私自身もかつてM&Aの検討時のみならず、当時抱えていた複数事業の先行きについての議論をする際にNPV（Net Present Value、正味現在価値）を計算したこともあります。しかしこれは、実務のイメージを持って変数の調整を行ったとしても、あくまで比較の際の指標の一つにしかなりません。彼の話から気が付くのが、我々が一般的に使うCFOという言葉でさえ、概念のあいまいさにイリュージョン（夢、期待、幻想）が入り込み、バズワード化していることです。

経営は常に、なんとなくもっともらしく聞こえるものの、その実態や効能が不明瞭な言葉や概念、いわゆるバズワードに常に取り囲まれています。

そして、気を許すとすぐにそのバズワードによって、イリュージョン、それも幻想というよりもむしろ幻覚に近い状態に取り込まれてしまいます。

企業には、経営理論や経営手法、ツール、そしてIT部門など、

「この新しい○○は、事業に、組織に、あるいは経営に有効です」

という売り込みが常にあります。

そしてそのサービスや機器、ＩＴシステムを提供する企業からの広告収入と販売で成り立っている雑誌に何度も特集で取り上げられて記事にされ、さも有効であり、どこの企業もそれを取り入れて成功している「旬」な経営の道具立てであるという「印象」が刷り込まれていきます。

しかし投資判断は、ファッション雑誌を眺めて最近の傾向を見るがごとくに、「他社もやるならうちも」と横並び感覚で行うべきものではありません。

しかも、その記事の背景に、もし大きな金額を出している広告主の意志が働いているとすると、「流行りだったから」では済まされない事態にもなりかねません。

何かの「道具立て」が実務の場に取り入れられる際には、現状把握に基づいて課題を明らかにして、自社の実務に本当に有効なのかについての精査が必要です。そして導入後の検証と調整が、本来は、経営層に隠すことなしに、正しく行われねばならないのです。

この、バズワードに乗せられて巨額のＩＴ投資や物流センターへの投資をしたものの、かけた費用が投資回収をＲＯＥで計算するとまったくバランスしておらず、ひどい場合は、むしろ業務にマイナスの作用をおよぼすことになってしまった事例は古今東西、数え切れないほどあります。

この大きな投資を伴った問題があまり大事(おおごと)として取り上げられないのは、導入を決定した担当者はもちろん、意思決定をした経営層もうまくいっていないことに触れられたくなく、さらには新しい道具立てを推(お)したビジネス誌側も大口の広告主の神経を逆なでしたくないという動機が働いているからでしょう。

使えないITシステムを高額で導入しそうに

直近の話ではあまりに生々しいため、ここではすでに当事者の方々は引退されていて、責任追及が起きない、古い事例を取り上げます。かつて「最先端技術を導入することで他社よりも優れた力を手にする」ことが当たり前であり正しいと唱えられ、皆がそう信じていたバブルの時代は、この「最先端技術」という言葉がバズワード化していました。

日本の高度成長の末期、日本の製造業が世界中から、その品質と生産性の高さから注目され、品質の高い半導体の製造技術でも日本が圧倒的に秀でていた1980〜90年頃の話です。

コンピューターの世界では、第5世代コンピューター、分散型データベース、並列処理型コンピューターなどが、当時は「情報システム」という呼び方が一般的だったITの雑誌をにぎわせていた時代です。

ITのハードウェア、ソフトアウェアを提供する会社は、常に新コンセプトを提案して「時代に乗り遅れてはいけませんよ」とのメッセージを発して、市場を開拓していくビジネスを展開します。

ある小売業チェーンでは、並列処理型コンピューターを使った商品構成の最適化をはかるためのMD分析システムの導入を推進していました。担当は、外資系会計事務所のコンサルティング部門で当時まだ少なかったシステムコンサルティングを担当していたという役員でした。

当時マスコミでよく取り上げられていたSIS（Strategic Information System、戦略的情報システム）との触れ込みで、競合よりも秀でた商品構成を実現できると、トップもこの投資を承認しました。

それまで商品部は、店頭のPOSデータから上がってきた売上データをマスターファイルに取り込み、日々の分析に使っていました。

しかしその新システムは、売上データをそのままの状態でデータベースに順次取り込み、商品部が分析条件を入力するたびに、毎回データベース全体を検索してデータを拾い、見たい切り口からの分析を高い自由度で行えるという並列型処理の良さを活かすというふれ込みのものでした。

提供側のハードウェアベンダーもコンピュータ大型機の最大手企業だったので、トップも責任者の役員もベンダー企業を、そのブランド力から無意識のうちに信頼していました。

ところが、このMDシステムのベータ版、つまり試用版ができあがり、商品部が使ってみたところ、検索条件を入力して実行すると「実行中」の文字が表示されたまま端末が沈黙し、何も返ってきません。結局、結果が表示されるまでの3～4時間は端末が塞がれて、商品部の根幹の業務である分析作業が行えなくなる事態が起きました。

実はこの機種について調べてみると、従来の機種の上に並列処理のアルゴリズムを載せた言わば疑似的なもので、本当に大量データを処理するにはハードウェアのスピードがとても追いつかない代物であることがわかりました。

どうやら、ベンダー側でも作ってはみたものの販売できずに困っていた機種だという事実も、後から判明しました。システム開発の進め方を熟知している人であれば、構造上も無理のあるこの機種を採用するという判断はなかったはずです。

トップにしてみれば、名の知られた外資系会計事務所でシステムコンサルティングを行っていたという触れ込みで入社した人物が責任者であり、かつベンダーも名の通っている世界的な大手IT「ブランド」企業だったので導入を決めたのでしょう。

ただ当時は、企業のIT部門の責任者と言っても、ITベンダーからの広告収入の多かった「日経情報ストラテジー」などに目を通して、「世のITトレンドはこうなっているのか」とそこに描かれていることを真に受けて、頭の中にイメージを描いてしまっている方がいるのも現実でした。

この会社の事業規模からして巨額の投資になるにもかかわらず、トップや担当者が無自覚のうちに「ブランド負け」している判断がなされていたのです。

結局、この件ではトップの指示で管理本部長が、顧問弁護士と共に契約からチェックを行いました。ベンダーにはチューニングの努力をしてもらいましたが、結果的にシステムは「実用に能わず」としてメーカーに引き取ってもらい、元のシステムに戻して一件落着となりました。

これは、最先端の「並列処理コンピューター」という売り文句が「バズワード」化し、そこに乗って実は使い物にならない高額のコンピューターシステムを導入して、あやうくMD業務が破綻しそうになった事例です。

最新の産業用ロボットの生産ラインを導入して、稼働率が大幅に低下

二つ目の事例は、80年代に某自動車メーカーが産業用ロボットを溶接ラインへ導入しようとした際の話です。当時は、FMS（Flexible Manufacturing System、フレキシブル生産システム）、FA（Factory

いました。

Automation、ファクトリーオートメーション）など、今で言うＩＴの、生産現場への適用が唱えられて

「製造現場への産業用ロボット導入」が提唱された時期であり、メカニクスとエレクトロニクスをつなげた造語のメカトロニクスという概念が生まれ、「日経メカトロニクス」というビジネス誌も創刊されました。当時20代の私も「これからの工場はこのような形になっていくのか」と未来のモノづくりの姿を夢想したものでした。

未来の工場ということで、この工場では、日本で初めて自動車ボディの板金溶接ロボットの大量導入を行い、先端事例として様々なメディアで華々しく紹介され、脚光をあびました。

またここでは、外資系コンサルティング会社からの「技術者にも競わせるべき」とのアドバイスを（真に）受けて、モデルチェンジの度にまったく新しいアイデアのラインを生産現場につくり、工場ごとにまったく異なる考え方の車づくりが行われる状態が続いていました。

一方、トヨタには昔から、安易に新しい技術には飛びつかない慎重な企業文化があります。モデルチェンジ、マイナーチェンジがあるたびに、工場で直近に導入した技術に、さらに新しい技術導入を付加していく「カイゼン」を粛々と実行し、インクリメンタル（漸増式）な進化を基本としています。

この両社の違いを一言で言ってしまえば、トヨタは「工場は変われども、技術進歩のＰＤＣＡを全社視点で積み重ねて一歩ずつ進化させる」という考え方だと言えます。

今であれば、組み立てロボットそのものも量産されて品質も安定していますが、当時は、まだそのレベルには至っていない、個別生産される設備でした。当然、導入の責任者も、ある程度の故障が起

きることは織り込み済みだったはずです。

しかし、いざ新車の量産が開始されると、新規に導入された産業用ロボットの数に比例した数の故障が発生します。そこまでは読まれていたようですが、これに対応するメンテナンス担当者の数がまったく足らず、修理待ちのロボットがたくさん出てしまい、ひどい時はライン稼働率が6割程度にまで低下したと言われています。

たとえば、1日に100台の自動車が出荷される計画であれば、60台しか出荷されないのです。顧客には納品を待ってもらうにしても、設備の投資額に対して6掛けの台数しか売ることができないのですから、当期の1台当たりの事実上の原価は大きく跳ね上がることになります。ここで作られる新車の納車期間が長くなり、おそらく見えない部分で、売上の機会損失もかなり起きていただろうと考えられます。

この手の失敗事例には、枚挙にいとまのないほど数多く遭遇してきました。

一体なぜ、このようなことが起きてしまうのでしょうか。

人は、イリュージョン、幻想、魔法に憧れる

「おすすめのビジネス書は何ですか」と尋ねられた時に、私がよく紹介してきたのは、映画にもなったマイケル・クライトンの『ジュラシック・パーク』(早川書房)です。

ご存じの通り、琥珀(こはく)に閉じ込められていた古代の蚊の体内に残っていた血液のＤＮＡから恐竜を復

活させた、その恐竜のテーマパークで起きる災害の話です。一人のシステムエンジニアが、小銭稼ぎのために動いたことで、安全を担保しているはずだったシステムが破たんし、そこにいた人々を危機におとしいれます。

世の中に影響を与える新技術は、次々と生まれてきますが、これが企業や組織、設備などに関わるものになってくると、新しい取り組みには、未だ読み切れないさまざまなレベルのリスクがあります。そしてそれらが相互に絡み合って作用し、読みが甘い場合や、兆候を察知して素早く舵の修正を行えなければ、大変な事態を引き起こすこともあり得ます。

先の事例では、生産技術担当者が「何が起こりうるのか」を的確に先読みする能力が鍛えられておらず、組織にもそれをカバーする知恵が蓄積されていませんでした。真摯なＰＤＣＡを廻すことが根付き、ＰＤＣＡからの学びを組織の学びにする努力が文化になっているトヨタとの差が表面化した例と言えるのではないでしょうか。

プランニング段階での精度を上げれば、成功の可能性が高まることは間違いありません。

未開拓の領域に踏み込む企画であればあるほど、読み切れないリスクが潜んでいます。安全が最優先である自動車においては、本番の量産前に試作を繰り返し、量産試作も行います。そのくらいに念を入れないと、新しい試みにはリスクが付きものという経験からの学びなのです。

しかし、そこまでやってもなおリスクがあるものが市場に出てしまうのは、一体なぜなのでしょうか。この答えは、**人は、イリュージョン、幻想、魔法に憧れるものだ**という一言に尽きるでしょう。

「あの米国の○○社で使われている、最新のビジネスツールです」

もしこの○○に、グーグルやアマゾンの名が入っていたらどうでしょうか。

なんだかよくわからないけど、凄いシステムなんだ、これを取り入れたらすごい成果が出るに違いないと思ってしまいませんか。

経営に魔法の道具はないという大前提に立つ

「最新のIT技術を導入して、どこよりも競争力のある商品企画を実現しましょう」

このような売り込み営業やビジネス誌での訴求は、いつの時代にも絶えません。

しかし我々は、**経営には魔法の道具などはないという大前提に立つ**ところから始めるべきです。

80年代は、多くの企業で富士通の「オアシス」などのワードプロセッサー、通称「ワープロ」と呼ばれる専用機がデスクワークに使われていました。当時はまだ高価だったため、部署に1台程度しかなく、それを数人でシェアして、予約制で順番待ちをしながら資料づくりに使っていたのです。

ある時、富士通がこのワープロ専用機の「オアシス」から、ワードプロセッサーソフトウェア「オアシス」を搭載したデスクトップ型FMシリーズというPCの導入に切り替えていくことを発表しました。

さて、この報を受けて、当時のトヨタはどう動いたでしょうか。

ワープロ専用機「オアシス」は、親指シフトなどの独自の使いやすい機能を搭載し、それに慣れた多くのユーザがいました。この富士通の決定により、世の中にはリース契約が終了した中古の専用機

「オアシス」が大量にあふれました。この時トヨタは、簿価がほぼゼロになっているこの中古機を大量に引き取り、必要とする社員に一人1台ずつ渡して資料作成の生産性を上げたのです。

ＦＭシリーズのデスクトップＰＣにソフトウェアとして移植されたワープロソフトの「オアシス」は、その後、初期の製品にはつきもののバグ（不具合）が改良されて、使いやすくなっていきました。

そして、デスクトップＰＣ上でもバージョンアップを重ねて安定状態になったワープロソフトの「オアシス」となった頃に、ようやくトヨタではＰＣの導入を始めました。

実はここまでの話は、ＳＩＳ、並列型コンピューター、ＦＡ、ＦＭＳ……、果てはブランド力のある社名に至るまで、バズワードのオンパレードです。

ＩＴや先端技術、経営を取り巻くビジネスツールを販売するビジネスは、売上を追いかければ追いかけるほど、その実態は「夢を売る商売」に近づいていってしまいます。

経営周りに出現する、新しい言葉や概念のほとんどがバズワードから始まり、多くはバズワードのままに消え去り、そのうちいくつかが徐々に実体化し、定着して残るものもあります。

重要なのは、自社もあえて今、リスクをとってその新しい概念に飛びつき、わざわざバズワードの実体化に投資して、世の中に貢献する判断をするのか、という視点だと言えます。

プロ経営者、ＤＸ（デジタル・トランスフォーメーション）……。

今でも、我々は数多くのバズワードに囲まれています。

笑い話ですが、先日もビジネス系の新聞社の方々と会話していると、「ＤＸばっかり。まだ実態がよくわからないのに、何でもかんでもＤＸだと。もう、うんざり」と言われていました。

最近のＡＩ技術では、小売店内の顧客の動きをカメラで捉え、自動課金を可能にする技術もよく知られています。そして、その記事を目にしている経営者たちは、「うちは世の動きに遅れているのでは」と不安をあおられ、ベンダーはそこに新しい提案を持ちかけます。

さて、それでは、無人店舗などの実験を続けるアマゾンを我々はどう捉えればいいのでしょうか。

２０１９年に、アマゾンが無人店舗を複数、実験しているサンフランシスコのダウンタウンで、さらにその安価版システムを開発したZippin（ジッピン）の社長と会ってきました。アマゾンのシステムは、まだ認識率が悪く、ほとんどの買い物で、ＡＩによる顧客の購買行動の画像判別ができず、センターではアラームが鳴ってしまい、録画されたビデオを人が見て判断しているのが現実です。実際に買い物をすると、店を出てから精算メールが届くまでに30分、ひどい時には4時間以上もかかるのは、そのためです。Zippinの社長いわく「当社のシステムもそうだが、ＡＩが学習しているので10年も経てば正しく認識するだろう。実際にどのくらいかかるかは、誰もわからないのだが……」

つまり実態としては、まったく使い物になってはいないのが現実です。しかしアマゾンはこの挑戦的な実験を通して、他の誰もが得ていない「学び」を得ることの意義を理解しています。彼らの持つ潤沢な資金力のもとで行う実験であり、根幹の事業に影響を与えるものではないという点で、先ほどの自動車会社の事例とは根本的に異なります。先日、センサーメーカーの開発者と話をしていた際、「最近はセンサーという言葉さえも、バズワード化している」と語っていました。

バズワードの中には消えていくものもあれば、そのコンセプトの実体化に真摯に取り組む企業が現れて、具体的な製品やサービスの形になり花開くものもあります。

たとえば、「メカトロニクス」は、ITとモーターやセンサー技術が連動する技術として実体化が進み、まさに機械的に動くロボットを象徴する言葉として使われるようになっています。

そういう見方をすると、我々がとるべきバズワードへの姿勢は、**バズワードがバズワードのうちは、よほどの自信を持ってリアルな成功が描ける、あるいは未来のための組織の知恵を「学習」できるならばよし。しかし、もし自社の組織が「実験」と「学び」の文化が働いていないのが現状ならば、シンプルに、「すぐには飛びつかない」**の一言が正解かもしれません。

それでも、どこかに必ずそれに飛びつく企業があり、フィルター役を買って出てくれるはずです。

- 魔法のような効能をうたう「呪文」によって創られる「幻想」には、絶対に踊らされない
- 全ての新製品、新コンセプトには、初期不具合はつきもの。先んじて導入する必然性などない。まず、自社の実態把握が先
- もし導入するならば、前向きに実験としての位置づけとし、導入後の検証と調整は必須とする

特に創業者は自分の頭の中でイメージをし、妄想を形にするがごとくに事業を創造して成功してきました。そのため、調子に乗っている時は、時としてこの「幻想」と自分が実現化できるものとの境目がよくわからなくなります。そういう時には、信頼できる意見を聞ける内外の側近（参謀役）を置いて、それを取り入れる意義を議論しましょう。

自社事業、自社組織の現状を把握できている前提で、バズワードが期待や幻想ではなく、うまくはまるイメージ、あるいは、実験から得られる事柄が、明らかに描けるかどうかです。

またトップ自身は踊らされなくても、経営企画室や人事部、ＩＴ部門など、外部との接触や売り込みのある本社の部署は、責任者が自社の現場業務への理解が不十分だと、いともたやすく「バズワード」営業にのせられてしまいます。万が一、ここを押さえずに話に乗ってしまうと、うまくいかなかった結果について、トップも一蓮托生になり、誰も口にすることができないアンタッチャブルゾーンが社内に出現する事態になりかねません。

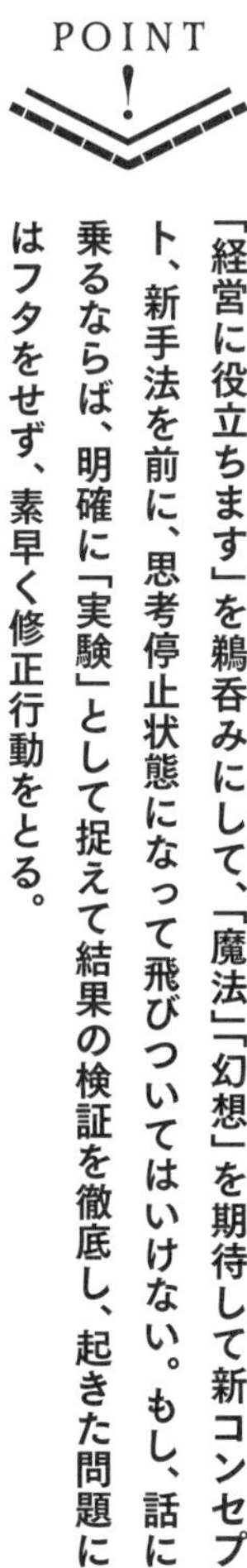

「経営に役立ちます」を鵜呑みにして、「魔法」「幻想」を期待して新コンセプト、新手法を前に、思考停止状態になって飛びついてはいけない。もし、話に乗るならば、明確に「実験」として捉えて結果の検証を徹底し、起きた問題にはフタをせず、素早く修正行動をとる。

多くの経営理論や新しいコンセプトは、すぐに実践に使えるものではない

新しい経営理論に興味を示される経営者にお目にかかることがあります。あるレベル以上の経験を踏んだ実践的なコンサルタントのように経営理論を実践で試す場を経験してきた方であれば、現実の使い勝手の善し悪し、難しさを経験から肌で理解していますが、経営者にはそういう方は多くはありません。

理論とは「再現性のある法則」です。

どのような理論もそれを現実に適用するためには、実践を通じた磨き上げが必要になります。そのプロセスを経ずに、いきなり実践に使おうとすれば、読み違えを含めて予想していなかったことが起きるのは当たり前です。

繰り返しますが、はじめに理解しておかねばならないのが、我々が知るメジャーな経営理論のほとんどが組織運営の文化が異なる米国発であるという事実です。

例外となる最近の例では、パリのインシアード（ビジネススクール）のW・チャン・キム教授とレネ・モボルニュ教授の『ブルー・オーシャン戦略』が欧州発のメジャーな理論になったことくらいでしょう。

現実のビジネスの場は、言うなれば数学が扱う「論理的に閉じた空間」とは異なり、前提や適用のために必要な条件を押さえて、さらには実践段階での調整が必要になります。ところが発表される理論では、たとえば、地球には空気が存在すること、日本人は日本語が理解できることなど、我々が日々過ごす現実世界での当たり前のことまでは、必ずしも丁寧に解説していません。

先述したように、米国発の経営理論は基本的に米国企業を前提にしており、日本企業とは異なる前提があります。たとえば米国企業では、トップを含めたマネジャーは、**ディレクティブ（「命令に従うことを部下に求める」という意）なマネジメントスタイル**をとることが一般的です。

もともと、日本に比べると働くもののレベルに差があり、かつ個々の自己主張も強い米国では、トップマネジメントからの業務指示に忠実に従うのが、組織図の下位に描かれるものの役回りです。中間マネジャーは、与えられた業務命令をさらにその下の部下や組織にわかるように説明し、執行させて、担当する部署の目標を達成する責任を持ちます。

米国の組織では「これをやれ」「この問題を解決せよ」「この課題に対応せよ」という指示を受けた側は、指示内容についての説明を求めることはあっても、基本的に'Yes Sir,'（イエッサー）と、取り組むことが求められます。このマネジメントスタイルは、誤解を恐れずに表現すれば、日本企業での仕事に慣れているビジネスマンには、Ｗｈｙの伴った上意下達の「軍隊式」と形容したほうがイメージしやすいかもしれません。

また、契約社会でもある米国の企業では、入社時の雇用契約書に、指示・命令違反は解雇の対象であることが明記されるのが一般的です。よって日本企業の多くで散見される「面従腹背」の態度など取ろうものなら、問答無用でクビを言い渡されても文句なしというのが前提です。

上長からの指示も、日本企業のように指導なのか説教なのかわからないような、一方的、かつアバウトな内容で放置することは許されません。上長には結果への責任が伴うために、頭の中でしっかりと練り上げて指示を出し、その案件の舵取りのＰＤＣＡが、マネジャー自身、あるいは担当者の頭の中で廻り、それが把握できる状態を作り上げます。

マネジャーには担当部門についての責任とそれに伴う権限が委ねられますので本来は、日本企業内でよく耳にする、現場のせい、部下のせいにしてすます、言い訳の余地はありません。

現場が言うことを聞かないならどうしたらいいのか、その具体的な代案を求められます。部下に問題があるなら指導や教育を行い、それでもだめなら、社内外から適切な人材を持ってきて置き替えてでも成果を出すことが求められます。米国発の組織論は、上記のディレクティブなマネジメントスタイルが前提にあり、その理解なしに、日本企業に形だけ持ち込むと大変なことになります。

多くの経営理論の前提にある、米国式マネジメントの特徴

米国企業の特徴を挙げると、以下のようになります。

- 「人治」が前提にあり、自身への評価とクビをかけ、全責任を持つマネジャーによるディレクティブ（命令的）なマネジメント
- 明確な数値評価と数値責任へのコミットメントと、それに伴う高額報酬。特に上場企業の場合は、株主からの株価アップのための成長性、配当のアップ、事業価値の向上への強い要求が前提
- そもそもの文化として「べき論」を大切にして、言うべきことを口にする「スピークアップ」を行うイニシアティブの存在

経営理論同様に、ほとんどのコンサルティング会社が行う米国起源の戦略立案、組織提案も、米国式のトップダウンのマネジメントスタイルを前提に出来上がっています。

戦略の策定を論理的な裏付けを伴って組み立てるのは、戦略がうまくいくかどうかをトップがイメージできるようにするためであり、実践時にも修正の舵取りを含めてトップが状況の確認を行い、必要な指示を出す前提があるからです。

コンサルティング会社が日本企業に戦略や改革プランを提案してもうまく実行されず、結果、何も変わらないことがあります。

かつて、ある外資系のコンサルティング会社内で、日本人のマネジャーがディレクターに、「クライアント（企業）が、（立案した戦略を）実行できないと言っています」と相談した際、ディレクターか

ら、「やらせろ」の一言だけしかなく、マネジャーが途方に暮れてしまうことがありました。

実はこのディレクターも欧米企業でのコンサルティングの方法論を知っているだけで、必ずしも日本企業の改革を成功させた経験があるわけではなかったのです。

人事権を盾にして「やれ」と指示を出す米国企業と、従来、自分で考える力を培ってほしいとアバウトな指示を出すことの多かった日本企業では、本来は現場側の指示を受ける姿勢が異なります。

日本企業では立案した戦略や改革プランを実践する際には、**組織を動かして成功させる、実践プランの組み立ての巧拙（こうせつ）が成否を分け**ます。トヨタやニトリなどの日本の優良企業は押しなべて組織一丸となって動かせる社内の実践ノウハウを蓄積していると言えます。

そもそも「成果主義」導入の背景が違う

米国の映画で、「You are fired!（お前はクビだ！）」と口にする場面を度々目にするのは、前述のように上長にその権限があることが契約書に記載されているからです。

米国企業では日本と違い、人事部ではなく上長が本人の人事権を握っているために、何よりも上長の評価を最優先にする風潮が強くなります。

ゆえにイエスマンが増えて、ただの好き嫌い人事がまかり通るのを防ぐことを目的とし、事業への貢献を客観的な尺度から見るべきであると生まれてきたのが、前述の「成果主義」の評価指標です。

この制度は企業にとっての人件費のコントロールに貢献し、日本企業の内部留保はその後も増え続けたのですが、一方、給与水準が抑えられて国内消費が伸び悩み、おそらく出生数も抑える作用も働いたのだろうと推察されます。

一般的に日本企業においては、「攻め」の社内文化づくりなしに「成果主義」の評価指標を、ただそのまま取り入れると、リスクをとった5段階評価の5は狙わず、3か4あたりの着地を良しとするようになり、全組織が「挑戦」を控えるようになります。さらに、人事部は人件費率のコントロールが使命となり、人事部からの起案に減点評価が差し込まれやすくなり、経営層も含めて社員全員が失敗を恐れるようになっていきます。

現に、売上や利益が前年よりも少しでも増えていればOKという感覚の経営者やトップは、多いのではないでしょうか。

経営レベルで見ても日本企業の多くでは、事業の「見える化」などをうまく行い、トップの経営判断を支えるべき参謀機能が、残念ながら発達していません。そのような状態で「エイヤ!」と博打のような大きな投資を行ってしまえば、会社存続の危機に瀕する事態にもなりかねません。

「ムダを排除しよう」と誰もがその優良さを認めるトヨタを引き合いにして、経費低減の重要性を説くのも結構です。しかし、前述のようにトヨタにはどんなに大変な時でも、挑戦的な「カイゼン」には挑む文化が根底にあります。その実態を理解せずにコンサルタントの推す、収益を確保するためだけの経費削減スキームばかりが蔓延し、挑戦を控える今の日本企業が出来上がっていったのです。

米国の経営手法を、文化の違いを理解せずに導入し、日本企業の強みが失われた

そもそも、日本企業には、

・言葉にしなくても、空気を察し、全体最適を意識して動く
・市場への価値の提供が最優先であり、当たり前と考える事業観
・国民性とも言える、目の前のことに真面目に取り組む勤勉さ

などの良い面があり、上手に環境を整えれば、チームワーク良く、個々が目の前の課題に知力を尽くして取り組む底力があります。

米国の先進的な経営から学ぼうとの風潮は、１９８０年代に流行ったＴＱＣの導入で社内での風通しが良くなる事例が増えたあたりから特に強くなっていきました。

ＴＱＣは、もともとはＷ・Ｅ・デミング博士が唱えた企業経営のあるべき論を、日本科学技術連盟（日科技連）が博士と共に日本企業に向けて熱心に指導を行い、広がっていったものです。

その後、ＴＱＣに取り組む企業数が増え、日本経済の成長をけん引しました。しかし企業数があまりに増えすぎたために指導教官の質が伴わずにＴＱＣのブームが沈静化した、そのタイミングで日本はバブルの好景気を迎えました。そこに台頭してきたのが外資系の戦略系コンサルティング会社で、この時から米国発の経営理論やフレームワークなどの経営の道具立てがメジャーになっていったので

す。TQCの展開においては日科技連は日本の優良企業で成功していた手法を参考にして、日本企業の文化にあった手法を展開しました。

しかし当時、米国発の理論や道具立てを指導したのは、外資系のコンサルティング会社でした。そこに所属する、日本企業でのマネジメントの経験のない若いエリートの留学経験者たちは、ビジネススクールなどで学んだ米国企業の方法論を是として、悪気なくそのまま日本企業に根付いていた組織論を上書きしていきました。

もちろん彼らに日米両企業の勤務経験のあるものなどほとんどおらず、結果、背景が異なる方法論がそのまま組織に導入され、「和魂洋才」がうまく融合されないままに「米国式が正しい」と制度化され、やがて日本企業は低迷状態に入りそこから抜け出せない状況に陥っていったのです。

彼らが展開した戦略論や組織論などは、すべて米国企業を前提としていたため、たとえば全社戦略を立案しても、現場側では当たり前のように「面従腹背」が起き、必ずしもうまく機能しない場合もありました。

またそもそもですが、いわゆる米国式の経営理論の弊害は、80年代の当時から米国でも指摘されており、不振状態に苦しんでいた米国企業が90年代に果たした復活は、熱心にTQCに取り組んでいた日本企業から学んだ手法を取り入れた成果だったのです。つまり、企業力の強化に有効なかつての日本式経営の良い点を取り入れた米国は成長基調に戻り、米国企業が苦しんでいた頃の米国式経営手法を取り入れた日本企業は低迷状態に陥り、今もその状態が続いているのです。

日本企業で「面従腹背」が起きがちな理由

日本企業で起きがちな「面従腹背」と、それを放置するトップマネジメントの是非が議論になることがあり、この点に少し触れておきます。

繰り返しになりますが、米国と日本の企業のトップのマネジメントスタイルは異なります。

マッキンゼー時代の私の先輩格にあたる方が、GEの日本法人に入社していました。GEではスタッフ部門の勤務が長くなるとキャリア上あまり良くないと言われているため、次の異動先をどこにすべきかを考えていた時の話です。

GE日本法人の会議が東京・六本木のANAホテルで行われていました。彼が休憩時間に手洗いにいくと、本社のCEOのジャック・ウェルチが入ってきて、続いて後にフィアットのCEOになる当時副会長のパオロ・フレスコが入ってきて、彼は二人に左右から挟まれてしまいました。

「君は何をやっているんだ」

「今は用を足しています」

から会話が始まり、二言三言、言葉をかわし、ジャック・ウェルチから、

「君は本社で仕事をしたほうがいい」

と言われて、米国本社への異動が決まったそうです。

結局、以後7年間、彼はジャック・ウェルチ直轄の経営企画部門で仕事をすることになります。

世界レベルでも指折りの規模の大企業のたたき上げのトップが、自身の判断とリスクでこの手の人

事を行うのが、米国企業の「人治」マネジメントとその「イニシアティブ」を象徴しています。

果たして日本の大企業で、トイレで交わした二言三言で、部長クラスの異動、配属を即、決めることのできるトップ、つまり組織の動き方を的確にイメージできているトップがどれだけいるでしょうか。米国式のマネジメントでは、トップは自分の発する指示の精度を高めるためにトップ直轄の本部組織、経営企画室や戦略機能、人事、財務・経理機能などを動かします。

誤解を恐れずに言えば、彼らはトップの顔色さえ見ながら、**トップの意志に沿ってトップの業務を補完する機能**です。言い換えればトップの24時間しかない1日の時間をより有効に使い、トップが「イニシアティブ」を発揮し、パフォーマンスを高めるためのサポート組織と言えます。

もし、トップと一体化して考えて、前向きに動くことができないような本部ならば、その任に非ずと、本来は即、解体してもいい位置づけなのです。多くの日本企業のトップに、この認識はないように思います。

「言うこと聞かなければクビ」の前提や、うまくいかない時の責任はすべて発信側にあるという前提も語られず、形だけの米国式マネジメントの仕方があたかも是として日本企業に浸透しているのです。仕事を失う恐怖を伴った執行力もなく、責任の所在もあいまいな状態のまま、結果として指示や数値責任の「丸投げ」が多くの企業で常態化していきました。

そのために、多くの日本企業では「面従腹背」という、良くも悪くも無難にやり過ごすための知恵がさらに広まったとも言えるでしょう。

小うるさい「躾」を行う文化が日本企業のマネジメントの強み

数年前にグローバル規模で展開しているトップクラスのエグゼキュティブサーチファームが、世界の主要国の経営者について、様々な角度から能力評価の調査を行いました。

その結果では、日本の経営者の能力評価が相対的に低く出てしまったのですが、これをそのまま、日本の経営者のレベルが低いと断じてしまうのは、短絡的すぎるでしょう。

本来、**日本企業の強さはリーダーのスタンドプレーよりも組織力の発揮にあり、組織力を高めることのできるリーダーの存在が重要になります。**

そこには、組織を性善説で動かそうとする基本的な姿勢があり、それが組織として機能するために、小うるさい「躾」を行う文化が根底にありました。

ところが欧米式のマネジメントの理論や手法が導入されるにつれて、組織の上層部は「躾」を怠るようになり、一方的に指示を発信すればいいものとの錯覚が蔓延していったようです。

形だけは米国式のトップダウン前提のマネジメント体制をとっているのに、トップが「俺が使えるものを持ってこい」と強く言わず、自分の見たい情報についても細かく指示しないがために、トップ向けの資料が、ただ量が多いばかりで「見える化」がうまくできていないケース。

あるいは、そもそもトップを支える参謀機能がイニシアティブをとらず、悪い意味で「サラリーマン化」し、「風見鶏」状態、指示待ち状態になっているケースもあります。

これではトップが事業の現状を適切に把握できていないわけですから、指示の精度も上がりませんし、トップとしての能力の発揮だけではなく「学び」も難しくなります。

「組織のPDCA」を廻す主体はどこか？

米国式の経営理論や手法が形だけ導入されていると、様々なちぐはぐな事態が起きます。

本来は、健全な組織づくりは、野中郁次郎先生も「ミドルアップダウン」と表現した**上下のやり取りによる「躾」**が必要です。それが日本企業に一般的な文化の上で、ただ指示を押し付けるトップダウンの「落とし込み」がなされると、最も重要な「組織のPDCA」を廻す主体がトップなのか、トップの意志の下に動く本部なのか、あるいは現場なのかがあいまいなままに、組織も機能不全を起こします。

事業の現場は、一般的には顧客のほうを向きます。本部から発せられた指示がうまく機能しない時に、その責任は本部ではなく、現場側に問われることを現場もよく理解しています。

トップや本部から実践するには不完全なプランが落ちてきた場合、市場をよく知る「現場」サイドが適当にお茶を濁して対処する「面従腹背」は、結果的には、精度の低い本部からの指示への安全弁として機能し、トップマネジメントも経験的にそのことを理解しています。

これは、本部から発せられるプランについてのPDCAサイクルがトップや本部を中心に廻らないことを示し、無責任な発信になりがちであることを意味しています。

経営理論を鵜呑みにしてはいけない

経営理論を発信する経営学は科学の一分野です。企業の業績を上げるための事業成功の考え方や、企業活動の健全化のための法則性などを追及していきます。

そしてそのメッカである米国の経営学者たちの興味は、誤解を恐れずに言ってしまえば、自分の発見したユニークな理論をいち早く発表し、名乗りを上げるレースに勝つことです。

どのような理論でも、それが現実に使われるためには、その適用のために前提を整えることが必要であり、かつその法則性だけでは不足している条件を補い、調整しなければなりません。そしてさらには理論の段階では読み切れていなかった、発生する様々な課題への対応が必要です。

「経営理論を信じてはいけない」

早稲田大学大学院ビジネススクール教授の入山章栄氏が、『DIAMONDハーバード・ビジネス・レビュー』に44回に渡る長期連載を寄稿され、その最終回でこう明言されました。

この連載内容は、『世界標準の経営理論』（ダイヤモンド社）として刊行され、この書の締めもこの言葉になっています。

私自身もマッキンゼー在籍の頃から、様々な理論やフレームワークなどを使う機会を経験してきました。戦略や組織の理論やフレームワークは、自転車を初めて乗る時と同じで、乗りこなす、使いこなすには、ある程度の習熟と腕が必要です。

企業では経営企画室あたりが安易に「事業部にこのフレームワークで報告させよう」と発信することがありますが、それは受け取った側にはかなりの迷惑で、負担となることも多々あります。

もし、実際に現場の実務などで使うならば、その前に実験的に、何人かのリーダー格のマネジャーを呼んで記入してもらい、問題点や修正点の炙り出しや、ガイドラインを用意するために補足すべき事項の明確化が必要です。

最近では、「ジョブ型」雇用導入の検討をする企業についても耳にします。

「ジョブ型」雇用は、考え方自体は極めてまっとうなのですが、「当社はジョブ型雇用による人事制度を導入する」と発表し、いきなりマネジャーに「部下に何をやらせるのかを指示しなさい」として、あとは「そこで合意をした数字で評価を行います」ではあまりに乱暴すぎます。ジョブディスクリプション、つまり業務の定義をいかに進めるかを経営層直轄のプロジェクトが共に考え、事業が前向きに機能する形を作っていくならば大変けっこうなことです。しかし、今までにあったように、これも「丸投げ」がなされると、いくつかの企業で組織の士気を下げた成果主義評価の導入時のようになりかねません。

本来は組織の生産性を高めるための考え方なのですが、コロナ禍で売上の伸びが期待できない中、成果主義評価の導入時の裏に人件費率のコントロールの動機があったように、今回も「成果を出さなかったものは評価を下げ、職位も下げます」との、同様の動機が見え隠れしているケースもあります。

もし、人事系のコンサルティング会社が「人件費のコントロールに使えます」と営業しているのであれば、そのコンサルティング会社の矜持を問いたいところです。

新しい人事制度を導入するからには、それが前向きに機能するお膳立てを行うのがトップ直轄のプロジェクトの役割のはずなのですが、傍で見ているとそれがなされているのか心配になります。

今回のコロナ禍での日本を含めた各国政府による財政出動額は、かつてないレベルの大きさです。これはもし企業側が、人件費をコントロールしようという対応を行うと景気がさらに下向きになり、巡り巡って日本経済には大きな影響を与えることになります。

「ジョブ型雇用」を取り入れるならば、ただ導入すると宣言して「丸投げ」するのではなく、それを使っていかに攻めの文化を作るか、まさにそこにトップを含めた経営層のコミットが必須です。

経営理論を含む、すべての理論にはその適応の前提がある。それを理解せずに導入した場合、予期せぬ副作用により、期待通りの結果にはならないものと心得る。

ERPを導入すると、会社の成長が止まる？

先日耳にしたことですが、証券アナリストの間でちょっとした話題になっているのが、「ERPを入れると、なぜ会社の成長が止まるのか」だそうです。

もともと日本企業では都度の経費を使う申請をする際に上長が、「この出張は必要なのか」「なぜ、これを購入する必要があるのか」を「口うるさく」チェックし、下も「いちいちうるさいなあ」と思いつつも必然性を説明していました。そして経費を使った後もその成果について報告を行い、結果として、経費を使った打ち手と効果検証のPDCAが廻る「躾」がなされることが一般的でした。

一方、ERPの背景にある思想は、欧米企業のマネジメントを基本とした「計画主義」です。計画立案の精度の高さがありきで、その際の予算配分はトップ、上層部の意志のもとに展開されていきます。

つまり前述の「人治」式マネジメントを前提に、社内で期待される部署が予算を持ち、マネジャーの裁量でそれを使って腕を振るう考え方です。よって、ここでのポイントは予算の立案精度であり、有能で有効に使い、結果を出してくれる人材にはふんだんに「弾（タマ）」となる予算を持たせます。

ところが日本企業の場合はERPを導入しても、経営層の強い意志が反映されないままに単に前年実績に基づいて予算配分が行われ、いったん獲得した予算はまるで自部署の既得権益のようになります。かけた経費の効果確認は本来、基本なのですが、「人、性善なれど、性怠惰なり」で、獲得した経費については、今度は「消化」が義務のようになっていきます。

ERPが導入されて、期末が迫ると「来年の予算が減らされないように、経費は全部使っておけ」との指示が降りてきて、かくして毎年期末になると何やら備品が増えていくようになった企業も存在します。かつて「期末になると道路工事が増える」との指摘がありましたが、計画主義に基づくシステムの導入により、同様のことが企業でも起き始めたのです。

米国文化には「べき論」を追求し、イニシアティブを尊重する価値観が強く、それを前提としたマネジメントシステムになっています。実際にERPを提供するベンダーと話をすると「社内の業務をERPの思想に合わせるかどうかがポイントです」と説明がなされます。

大企業がERP導入を見送った理由

日本企業の実際は、トップが「攻め」の姿勢を持とうにも多くの企業では手元に必要な情報が「見える化」されておらず、前年対比十数％の伸びを目論む打ち手も出しにくい現実があります。

本来は、経費は、売上と利益を拡大するための攻めの工夫として使われるものです。

しかし、トップの成長への強い意志が形にならなければ経費予算も単なる前年踏襲型になり、総額としては抑制する方向に向いていてしまいます。

前述のように日本企業では、都度の経費の使途の効用を検証して上司が確認する形で、経費のより有効な使途についてのノウハウを社内に蓄積していきました。

ところが、トップと導入部署が自社の強みがどこにあるのかをよく考えることなく、安易にERPシステムを導入すれば、組織の階層間での効果検証の精度アップをスルーすることも可能になってしまいます。

「ERPを導入した企業は成長が止まる」がもし事実であれば、それは自社のマネジメントのあり方を押さえず、あるべき形を考えず、「業務定義」や「カイゼン」の視点なしに「他社も導入しているから」という安易な考えで導入したからだと言えるでしょう。

私の勤めていた豊田自動織機でもERPの導入の是非が議論されたことがあります。

当時、事業部側のシステム担当から「トヨタの持つ結果検証の文化が損なわれる恐れがある」と言う意見があり、導入を推進する本社の情報システム部側と意見が割れました。

結局、経営層は事業部側の意見を採用してERPの導入は見送られました。

当時の情報システム部長はトヨタでの導入実績がある点を上げていたようですが、徹底したカスタマイズが施されたことまで理解していたのかは定かではありません。

ERPのみならず情報システムの導入は、たとえて言うなら業務手順をコンクリートで固めるような「固定化」を意味します。よって本来は、現行の業務の棚卸から始まり、あるべき「業務定義」の議論から形に落としていく「業務改善」の一環として行われるものです。

ところが、マネジメントの思想が根っから異なるERPのような統合パッケージを導入してしまえば、それに合わせたマネジメントや管理など、社内のマネジメントのあり方を変えなければ、様々なちぐはぐな状態が起こりえます。そもそも、ERPは経費がどこで発生しているかを「見える化」し、収益性を管理できるしくみです。「収益管理が容易になる」のは事実ですが、収益性が悪化した時の打ち手は、欧米企業であれば手っ取りばやく人員削減、つまり人減らしです。しかし、これは今回のコロナ禍などの非常事態でもなければ日本では大義名分が立たずに禁じ手となっており、結局は、欧米のような経営レベルの打ち手に直結することのない「ツール」となっています。ERPは販売代理店側の収益性の良さも積極的な営業に拍車をかけ、導入が一種のブームのようになり、多くの企業がそれに倣いました。

しかし、本当にそれで業務レベルが上がった企業が、一体どれだけあるのでしょうか。

3週間分の工数に相当する金額の仕事が2日で終わった…

アウトソーシングという言葉が、2000年前後に流行りました。

会計処理、コールセンターなど、社内に専門部隊を抱えるよりも、業務の品質が保たれ、かつ人件費を変動費化できると多くの企業がこのトレンドに乗りました。

このトレンドに乗じて、とくに小売業を中心に多くの日本企業は、社内のシステム部門も軽くしてベンダーに大きく頼る方向に舵を切りました。

ところがその結果、システムのメンテナンスだけではなく、修正作業まですべて、ベンダーに依存せざるをえない状態になっていきました。この流れによりIT業務について年間の総費用や修正、レベルアップのスピードや機動性が本当によくなったのかについては、疑問の残るところです。

費用面で捉えた場合に、かなりの年間費用を固定的に支払うか、あるいは都度の修正費用を見積もって支払うか、どちらかの形をとることになります。

私が豊田自動織機に勤めている時の話です。ITベンダーにシステムのごく小さな修整を依頼した際に、見積もりが当時のシステムエンジニア（SE）の3週間分ほどの工数に相当する金額で上がってきました。

修正するボリュームに比べて見積もり工数が明らかに多いために、ベンダー側のSEの責任者に確認したところ、「コード（プログラム）を解読して作業します。何があるかはわかりませんので、安全を見なければなりません」と答えられました。社内のSEの対応範囲外でもあり、急を要することもあって上長からの指示で発注をしたところ、発注後の3日目の朝に「出来上がっていますから、動作チェックをしてください」と正直に告げられて唖然としたことがあります。

また、固定費化すると本来は割安になるべきところを多くの場合、先の例のように人材を多めに割当てられて割高なものになりがちです。

そもそもの視点で考えれば、企業の競争力の根幹は、その会社の業務の進化が速さ、質、コストの面でいかに精度高く行われるかで決まります。

ＩＴを内製化するウォルマート

ＩＴ部門の実質的なアウトソーシングにより、この自社で培うべき強みの部分が丸ッと外注されてしまっている企業を見ることもあります。

小売業だけではなく、すべての企業で見ても、事業規模で世界一になっている超優良企業が米国のウォルマートです。アマゾンを向こうに回し、ＩＴと物流を利用した合理的な小売業の姿を目指している企業ですが、このウォルマートは、テクノロジーセンターにシステム開発とデータ分析担当が１・５万人以上、さらにプログラマーについては5万人を有していると聞いたことがあります。

これはとても理にかなった判断で、事業の競争力の根幹となる業務手順の、日々の「カイゼン」の進歩を素早くして、改善と修正のＰＤＣＡの精度とスピードを高めるためには、プランニングとプロトタイピング（試作）の機能を社内に持っておいたほうが有利に決まっています。

かつて、米国に倣い「時代はアウトソーシングだ」と唱えるコンサルタントもいました。

さらに、「ＩＴは大事だ、経営マターだ」と言われ、わからない中で「そうか、俺が決めることなのか」と思ったトップも多かったことでしょう。

ところが肝心の、事業視点で相談できる相手がいなかったのです。

大手のコンサルティング会社に相談すれば、対価を支払い、グランドデザインは描いてくれますが、それをどう具体化したらいいのかとなると、社内にそのノウハウを持った人材はいませんでした。また、大手ベンダーが相談相手になればいいのですが、なかなか「そうは問屋が卸しません」。

かつてダイエー創業者の中内切さんが、大手のＩＴベンダーと共に米国の大手小売チェーンのシステムを見学して回り、「日本の小売業一のシステムを作りましょう」と意気投合してシステム開発に取り組みました。当時としても、相当な費用をかけて開発を試みましたが、ダイエーのＭＤが他社に対してどこまでの卓越したレベルに達したのかについては、皆さん自身がご推察いただけると思います。

現実的な第一歩は、どうあるべきか

以前、ある百貨店で展開している婦人服ブランドのシステム開発の責任者とお目にかかりました。この方は、元営業出身で腕利きのエリアマネジャーだった方です。

こちらの会社では、担当エリア内での、アイテムごとの発注数量の決定と店への在庫の最適配分はエリアマネジャーが行います。まさに彼らが、売上を最大にする発注を考え、在庫の売り切り、換金の責任者です。つまりこの事業における肝となる業務を最適化するために、何をしなければならないのかを社内で最もよく理解している人材を、社長が選んだのです。

もちろん、**彼はシステムについては素人ですが、何が必要か、何が出来なければ事業が競争力、事業力の強化につながらないのかを、ＳＥに対しても、社長に対しても、明確に説明できる方です。**

こういう人材をシステム化推進部門の責任者に選ぶのは、最初のステップとして、とても正しいと思います。

一方、ある、兆円規模のメーカーの事例です。

営業部門出身の本社の情報システム部長ですが、営業の実務は今イチで、人望もなく、ややこしいからと実質的には厄介払いされた人材です。怒鳴り声と頑固さだけは一人前で、いったん言い出したら、絶対に自身の意見を変えることはしません。

事業部のシステム推進担当に対しては高圧的ですが、ベンダーにとっては与しやすい部長で、接待を受けてちやほやされ、結局はベンダーの営業からの提案に言いなりの状態になりました。

この会社の規定では、ある金額を超えた情報システム導入の稟議書には、情報システム部長の承認印が必要になりますが、事業部側のイニシアティブによるシステム開発、導入については、基本的に聞く耳を持ちません。

ただ、この会社には、少数ですが事業部側に現場を熟知した優秀なシステム化の推進担当がいました。その当時の社長がことの筋論を聞いて正しく判断する方でしたので、大きな問題は未然に食い止めることができましたが、いかんせん、事業部サイドはこの情報システム部長の対策を常に考えなければならない状況でした。

ＩＴは業務「カイゼン」推進のための道具

システム化の推進は、営業、製造、開発、R&Dの現場のパフォーマンスを上げるために何に取り組まなければならないのかについて、イメージを浮かべることができる方が行うべきです。

前者の事例の婦人服ブランドのケースは、業務を熟知し、かつトップと話ができる方を任命し、彼を通して経営レベルのITの理解を進めていく、どこのトップでもできる、システム開発の推進体制づくりの第一歩です。

一方、二つ目の事例は「我々（経営陣）はシステムのことはよくわからないけど、あの人は、まあまあの学校も出ているし、頭も悪い訳じゃない。彼には任せられる仕事がないし、とりあえずシステム部門を見てもらおう」と経営層が考えたケースです。

これは意外によくあるケースで、こうなるとズブの素人が、先ほどの事例のように、IT関係の雑誌に書いてあることを鵜呑みにして、ベンダーの話を聞いて頭にイメージを描き、かくしてITベンダーの営業側のシナリオに見事に乗せられていきます。

同様のことは、物流システムにおいてもよく見かけます。情報を受けて動くのが物流のモノです。ここも、しっかりと業務の「カイゼン」であることを捉えて進めないと、ムダや不合理がてんこ盛りとなり、部分最適の大きな塊が出現することにもなりかねません。物流オペレーションや物流センターだけで捉えれば見栄えも良くも、工場からの搬入、店や現場への出荷を考えると、全く全体最適とはほど遠い、かえって物流センターの投資でトータルのROEが悪化してしまった企業のほうが圧倒的に多数です。

ITの世界で氾濫するカタカナ言葉、「ジャーゴン」（jargon、部門外のものには意味不明な言葉）によって「魔法」にかけられて幻覚に囚われることのないようにしましょう。すべては業務「カイゼン」の推進のための道具であり、そのための「業務定義」であることを、常に頭に置いておきましょう。

経営に魔法の道具などはない。
システム化の推進は、システム与件をいかに適切に定義できるか。つまり、各業務がいかなる問題解決に取り組むのかを明らかにして、どこに業務のカイゼン余地があるのかを明確にすること。つまり「業務定義」ありき。

本来の姿とはかけ離れた、日本のコンプライアンスの実態

事業が発展するにつれて、営業や商品調達、商品開発などの事業のライン部門の分業と共に、人事や経理、法務などの管理系部門の分業も進みます。彼ら本部機能は、トップの意志のもとに現場へのサポートを行うとともに、トップの経営管理のための業務を分業している存在です。

基本的には、すべての管理・本部部門は、トップ業務の分業から始まっていますので、トップの意志のもと、あるいは経営の意志に沿って動くのが大原則です。

ところがトップの代が変わるにつれて、特に本部に対してはトップの関与が甘くなりがちになります。

一方、もし本部機能がトップの承認を得た施策を進める時、現場に向かって、「経営の意志として……」の言葉を振りかざし始めると、トップという大義名分に守られた特権組織になりかねない危険をはらみます。

これは別に、本部には悪意のある人材が巣喰いやすいという意味ではありません。

この点について、コンプライアンスを事例に挙げて考えてみます。

コンプライアンスが唱えられるようになり、企業内における法務部が重用されるようになりました。かつての法務部と言えば、仕事もさほど忙しくはなく、「社外と結ぶ契約書については、法務にも廻していただけるようにお願いします……」と社内営業に廻っていたものです。

それでも営業の現場などは、「法務なんかに契約書を回していたら、うるさいことばかりを言って時間ばっかりかかる。早く契約をまとめてしまわないと商談が流れ、せっかくの売上機会を逃す恐れがある。法務は後でもいいから、先に契約をまとめてしまえ」と契約書を廻さないことさえありました。

ところが今や、コンプライアンスに抵触すると、会社の屋台骨さえゆるがしかねないと言われる時代です。法務チェックが会社としての決め事となり、法務の確認待ちの行列ができるようになった企業も珍しくはありません。

コンプライアンスチェックが義務付けられたおかげで、社内での法務のプレゼンスが高まり、仕事も増えて嬉しい悲鳴が上がる状況にはなりました。しかし企業としては新しい挑戦に対して意思決定に時間がかかるだけではなく、結果的に、ことごとく案件にストップがかかってしまうケースが出てきました。よく耳にする事例は、海外展開に関する案件です。

たとえば、グローバルに事業を展開している欧米の企業では、海外の国々での事業においては、その国のコンプライアンスコードに則って判断するのが一般的です。

しかし日本企業の場合は、律儀に日本の厳格な基準をすべての国での事業に当てはめてしまいます。現地駐在社員と本社とのテレビ会議で、「法務のコンプライアンスの見解から、この案件はやめたほうがいいです」となり、新しい案件がことごとく止まってしまうことが多発しています。

数年前の中国への進出が華やかなりし頃に、上海にいる日本の駐在員の6〜7割がうつ状態との話を聞いたことがあります。「人治」色の強い国家、たとえば中国やロシア、ベトナムなどで規模のあるビジネスを展開する際には、ワイロがなければ何も動かないと言われ、このワイロを適切な相手に直接、渡せるかどうかが勝負だとも言われます。

そのような中で、週一回、神棚よろしく祭られた「テレビ」モニターを通した本社との会議があり、そこで日本の本社に決裁権が握られたかのような状態で、現場の事情はもちろん、事業の実態を知らない本社側から、数値責任の追及と共に、「べき論」ばかりを一方的に押し付けられれば、うつ状態になってしまうのもうなずける話です。ただしこの件については、法務部は自部署に与えられた使命に則って真摯に業務を行っているだけなので、別に彼らが責められる話ではないのです。

コンプライアンスの解釈が、事業運営の手かせ足かせになる

実は、この法務部の扱いも、日米で大きく異なります。

そもそもですが、このコンプライアンスが唱えられる発端になったのは、米国で起きた2001年のエンロン事件、2002年のワールドコム事件です。

もともと米国の上場企業のトップには、リターンの最大化を求める大株主たちの意志のもと、多額

のストックオプションや高額報酬などの形で株価に反映される事業価値の向上、業績向上への強い「圧」がかかります。この「馬ニンジン」のしくみゆえ、それこそ手段を択ばず、内部的には不正ラインぎりぎりのお化粧を施してでも、PL、BSなどの財務データをつくり上げようとする経営者も少なからず現れました。

そこにこのエンロン事件における、不正経理、不正取引の問題が明るみに出て、倫理面から「自分たちで制定し、自分たち自身を律する」縛りが必要であると、内部統制の枠組みを明示したSOX法（企業改革法）が2002年に米国で制定されたのです。

米国で行われていることという謳い文句が大好きな日本でもJ－SOX法が制定され、コンプライアンスの名のもとに、各企業が社内の倫理規定をまとめていきました。

ところが日本では、このコンプライアンスで定めた内容が、「内部告発があっても大丈夫なように」と、「べき論」の精神に則り、より厳格な側に振られて独り歩きが始まりました。結果的に、事業運営における意思決定の自由度を奪い、国際的に企業の競争力を損なう事態となっていきました。

あるアパレルの大手企業では、中興の祖として知られる社長のもとでコンプライアンスに取り組みました。他社に倣ってコンサルタントに多額の費用を払い、経営企画室と人事部を中心にしてプロジェクトを結成し、様々な検討を重ね、社内のコンプライアンスコードを定めました。社内には、「経営の意志として、これから我が社は、このコンプライアンスコードを遵守する企業になります」と宣言を行いました。

ところが事業展開にあたり、自社が定めたコンプライアンスコードが障害になることに、最初に気が付いたのが社長でした。

「なんで多大な金と時間をかけて、何を検討してもやめておきましょうという結論になる、こんなアホなものを作ったんや」

と激怒し、それを聞いたプロジェクトメンバーたちは「自分たちはいったい、何をやってきたのだろう」と落胆したという話がありました。

コンプライアンスにもたれかかる「ことなかれ」主義

我々の知るコンプライアンスの本来の意味は、「コンプライ・オア・エクスプレイン（Comply or Explain）」で、つまり「決めたことを遵守するか、もし遵守が適切ではないと判断するならしっかりと説明する」というものです。

これは、自分たちで取り決めたコンプライアンスコードが、必ずしもすべての場面で適切なはずなどはなく、その場合はしっかりと説明をするとの、考えてみれば極めて筋の通った考え方です。

しかし「和を以て貴し」の行動様式が根付いている日本の組織では議論が起きることを好まず、「ことなかれ」主義の判断がコンプライアンスを言い訳にして、「念のため、やめておこう」との判断につながります。結果、何かを指摘されてことを荒立てるよりは、やらない方向に思考が進みやすく、数値責任を直接的に負わない本部の「無謬性」と相まって、「攻め」の意思決定の幅を極端に狭め、結果として新しい試みを「やらない」あるいは「やめる」結論付けが横行するのです。

日本企業には、この日米の企業事情の違いを知らないトップもいますので、「法務がやめておこうというならば、やめておこうか」と、ここでも本部との「和を以て貴し」の意識が優先してしまうのです。前述のSOX法にとどまらず、日本でも取り入れる上場企業が出始めた国際会計基準、IFARS（International Financial Reporting Standards、イファーズ、あるいはアイファーズと読む）も、今期の数字の見栄えを良くする強引な会計操作を抑えようと欧州発で制定されたものです。たとえば、今期の売り上げを作るために、先々に金券として使えるクーポンの類を配布した場合などは、将来のキャッシュフローへの影響を、現在価値に換算して当期に反映させる会計の考え方です。

これは今期限りの数字の見栄えを良くする操作に対して、その将来的な影響を「見える化」する工夫です。グローバルに投資の資金が動く今の時代、マネジメントへの圧が強くかかる米国企業で起きがちだった強欲な暴走を抑えることは、世界的な課題になります。

しかし、これについても日本企業が生真面目に取り組むべきものかは、よく考える必要があるでしょう。

このコンプライアンス、内部統制のようなビジネスの新潮流は、仕事の欲しいコンサルティング会社にとっては、企業側の危機感を煽って仕事にする願ったりかなったりのチャンスになります。

先述したアパレル大手企業の例でも、おそらく商売熱心なコンサルタントのアドバイスをもとに、事業活動を縛ってしまうコンプライアンスコードに、大義を感じたプロジェクトメンバーが中心になって作ってしまったのだと思います。その出来上がったものが、自身が描いている事業展開上の障害になることに気が付いた時点で、はっきりと声を上げた、この社長の姿勢は立派だと思います。

コンプライアンスについては、欧米企業では法務部への要求事項が全く異なります。「コンプライアンスコードをクリアしたうえで、できる方法を考えて提案せよ」が基本的な姿勢です。もし、やれる方法を提案できる能力がなければ、欧米企業では、その任にあらずということで、その法務担当者はお役御免、つまりクビということになります。

日本では、欧米企業と同じように事業の挑戦の足を引っ張ることなく、本来のトップ直轄の法務機能の動きを正しく実現できている数少ない企業の一つが、「戦う法務」を擁すると言われているソフトバンクでしょう。

現地で採用した優秀な人材が、次々とやめる理由

一方で、コンプライアンスを「べき論」として、よく言えば、その精神に則り、悪く言えば、拡大解釈し過ぎて、自らの首を絞めて、ことごとくビジネス機会を逃し続けているのが、その他の多くの日本企業です。知り合いの弁護士の方々からよく言われるのは、

「今の日本企業は何かおかしい。私たちは立場上、海外などの新しい事業についての相談を受けた場合は、考えられるリスクについては明らかにします。これをお話しして、持ち帰られるとほとんどすべての企業が、止めておこうという判断に落ち着きます。私たちはその役割としてリスクを説明しますが、それを押しても事業を展開していくのが経営ではないのですか。あまりにおかしいと思う時、『あなたたちは、何を考えているのですか。それをおしてでもやるのが企業でしょうに』と企業に言っ

てしまったこともあるくらいです」

こう言われる弁護士の先生は、一人や二人ではありません。

そしてこの傾向は、法務に限ったことではありません。先日、米国西海岸にある日本の大手金属会社の出先のゴルフ用品の販売子会社に勤めている方から伺った話です。

「わが社は優秀な米国人を雇っていて、彼らはいろいろなアイデアを出してやってみようと多くの提案をします。ところが日本側とテレビ会議をしていると、『その場合の市場性は』『それをやった場合の競合の情報を示せ』などとあれこれ資料を集めて出せと言われて話が進みません。米国人はイニシアティブを重視し、とにかくやってみようとするのですが、全て日本の本社からの指示で先に進まなくなってしまう。結局、せっかく採用した優秀な人材がどんどんやめていってしまうのです」

とのことでした。

たとえば、事業管理室の使命が「新しいことへのリスクをチェックして、新規プロジェクトの成功確率を上げること」ならば、事業管理室は、もし自分たちが承認して問題が起きた時には自分たちの評価に傷がつくと考えます。

おそらくこのケースでも、うまくいかなかった場合に、承認した案件に対して自分たちの責任を問われることを回避したいために「このリスク要素を抑えました」との、言い訳ができる事実を網羅的に残しておきたいのだろうと推察できます。

健全な事業観を持ったトップ付きの「参謀」役が機能していて、この手の部門に影響力がある場合は、このようなことは起きにくくなります。

しかし実務の攻めの経験の乏しい優等生に「丸投げ」をしてしまえば、彼らも自分たちの不備を指摘されないように、過剰な保身行動をとるのは、いたしかたないと考えるべきでしょう。

このケースではトップから事業管理室への指示、あるいは与えた使命が適切ではなかったのです。もし、事業管理室の使命がたとえば、次のようなものならどうでしょうか。

「本年度の当社の新規プロジェクトへのチャレンジの効果を上げたい。チャレンジ数と成功率の両方をその内容と共に年度末に報告し、毎年、前年よりも、その両方の数値が高まる状態を目指すように。もし、うまくいかなかった場合は、その理由を明らかにして、何が学習として得られたのかを必ず明らかにして報告するように」

さきほどのものよりも良いとは思います。

ただし、この指示の言語化レベルでも、頭の回る彼らには、スルッと逃げ道が見いだされるかもしれませんが。

また定期的な確認を怠ると、指示などなかったかのごとく、前の状態に戻ることがあります。さらに実態を確認して、修正を行いながら、正しい形に習慣を付けていく必要があります。

攻めの姿勢を持った本部機能を作るのがトップの役割

シンガポールだろうが、ベトナムだろうが、どこの国に行っても意思決定ができない日本企業の話ばかりを、うんざりするほど聞かされます。これは偏に、**本部機能に「丸投げ」で放置したまま、そ**

の大きな問題に気付いていないトップや経営層の責任です。

もし、外部コンサルタントとのお付き合いがあるならば、そのことを指摘し、修正のための組織提案をできない彼らにも問題があることになります。

ここで挙げた法務部も事業管理室も、彼らはただ、自分たちが理解しているミッション（使命）に従い、経営リスク低減の目的で、安全側に振ったスクリーニングをしているだけです。繰り返しますが、彼らも悪気があっての行動ではありません。

これは本社の話だけではありません。特に成果主義の評価指標が導入されてからは、「賢く」考えるマネジャーたちは、リスクをとろうとはしなくなります。そもそも、従業員が仕事をする土俵の安全性、健全性を担保するのは、その上のものの役割です。攻めの姿勢を持つ法務、事業管理部門などの本部機能をつくることは、さして難しくはありません。

本部部門はトップを見て動く状態が基本です。ゆえに**トップが、法務や経営企画、事業管理部門の実態を正しく把握すること、「攻めの姿勢を保て」と明確な指示を発し、しっかりと関与をする**ことです。

担当の管掌役員であっても、自らの管理不行き届きであったとの報告はしたくないものです。したがってトップは、担当の管掌役員に、「ちゃんとやれているか、見ておくように」と伝えるだけではなく、少なくとも「攻め」の姿勢が習慣化するまでは、トップ自身が実態を確認することが必要です。

彼らが前向きな動きをするように、日々の動きを修正する「躾」を会社の意志として行うことです。

勉強のできた人たちほど、自分の経験のない未知の領域に踏み出し、責任を問われることを恐れるものです。彼らは単にリスクの影響度が読めないために、ことごとく安全側に振って、市場への価値提供よりも自分にマイナスの評価がつかないように安全側の判断を続けているだけなのです。

間もなく兆円の規模に届こうという勢いの、ある新進企業の叩き上げ2代目社長が弊社に来られた際に、この大手日本企業のあるある話が話題になりました。

その社長はニッコリと笑って、こう言われました。

「だから、うちみたいな会社がやれることが、いっぱいあるんですよ」

どうやら、今の日本企業のビジネスは、潜在的な「伸びしろ」が一杯のようです。

トヨタグループの上層部の方と話をしていても、つい最近でも二言目には、

「うちは金がなかったから…」

が決まり文句のごとく飛び出してきています。

どれだけの規模になっても「初心を忘れずに」が文化として徹底できていることが基本です。

本部機能が経営の本来の意向とは異なる方向に走らぬよう、「小うるさい」関与を徹底するのがトップの役割。

コンサルタントを使って結果を得るには「丸投げ」厳禁

現実の経営では、欲しい情報や能力が100%は手元に揃っていない状態のままで、日々の課題への対応や意思決定が求められます。

複数の事業を経験し、再現性のある事業の立て直しの腕を磨いた社長は今の日本ではまだ少数派です。言ってみれば、世の社長の多くは、経営のステージが変化し、新しい課題が次々と現れる局面において、常に初心者状態に置かれます。

それなのに適切なアドバイスをしてくれる参謀役たる外部のコンサルタント、課題に対応する知恵を授けてくれて、サポートしてくれる相手が簡単に見つかるかと言うと、これがなかなか難しいのが現実です。現在、世に数多くある経営コンサルタント業は、もともとはコンサルティング・エンジニアと呼ばれる、ものづくりの生産工程の改善から始まったものです。

このサービスが経営の目線で経営者に対して、提言（＝レコメンデーション）を行うサービスに進化したのが、今の経営コンサルティングです。

ただし「ものづくり」が問題を解決する範囲を特定しやすかったのに対して、経営全般では枠組みも大きく広がり、押さえるべき個々の要素にも多様性があり、適切な打ち手を見出す難易度は大幅に上がりました。

戦略は描くが実行はしないコンサルタント

80年代の前後、数多くの日本企業が、企業や組織診断、改革プランや企業戦略づくりに、マッキンゼーやBCGなどの大手のコンサルティングファームを使いました。

これらのファームは、前述のように、米国企業のマネジメントスタイルを前提に開発されたアプローチに則り、トップ目線から俯瞰した現状把握を行い、舵取りをどうすべきかなどの提言を行いました。ここで彼らは、市場戦略は的確に描くことができても、その対応策の実施の難易度、特に組織をいかに動かすかについては十分にイメージができていないことがありました。

さらに、社内のヒヤリングと分析作業から「仮説思考」で課題を特定化し、言語化された情報をベースに診断を進めていくアプローチをとるのが常套手段です。担当するコンサルタントによっては、企業内でうまく言語化されて語られていなかった部分に気が付かずにプランを策定し、結果的に提言した施策が実行されないこともありました。

この点については、日本特有のことではなく、発祥の国である米国でも同様の指摘がなされています。

グローバルに展開している大手のファームも日々進化を続けており、たとえばマッキンゼーでは、産業別のテーマで複数のクライアント企業と実験的な取り組みを行うなどのイニシアティブをとっています。シンガポールでは、ＡＩなどの先端のＩＴ技術を取り入れた製造のあり方を実験する工場を作っています。米国のシリコンバレーの技術者たちが、シンガポールで出くわすことも起きているそうです。

しかし、肝心の組織をいかに動かすかについては、ガラパゴス状態の日本に適した処方箋は見出されていないのが現実なのではないでしょうか。

トップクラスのコンサルティング会社が上場しない理由

自社にとって有効なコンサルティング会社をどう見出だすかについて、考えてみたいと思います。

コンサルティング会社の提供するサービスは、企業のための問題解決です。よって、その本質は医者と同じく、ニーズの無い企業にはコンサルティングをお勧めする必要はなく、お勧めするべきではないというスタンスが基本です。

もしコンサルティング会社が売上を志向すれば、その会社に必要のないコンサルティングサービスを売り込みに行き、その問題解決の能力のないテーマについても受注する事態が起きます。

「診断」から受注する場合もありますが、その診断から表面化する課題への解決策を的確に提示できるのかは別の話です。

トップクラスのコンサルティング会社が、たとえ規模が大きくなっても絶対に上場しないのは、ここに理由があります。よって基本的には、問題提起の発信はあっても、営業活動をしないというのが、信頼のおけるコンサルティングを行うファームの本来の姿です。

しかし中堅クラスのコンサルティング会社になると、パートナー以上の職位は、時間の70%は問題解決ではなく営業活動に使うということも現実にはあり、問題解決力よりも仕事をとってこれる人が出世をしていくのが一般的です。これが本来は求道者であるべきコンサルタントの進化、発展を阻む要因にもなっています。

人事制度は、社員の活躍と会社の成長を同期させるプラットフォーム

たとえば、人事評価制度の導入時に、人事制度に特化したコンサルティング会社を利用するケースはよくあります。基本的な制度の骨格案を議論で定めた後に、条件を変えながら、何度もシミュレーションを繰り返し行い、社員の昇降格や昇給と業績給が違和感のないものになるかを確認して納品するサービスを行います。

本来、組織力の強化を行う際には、業務やビジネスの基本について、現場への指導を行うマネジャーの役割はとても重要です。仮に年に2回、評価が行われるのであれば、マネジャーによるフィードバックの面談に重きが置かれていなければなりません。

ところが、この重要な部分はコンサルティング会社からの提案では、せいぜい「こうやってくださ い」とのスキームと手順が記述される程度です。

そもそも人事制度づくりは、人件費率の管理という使命を抱えながらも、いかに社員が前向きに飛び跳ねて活躍し、その成長を事業の発展と同期させるためのプラットフォーム、土俵づくりです。

総合ディスカウントストアのドン・キホーテのレベルにまで精緻に磨き上げられ、かつシンプルで完成度の高い評価・人事制度であれば、このフィードバック面談を重視しなくても大丈夫です。しかし、そこまでの完成度の制度を作ることができている企業は多くはありません。

昇給、昇格の基準を明らかにすることは重要ですが、肝心の「指導」と「躾」が実践で「お天道様は見ています」レベルで伴わなければ、それだけではただの「馬ニンジン」のしくみであり、よほどうまく制度設計か運用がなされなければ、ただの、エゴイストを量産する制度が出来上がるだけです。

これは、人事コンサルティング会社を批判する話というよりも、**企業側が人事制度をどう機能させたいかとリアルにイメージし、課題として認識をしているか**の問題なのです。

戦略立案をコンサルティング会社に「丸投げ」しない

同様に、コンサルタントを雇って策定する改革プランや戦略は、策定している段階で、トップが関与して自身の意見を入れていかないと、プランは企業側が欲するレベルの実践に即したものにはなりません。

もし、戦略立案や企業改革を請け負うコンサルティング会社を使うのであれば、トップ本人が、手にした瞬間から自分で使って実行したいと思える状態にまで、つまり頭の中でイメージが描けるまで、自身のものになっていなければなりません。

コンサルティング会社をうまく使うことに慣れている企業は、絶対に「丸投げ」をしません。

たとえば、欧州への進出戦略など、本当に自社に必要とされるテーマを特定したうえで、コンサルティング会社のグローバルなネットワークを使って市場や競合の情報を集めさせます。そして納品された戦略を初期仮説である「海図」にし、その「海図」に書き込みと修正を加えながら、自分たちの事業の舵取りに使います。

万が一「海図」が間違っていたとしても、いったん船出をしたら「海図」を描いた会社のせいにしても、その時点では意味はありません。

そもそも「海図」を描く際に、十分な精度を上げさせなかった自分たちの責任であり、それで航海できると確信した自分たちの読みが甘かったのです。あるいは、その「海図」描きを依頼する先を選ぶ際に、腕の良い営業が出てきてわくわくするプレゼンテーションが行われて発注を決めてしまい、彼らの本当の腕を見極めることを怠っていたことが問題かもしれません。主体は自分たちでありトップご本人です。

特定の目的がある場合は、そのニーズにあったところを当たればいいのですが、往々にしてプレゼンテーションのうまさが受注につながるのが現実です。

ただし、発注前の営業のためのプレゼンテーションは見事であったものの、実際に採用してみると、そのアウトプットは首をかしげざるを得ない事例、つまり販売促進や営業の熱心さで成長しているコンサルティング会社も結構あります。

プロフェッショナルコードを有するコンサルティングファームか?

かつて、事業のトップをしている時に、ある大手企業の社長だった方にご紹介いただいたコンサルティング会社のメンバーのキャリアや、売り込みの口上、つまりプレゼンテーションが素晴らしく、紹介者への信頼もあったので依頼したことがあります。

結果その出来についてはとても使えるものではなく、後から紹介者にバックマージンが流れていたという話も聞きました。紹介手数料として利益の一部が流れること自体は別にいいとしても、信頼のおけそうな方からの紹介だからと言って、その方が出来についての責任を持てる訳ではありませんので、もろ手を挙げて信用するのも、やはり話は違います。

ある会社では新工場のプランニングにあたりコンサルタントを紹介され、異様に安いコンサルティングフィーで工場の設備計画をしてもらいました。

そのコンサルタントが工場のレイアウト図面をひかせるために連れてきた会社が、設備の受注をすることになったのですが、その設備たるや、材料が外にこぼれるなどのトラブルも頻発する惨憺たる代物でした。

現場には、そもそもなぜ原材料を建屋の2階の高さまで上げなければならないのかなど、あらゆるところに必然性がない設備があり、トヨタの感覚で現場を見る限りは、もっと「ものづくり」を真剣に考えて行っていれば、3分の1以下の金額で上がったのではないかと思えるものでした。

挙句の果てに、事情を聞こうとそのコンサルタントに連絡すると、すでに音信不通です。これは設備メーカーからのバックマージンがコンサルタントに流れている「安物買いの銭失い」の典型的なパターンです。

トップが支出にうるさい会社、つまりケチな会社ほど、こういう「安物買いの銭失い」で大きなムダを引き起こすケースが見られます。

本来、トップクラスのコンサルティング会社は、クライアント先の社名は絶対に明かさないなどの守秘義務と共に、紹介に関わるバックマージン（手数料）の受け取りなど、相手のPLにかかわる金の流れには入り込まないなどのプロフェッショナルコード(プロフェッショナルとしての行動規範)を持っています。

トップクラスのグローバルな大手のコンサルティング会社のもの、あるいはそこに在籍経験のあるものは、このプロフェッショナルコードをしっかり叩き込まれています。

コンサルタントは、最終的には個人の能力に依存する仕事です。

もし、企業診断や改革プランづくり、戦略立案などの指導を受けたい場合は、どんなにブランドとして名の通ったコンサルティング会社であっても、場数を踏み、かつ親切に、企業側にとって現実的な問題解決プランを見出してくれそうな信頼できるコンサルタント個人を探すしかありません。そして、良い人が見つかれば、そこからは良い人がつながる確率は高くなります。

ちなみに私がお勧めする外部コンサルティング会社の使い方は、前項でも述べた通り、**トップ直轄の自社メンバーを集め、事業診断や戦略構築などのサポートとディレクションを、場数を踏んだ外部スタッフに担当してもらう**という進め方です。

このやり方であれば、プランが出来上がった時点で自分たちのものであり、そこに至る様々な分析や立てた仮説の検証なども描かれている以上のイメージを持てていますし、コンサルタントの腕や姿勢もその過程でわかります。

したがって、実践段階での確実な舵取りが可能になります。

今の多くの日本企業の課題であるトップを支える参謀機能の弱さも、ここで鍛えられたメンバーを核にして強化を進めることができます。

経験的に良いコンサルティング会社は、営業活動、つまり受注のための営業活動はほとんど行わず、口コミの評判と、発信物、出版物などで自社の考え方や意見を発信し、ビジネスを行います。

コンサルティング会社は、決して規模を追いかけるビジネスではなく、その腕、仕事のクオリティをもって評判が広がっていく、ある種、正当なるブランドビジネスとしての側面を持ちます。仮に、選んだコンサルティング会社の成果が期待ほどではなかったとしても、それは自社の「学び」と捉えて、自社の外部の知恵を使う「腕」も鍛えるようにしてください。

コンサルタントは、誰でも明日からでも名乗れる肩書き

最後に、ちょっと違う「コンサルタント」の話に触れておきます。

これは実際にあるケースに際し、FA（ファイナンシャルアドバイザー、M&Aの絡む際に、企業側にたって相談に乗る役割）との打ち合わせの俎上にのった話です。

よく、企業が資金面で危機に瀕した時に現れて「安心してください。資金の手配はつきます」と手を差し伸べてくるVC（ベンチャーキャピタリスト）やPE（プラベートエクイティ）企業、あるいはコンサルタントがいます。彼らは見た目も信用がおけそうで、ある程度、社会的にも知名度が伴っていることもあり、多くの場合、「事情はわかりました。話がややこしくなるので他には相談をしないでください。すべて当社に任せておいてください」と伝えます。そうして資金が必要になるギリギリまで引っ張り、もう他社では対処できないタイミングになった時に、彼らにとっての好条件で買い叩き、その会社の支配権までも狙ってくることがあります。

多くの人が彼らに抱く印象は、

「良さそうな人だった」

「信頼のおけそうな方だった」

です。

これはよく考えれば理にかなっている話で、いい人に見えるからこそ彼らの、こういうビジネスが成立するのです。むしろこの手のケースでは、第一印象が悪党みたいだった人が実は善人ということ

もあります。巨額の金が動くところにはこの手の輩も徘徊しますし、彼らには「先に何が待ち構えているか、先を読めない奴はカモであり、つまり騙されるほうが悪い」が常識なのです。

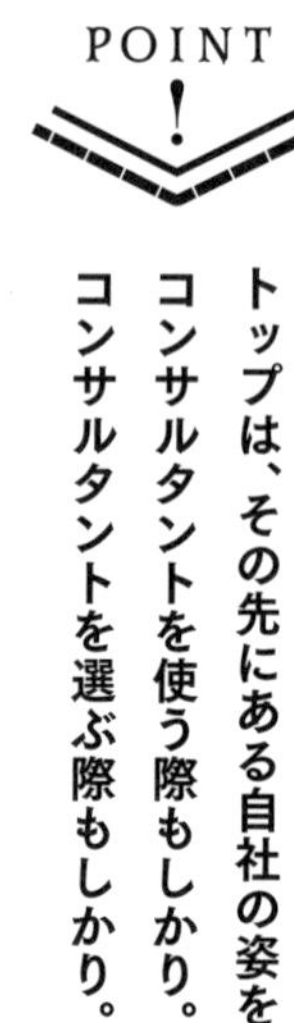

トップは、その先にある自社の姿をイメージするのが仕事。
コンサルタントを使う際もしかり。
コンサルタントを選ぶ際もしかり。

PART 6

外部から優秀な人材を採用し、存分に活躍してもらうための軸となる企業文化

Intellectual Defiance

最後に、外部の優秀な人材をいかに採用し、いかに自社で活躍してもらうかについて考えてみたいと思います。

全国にショッピングセンターを展開する、ある大手小売業グループは傘下に数多くの事業会社を有しています。その各事業会社の中長期の戦略立案にあたり、事業方針確認会が開催されました。各事業会社が立案した中長期戦略案を発表する会場で、元大手コンサルティング会社のディレクターだった方が役員として入社し、指導の場が始まりました。

各事業会社の社長からのプレゼンテーションに対して順番に指導を行い、ショッピングセンター内の上階にてアミューズメント施設を運営する会社を指導する番になりました。

「『少子高齢化』が進めば客数減は必至です。どうするのですか？」

彼からの問いに対して、この事業会社の社長はうまく答えを返すことができずに、以降、毎回、同

じ問いが繰り返され、参加している他の会社の社長や参加者が、皆気の毒に思ったそうです。

そして数年たった今、ふたを開けてみると、このアミューズメント施設の運営会社の業績は、コロナ禍前の実績ですが他社に比べて絶好調。皆さんは、この会社の業績好調の理由をどう読みますか。

「何度も叩かれて、プランニングの精度が上がった」

「事業方針の確認会で鍛えられた社長の企画力、構想力が高まり、事業を成功に導いた」

本当はこうあって欲しいところですが、現実には今は別の方がこの事業の社長に就任しています。実は今のアミューズメント施設の顧客は子どもではなく、自由になるお金と時間のある高齢者が、その売上をけん引しているのです。

つまり確かに人口動態に沿った「少子高齢化」は進んでいるのですが、それが客数減ではなく客数増に作用しているのです。この事例にはいくつか考えさせられる点があります。

まずこの議論には、

「ゲームやアミューズメント＝子供のもの」

というステロタイプ、「思い込み」があります。

ＩＱに加えてプライドの高い人が陥りがちな危険の一つに**「目の前のロジックに囚われる」**状態があります。自分が定義したロジックは美しく、心地よいために正しいと思ってしまうのです。これには、前頭葉にある人のロジカルシンキングを司る部分が美を認識する部分に近いからであるという説もあり、美意識を伴って固執してしまうことから起きてしまうのかもしれません。

市場の実態把握をおろそかにしない

本来、自身の立てた仮説は、常に「本当なのか」を問い続ける対象なのですが、そこに立案者の、ちょっとしたプライドが作用すると一種の思考停止が起き、「座学者の過信」が起きます。

実際、現場主義に基づいて、とりあえず店のある現場、SCを見れば、アミューズメント施設にリタイヤされた方々が多いことは一目瞭然なのですが、BtoCビジネスであるにもかかわらず現場に行かずに市場の実態把握をおろそかにして議論をしていたところに問題があります。

またもう一つ気になるのは、この発表をした当時の事業会社の社長が、もしそれに気が付いていたならば、そのことをはっきりと述べ、実際に店舗にいる客層の調査をもとにして話をすべきであったことです。そのことをオブザーバーの他の社長が指摘しても良さそうな話です。

またこの質問をした側も、立場が上の人間としての「聞く態度」を見せていたのかというところも気になります。

この会議は、議論の勝ち負けを競うような場ではなく、共に解決策を見いだすための共同作業の場のはずです。社長側が最初から本社の役員に対して気迫負けをしていた可能性もあります。この場の位置づけや仕切りの基準を本社側のトップや上層部が明確にしておくべきであったとも言えます。

企業が採用したいのは、自らも組織を率いて戦える「軍師」タイプの人材

先日、米国のウォルマートに、マッキンゼー出身者が数多く入社していると聞きました。ウォルマートの強みの一つに、IT分野に限らず、常に実験を繰り返しながら目の前にある問題解決にしっかりと取り組む企業文化があります。

たとえば、自己主張の強いコンサルティング会社出身者が、先ほどの例のように企業の中で自分の独断的な意見を振り回してしまうことは他の会社でも十分に起こりえます。しかし、そこで最初に軸となるべきは、企業に培われ根付いている企業文化です。

考えて行動する、考えて意見を言うことが文化として根付いている企業であれば、先ほどの事例のような事態は起きなかったと思われます。

本来、企業が採用したいのは、分析やロジカルシンキングに優れた人材よりも、自ら組織を率いて戦うことも十分にできる「軍師」タイプの人材です。

このタイプは、組織からも人望を集めることができるため、様々な改革ごとをこなしていく力がありますが、残念ながら社内からも重宝がられるため、人材市場に登場することは多くありません。

しかし唯一、創業者や外資系トップなどのワンマントップのもとで、筋を通したために上とぶつかり、辞めざるを得なくなって人材市場に出てくる場合があります。そのような人材は、私の知る中にも数多くいます。

マスコミにもよく登場していたある外資系企業出身のトップが、社内で台頭してきた人望の厚いナ

ンバー2を、自身のポジションにとっての脅威と考えて策を弄して辞めさせたという話を、あるヘッドハンターから聞いたことがあります。

この辞めさせられた人材こそ、絶対にゲットすべきです。

ただし、採用する側にその人材を選別できる眼があるかは別の問題です。

私のお勧めしている採用の進め方は、次のようなものです。

(1)良さそうな人材であればどんどん採用する
(2)経歴で見る分には実績があって採用したとしても、社内のチームワークを破壊するエゴイスト人材や、ブランド企業出身あるいはプレゼンテーションがうまいが実は仕事のできない人材、世渡り上手の茶坊主人材であることが発覚した時点で、さっさとお引き取りいただく

月1回、辞めてもらいたい人材のリストが回ってくる

前述の売上1兆円規模にも届く勢いのある某企業が、このやり方を採用しています。

月に1回、人事部長はトップから何人かの名前が書かれたメモを受け取ります。

そこに名前が書かれた人材には、お引き取りいただく面接を行うのが、人事部長の最も重要な仕事となっています。

企業の発展に連れて、優秀な人材のニーズは高まります。良い人材を採用できれば、その人から良

い人材の人脈がつながっているものです。

また、その逆も真ですので十分に気を付けて、「採用のＰＤＣＡ」を廻してください。

POINT!

外部から入社してきた優秀な人材がそこで力を発揮できる、彼らの寄り所でありプラットフォームとなる「企業文化」の軸を作る。

Chapter 5

人の「業」と向かい合う

日本企業の労働生産性の低さは、マネジメントによる社内の実態把握の弱さから

日本企業の製造業の現場の品質や効率が、世界的に見ても最高レベルにあるのは疑いの余地はありません。しかし、これが全社の労働生産性などの指標で捉えた場合、２０１８年のＯＥＣＤ（経済協力開発機構）のレポートでは、時間当たり、そして一人当たりの労働生産性を見ると、どちらも、主要7か国では、過去10年以上不動の1位の米国に対して、日本はなんと万年不動の最下位の7位です。

製造業で見ても一人当たりの労働生産性が、20年前は上位15か国の中でも1位だったものが、どんどん悪化し続けて、２０１６年には最下位の15位に到り、特に近年の悪化が目立つ事態になったのは、一体なぜなのでしょうか。

この非効率さの原因を的確に解説できる統計には、まだ出合ったことがありません。

これを数字で明らかにするには、どこに何のマンパワー（工数、人時）がかかっているかの実態調査を行うことになるため、なかなか難しいとは思います。

しかしながら、実際の日米企業の実務の現場に接して企業改革の仕事をしていると、事業全体で捉えた時の日本企業の効率の悪さが、どこに起因しているのかは明らかです。

特に歴史がある日本の大企業でよく見られるのが、ここまで述べてきたように以下の諸点です。

- 事業実態(市場、組織)を的確に押さえる工夫が不足したまま、高度成長期のマネジメントとあまり変わっていない環境にいる経営層
- 経営の意志による強い「押さえ」の利いていない本部
- 事実を十分に押さえていないままの、非効率な忖度文化やトップ周辺の責任回避行動
- 攻めの姿勢を持とうとする現場側の支援に、勇気と自信を持って臨めないシニアマネジャー層
- 結局、全体として、過ぎ去った高度成長期時代から進化のないままのマネジメント体制

日本の大企業を見ていると、生産や営業現場においては、効率指標の「見える化」を徹底し、効率の追求をしている一方で、トップ周りや本部の業務については「丸投げ」のまま放置される傾向は、歴史ある大企業ほど顕著のように思います。

たった一人で新技術の製品化に挑んだ開発者

これは、ある大手の化学繊維系の企業で、新技術の開発とその製品の事業化、つまりイノベーショ

ンに取り組んだ方の経験談です。

歴史ある大企業で新しいことに取り組もうとすると、例によって、皆、自分の評価と保身ばかりを気にして、上司を含めて協力的とは言えない状態となるものです。

当時その方は、ある技術の製品化に向けて多くの解決すべきテーマを抱え、とても一人ではできない業務量をこなしていました。社内が協力的ではない中にあって、その方は複数の大学との共同研究でそれらのテーマを解決していけばいいと考えました。一般的に大学との共同研究の場合は、企業が若干の研究費用を出し、半年に一回のミーティングを行う程度の関係が多いのですが、彼がユニークだったのは、なんと毎朝、会社ではなく直接、大学に「出勤」して学生たちに研究の指導を行い、複数の大学で解決すべき研究テーマを克服していったのです。

やがて彼の取り組みは、経営層から事業化に向けたプロジェクトとして承認されることになりました。しかし今度は、契約など様々な稟議のための社内手続きで、多くの時間がとられてしまい、またもやプロジェクトを進めるにあたり支障をきたすことになりました。

新規開発を後押しする文化や体制があるのならば、この時点で彼が自由に使える予算とサポートメンバーをつける判断があっても良さそうなものですが、残念ながらそうはなりませんでした。技術としては確立されていても、製品化されて事業となるまでには、資料作成も含めて数多くの社内手続きが必要です。周りは皆、見て見ぬふりです。

「うまくいけば、相乗りしてやろう」というスケベ心は見えても、部署毎の村意識に加えて、うまくいかなかった時の責任を問われることを恐れ、やはり誰も協力してくれない状態が続きました。

日々、多大な業務がのしかかってくるばかりで、どうにも身動きが取れなくなりました。そこで彼は、たまたま、技術・製品開発を管掌している副社長と面識があったため、直接話をしに出向きました。

「すまなかった。君が作っている膨大な資料は、部長たちが自分自身で君の稟議の決済案件の説明をできないから君に作らせているんだ。事情はわかったから、僕あてに毎週、進捗状況の報告書を提出してくれればいい。必要な決済はそれで全部行うので君はプロジェクトに専念してくれ」

副社長からは、このような指示を受けました。実はこの会社は、ホームページなどではイノベーションを大きく標榜しています。

世界的にも技術力の高さをよく知られているのは、上層部の一部にはまだ、こういう方がおられて、プラットフォームとしての役割を果たされているのも理由の一つなのでしょう。

この副社長のサポートのおかげで、製品開発は順調に進み、形が見え始め、研究所内でのプレゼンスも高まっていきました。

すると今度は、その方の上司となる研究開発部門の所長、さらにその上の役員から「副社長あての報告内容を、自分たちがわかっていないというのはまずい」と週次の報告書をまず自分たち宛てに提出するようにと指示が出ました。

しばらくすると副社長から「報告書が届かなくなったが、一体どうしたのか」という問い合わせがありました。調べてみると二人の上長を経由することで、彼の報告書の文章に「てにをは」レベルの修正が加えられるだけで、副社長の手元に届くまでに3週間を要することになっていたのです。

この時点ではすでに製品化に向けて、日々、進捗があります。

3週間も遅れて届く報告書では、決済が間に合いません。

彼はまたもや考えました。結局、報告書を2通用意し、1通は副社長あてに直接提出し、もう1通を直属の上長である所長と役員を経由して副社長に届くよう、二系統での発信を始めたのです。

副社長あての報告書が2系統あることは、ほどなく二人の上長に知られてしまいました。二人との関係が悪くなった感はあったそうですが、そのころには、この技術はすでに製品としての具現化が確実なものとなっていたため、そこは臆することなくプロジェクトを進行させていったそうです。

実はこの技術は従来の金属の代わりに航空機のボディにも採用される、強度と耐久性に優れたカーボン・ナノ・ファイバーと呼ばれる炭素繊維で、自動車での採用も進む画期的な製品となりました。

この会社は、対外的には自社のイノベーティブさを大きくうたっています。

しかしながら、この技術開発の成功はイノベーティブな企業が推進した結果というよりは、個人の熱意の賜です。技術者としての彼が熱意を持ってイニシアティブをとり、それを知った副社長がプラットフォームとなって彼を支えて開花させた、組織力と言うよりも属人的な「人治」マネジメントによって成しえた成功例と言えます。

実は、日本企業のイノベーションの事例をあたっていくと、ほぼその全てで、技術やスキームの問題ではなく、現状の社内組織がそのイニシアティブを支えず、むしろ「壁」となって立ちふさがっている状態をいかに克服したかが最大のテーマになっていることがわかります。彼と同じレベルの技術、能力と心意気を持った技術者は、日本中の企業の中に山ほどいるはずなのです。

しかし、上司に相談しても「壁」の大きさの話がなされるだけ。いざやってみても現実に次から次に現れる「壁」。それで嫌気がさして、製品化、事業化に向けた挑戦をやめてしまう、あるいは考えることさえしなくなった技術者はどれだけ多いことでしょうか。

これは制度やスキームを作れば解決する話ではありません。

もし、マネジメント側が自社の実態を知り、組織への躾と文化づくりに本気で乗り出せば、日本中の多くの技術者（研究者やエンジニア）たちを抱える製造業のほとんどは、名実共にさらにイノベーティブな状態に化けるはずです。

「面従腹背」でやり過ごす組織

もう一つ、こちらもある大手メーカーの話です。

現場に任せておいても、新しいチャレンジなど生まれてこないと業を煮やしたトップが、何とか自ら新規事業を離陸させねばと、自身の子飼いの部長にプロジェクトの担当を命じました。

しかしこの部長は、社内からもまったく人望のない視野狭窄な方で、能力面でもかなり劣る人でした。この方に任せるとうまくいくはずはないし、また万一、うまくいってしまうと、その後がさらにややこしくなると、トップ周辺の幹部の間では暗黙のうちに「消極的な協力体制」を敷く同意が生まれました。

この部長自身は、自身の役員昇格がかかっていると考えて色々な動きをするのですが、協力業者の選定も行き当たりばったりです。もちろん、他人のアドバイスなども聞かず、様々な意思決定の仕方において、いちいちお粗末な状態でした。

結局、「形だけしか協力しない」、本音では「かかわらないほうが良い」と皆が距離を置き、中途半端な会議、最低限の対応が行われるだけの状態が続きました。そうこうしているうちにトップも任期満了で交代し、幹部社員たちの時間稼ぎは成功して、この新規事業は皆の読み通りに、そこそこレベルの「立ち上がり」をして、この特命プロジェクトは終了しました。この会社は事業規模としてはかなり大きいのですが、赤字スレスレの低迷状態が長期間続いています。

トップは、現状を打破すべく自ら動いたつもりです。

しかし側近は、このトップがもうすぐ2期4年で退任することも分かっています。その後のことを考えると、かかわると面倒くさいからだけではなく会社のため組織のために、この部長に成功させないほうが良いと考え、「面従腹背」シフトをとったのでしょう。

もちろんこの会社は、躾の有無はさておいても真面目な技術者や研究者が多く、しっかりとしたものづくり体制もあります。ただし、**代々のトップが組織の作用や、周辺幹部の想い、つまり組織の実態を把握できていないままに、形だけの「人治」式のトップダウンのマネジメントを行ってきていました。**

この企業は、会長、社長は2期4年で交代となり、特にトップ周辺は実質的に価値を生まない、効率も悪い状態が放置されたままです。半期に一度の役員によるトップ向けＰＤＣＡの発表会も、ただの自慢大会と化していました。

トップはマネジャーたちに問いかけているか

トップの関与、周りの忖度という意味で、もう一つ事例を挙げます。

小売業では、日本企業の店舗で発生する人件費の比率が高いことが、よく指摘されます。

世界最大の企業である米国のウォルマートでは、店舗への在庫の補充は1日1回と決まっています。夜9時以降に棚の側までパレットに載せて運び、翌朝の顧客の少ない時間帯に、品出しと「前進陳列（商品を棚の前面に出し、面(ツラ)を整える）」も行い、売り場を整え、あとは夜まで売れるに任せた放置状態にします。

ファションビジネスの売り場とは異なり、コモディティ商品の販売においては、よりお値打ち、すなわち安く売ることが至上命題であり、そのために余分な作業をいかに省くかに知恵を使っているからです。ところが日本の小売業の場合は、店舗を巡回時にトップ、そしてトップの側近や役員が、

「売り場が乱れている」

と誰にでもできる指摘をして回るため、店舗は手数をかけて売り場の美観を保ちます。

売り場が整然としているほうが見た目が良いに決まっているのですが、それをせずにその分、販売価格を下げたほうがお客さんに喜ばれるはずというのが、米国のみならずグローバルなコモディティ品を扱う小売業の共通した考えです。結果として、日本でも合理的な店舗オペレーションを実現していると言われる大型チェーンと比べても、ウォルマートの店頭人件費率は約半分です。

いかがでしょうか。これらは全てトップが、適切な現状把握のもとにあるべき姿を実現するための

采配や方針出しを行っていないことが原因の根幹にあるといえないでしょうか。

重要な部分に見えていないところがある、つまり「見える化」がうまく及んでいないと、様々なムダと非効率がしわ寄せのように、その見えないところに集まっていきます。

これら3つの事例から、それは上層部のマネジメント、あるいは「見える化」の不十分からの実態把握不足が起きていると言い切っていいのではないでしょうか。


まず一つ目の、たった一人で孤軍奮闘してイノベーションを実現した事例では、トップも、社内でそのような非効率な状態が起きているであろうことは、重々承知だと思われます。優秀な方が多い企業ですし、その中にはこの事例のように行動力を発揮する人材も出てくるでしょう。おそらくトップは何%かの確率で現れる、この方のような突然変異的な人材が出ることで良しと考えているのかもしれません。

しかし、この方が現実になされた努力、つまり壁を越えるための奮闘は、会社側で用意する制度とマネジメントでサポートすることが十分に可能です。「リスクを恐れる」文化や、「責任回避」行動の是正はトップによるちょっとした努力で対応できます。制度面の工夫の余地はどこの会社でもあるのですが、それを考える前にまずはトップが実際に起きたことの実態を把握して、

「なぜ、この時にサポート体制を組んでやらなかったのか」

「副社長向けの報告書に、CCで君たち二人に届くだけでは問題があったのか」

「プロジェクト失敗時のリスク回避よりも、協力をしてやらなかったことによる事業機会の損失のほ

うが大きいと思うがどうだ？」

「今後、挑戦へのイニシアティブを大切にしないマネジャーは評価を下げるようにしたいと思うがどうだ」

「うちの会社では、全ての新規プロジェクトをトップ直轄にしなければ、進まないのか」

などイノベーティブなプロジェクトを成功させるための振り返りとして問いかけ、その後、小うるさく「で、どうなってる？」とマネジャーたちに語りかけ続ければどうでしょうか。

制度を整えるだけでは、「エンジン」を用意しただけの状態です。そこに意志を持って駆動させる「ドライバー」役が不在では、期待している動きなど起きません。

トップの意志を伝え続ければ、今の社内の制度の組み立てのどこに問題があるのか浮き彫りになり、「今のトップは社内の挑戦ごとに協力的じゃないとマイナス評価をつけられるぞ」との評判も広がって行くでしょう。

トップの側にいる厄介な側近にどう対処するか

二番目の事例については、なによりもトップが組織を健全に動かすイメージを持てていないところに問題があります。このトップは大手のコンサルティング会社のトップとよく話をしていたようですが、トップの悩みを聞いた際に「新規事業については、人に任せずにトップ直轄で推進すべきです」と米国式の組織運営を前提にしたアドバイスを受けていたようです。

百歩譲って、トップが米国企業並みに鍛えられている前提で、直轄で「人治」式に行うべきであるというアドバイスは正しいとしても、プロジェクトに登用すべき人材像の議論にまでは至らなかったのでしょう。

相談を受けたコンサルタントは、トップが「難あり」人材を想定しているとは気が付かなかったのか、あるいはトップ直轄であれば仮に不適切な人材でもトップが責任を持って管理すべきものであると、阻止しようとする組織の動きまではイメージできず、安直に考えたのかもしれません。

「社内から信頼が無くても、自分の意思に沿って動く奴は可愛いし、貴重だ」

本音ではこう考えるトップは多いと思います。その「難あり」人材がトップの意志通りに動いたとして、それが将来の火種のもとになりそうであれば、それは今のうちに摘んでおきたいとの「面従腹背」行動も、トップ周辺の「官僚」機構の動きとしては間違っていないように思います。

実際、この手のトップの側にいる厄介な側近は、事実を自分に都合のいいように捻じ曲げて報告し、トップの意思決定を自分に都合が良い方向に誘導しようとします。トップ周りの「見える化」から始まる「経営のＰＤＣＡ」がうまく機能していない会社ほど、この手の輩の徘徊は増えがちです。

人件費率がウォルマートの倍のままの小売業

三番目の事例は、そもそも自社の店舗の人件費率がウォルマートの倍であるということにトップは気が付いているのか、という視点があります。

もちろん、この現場の人件費の低減を進めるには、店内物流などの合理化など、ほかにも解決すべき問題が多々絡むのは間違いないはずです。

もし人件費率の低減ができれば、その分、より安い価格設定が可能ですから、他社に対して価格競争力を持つことができます。この議論をトップが行っていたのかが気になるところです。トップの周辺では、周りのスタッフの忖度により、見えないムダや、本来はトップにとって不本意なことが知らない間に起きやすいものです。

「トップの機嫌を損ねぬように黙っておこう」は、ムダな忖度の温床になります。

もしそうであればこれは見方を変えれば、**トップの無知、あるいは「フェアネス（公正さ）」のなさへの不信感に端を発している**と言えます。

先の小売業の事例であれば、人件費率の比較をまとめてトップに報告することで、気付きになりますし、他社の事例も「実はですね」と裏付ける事実を手に、そっと囁いてくれる、頼りになる「参謀役」がいれば、少なくともそれをわかったうえでの、今時点での判断とすることができたと思います。

企業の中では偉くなる度に、耳に入る情報にはぶ厚いフィルターが幾重にもかかっていきます。部長、取締役、そして常務取締役と昇格するたびにそれを実感した方も多いはずです。

社長になったとたんに、この間まで目くじら立てて噛みついてきていた連中が、急に笑顔で接し始めるという、苦笑いするしかない経験をされたトップもいると思います。

客観性を失ったワンマントップの場合はさらに、

「社内のことを、自分はすべて把握できている」

「自分は皆から好かれている」

とトンチンカンなことを真顔で語るほど、ゆがんだ情報しか把握できなくなっているものです。

組織の挑戦文化を活性化する

トップが肝に銘ずるべきは、

・トップ周りは、大小様々な「思惑」が渦巻いているもの。まずは、トップがこれを意識することからスタート
・自分の発言、態度、あり方に起因するムダや不本意な事態が起きていることを認める
・事業、組織の実態を適切に把握できる状態を作る。つまり経営周りの事業情報、組織情報の「見える化」を心がける
・トップと同じ全社視点で、的確にアドバイスしてくれる「参謀役」となる側近を育てる、あるいは探す
・99%の人間は、さほど悪気があってやっているわけではないので、些細なことには目くじらを立てない
・ただし、「躾」は小うるさく、かつ粛々と行う。それにより組織の動き方を修正し、さらに社内の様子を知る。あるいは、情報が入ってきやすい状態をいかに作るかを考える

このような簡単なことを根気よく続けるだけで、トップを取り巻く環境は、どんどん「カイゼン」されるはずです。日本企業の労働生産性からこの話を始めましたが、世界経済における日本のGDPシェアを見ても、1988年の16％から、2018年は6％にまで減少し続けています。

GAFAの台頭を考えると、これも日本企業の舵取りに課題があったと考えられます。

トップが、マネジメントのあり方を考えて、今やれる、当たり前のことから始める。

これだけで、トップが気付かぬうちに縛られている「業」の呪縛から解き放され、組織の挑戦文化の活性化が始まるはずです。

POINT !

「人、性善なれど、性怠惰なり」は、トップにも起きる。「お天道様は見ています」はトップにも必要。トップは自身を律する視点を作り出して、自身の「業」の呪縛を逃れるしかない。

トップ周辺にはびこる「思惑」や「エゴイズム」を排除する

全ての意思決定は、最終的には主観的に行われるものです。

それゆえに、ワンマントップが率いている企業ほど、どうしても日々の判断にトップの主観がより強く反映されます。確かに事業の初期の段階では、トップ自身の頭の中だけでPDCAが廻っている状態で事業を伸ばすことも重要です。

自分中心の組織運営を頭に描き、その側近たちの評価にもトップの主観の色が強く出るものです。そのために、本来マネジャーの仕事は、人を育て、組織を強化し、その結果として数字を上げることに他ならないのですが、「自分にとって重要なのはトップからの評価のみ」という人材が、特にワンマントップの周りには、いともたすく生まれてきます。

もともと「人治」マネジメントの組織においてはこれが起きやすく、創業者が仕切っている企業だけでなく、「人治」色の強い外資系企業でも、よく見かける光景です。

ある創業者のワンマントップが率いる上場企業に、上位校を出た外資系企業出身者が役員として入ってきました。彼は会社のために献身的に昼夜、時間を惜しんで仕事をする生え抜きの役員を見て、

「あの人は手柄（てがら）にもならんことを、なんであんなに一所懸命にやるんやろ？」

と不思議そうに漏らし、周りにいるものを驚かせました。

「自分に忠誠を尽くしていればOK」は大きな間違い

トップだけを見て仕事をするようになるのは、上長からの評価がすべてである「人治」式マネジメントを行っている以上は、ある意味当たり前です。

成果主義の評価指標は、それだけではいけないと、そこに客観的な視点も入れて是正するための工夫として米国の企業で広がったものです。しかしその弊害として、KPIとして設定されている数字だけ追いかければいいという文化が多くの企業で広がってしまいました。

これを防ぐのが、組織図で上に書かれている上長による「指導」と「躾」なのです。

欧米の外資系企業の場合は、基本的に評価指標を全て言語化することが当たり前ですから、「チームワーク評価」や「部下への指導、教育」も明言し、かつ定期的な上長によるレビューの場でそれを言及されることで、行動を是正していくことになります。

若い頃から、正しいビジネス環境の下で「躾」がなされてきた人であれば問題はありません。

しかし、トップを含めた上長からの主観的評価ばかりが優先される企業もないわけではなく、そういうところでいわば「躾」がなされずに過ごしてきた人は、その人の元来持っているエゴイズムが矯正されずに、そのままになっている場合があります。

エゴイスト色の強い人材の見極め方

上から見ている分には、仕事に厳しいのか、一皮むけば単なるエゴイストなのかの見極めは難しいものです。しかしエゴイズムの強い人材は、他人への「愛」はなく、自分にとってのメリット、あるいは自分への評価につながるかどうかだけで行動します。その下に仮に有望な人材を配置しても優秀な人材ほどことごとく辞めていくので、どんなにトップにはニコニコと笑顔を見せていてもこれが一つの見極めの目安になるはずです。

ワンマントップの中には、社内に睨(にら)みを利かせる「(不動)明王(みょうおう)」の役を担(にな)わせるために、「噛みつけ！」という指示で、すかさず襲い掛かる「ドーベルマン」を傍らに置いている例を見かけます。

これは全てがトップ中心で、トップの意志通りに動かし、決めごとを徹底するためには、企業発展のある段階には有効なやり方かもしれません。社内で人望もないエゴイスティックな人材を一時的に活用するアイデアです。

しかし、その後の組織の進化をうまく果たすことのできた企業では、その手の人材は間違いなく不要になり、特に要職にいると害ばかりが大きくなります。あくまで、進化の過程における、ある短期間の暫定的な役割ということを、トップは理解しておくべきです。

創業者が一代で築き上げた企業の場合は、役員として側近に親族を配置する場合も多く見られ、たとえ上場していても、ほぼ同族支配状態の企業は多数見られます。

トップにとっても「一族だから」ということで、安心できる環境になるのでしょう。

そこで、誰が見ても役員としてふさわしい人材であれば問題がないのですが、ここでも難あり人材、エゴイスティックな人材が親族だからという理由だけで要職についていると、その人が関わる社内のあらゆるところに、様々な理にかなっていない「理不尽な状態」が出現します。

身内が役員にいる場合に、創業者が「兄弟、仲良くやりなさい」と株を割り振って渡した場合や、創業時の株主構成のまま、創業から一緒に経営を支えてくれたという意味で、功労者として要職も与えられている例などのケースがあります。

これらのトップの側近が、「難あり」人材の場合には、今の自身のポジションを守るための保身、あるいはエゴイズムに起因する「思惑」を抱くことがよくあります。

これでは、**会社の成長の次のステージに向かうために、自律性を持たせた組織分業を進めるに当たって最も重要な「フェアネス」が徹底できなくなります。**当然、社員は、社内の「地雷」を踏まないように気を配りながら、仕事をしなければならなくなります。

「ああいう、害のある人材でも依怙贔屓(えこひいき)されれば是(ぜ)となるのだ」

というメッセージになり、「結局、気に入られればいい」ことになり、企業にとって重要な、**トップマネジメントに対する信頼を毀損(きそん)する原因**にもなります。

こうして考えていくと、特に**トップ周りの組織づくりにおいては、「エゴイズムの排除」は、事業の健全化と事業の発展のためには、本来避けられない最大の課題**と言えます。エゴイズムの難しいところは、その本人には全く悪意の自覚のないままに、組織の慣性力として根を張ってしまう点です。

前述のように、事業の初期の段階においては、事業におけるＰＤＣＡの精度を保つためにトップが自らすべての判断をし、組織全体をＤｏｅｒ（実施者）にしてしまうのは、一つの有効な組織運営です。しかしながら、事業がうまく進めば、早晩、次の組織運営のステージに進化が求められる局面が来ます。

そのような時に組織の慣性力が作用してしまった例を紹介します。

古株による改革者の追い出しなど日常茶飯事

かつてドラゴンクエスト、ファイナルファンタジーなどのゲームのヒットが続いた時代に、ゲーム販売を行っていたある企業は１００億円を超える売上規模に至りました。

この会社の創業者は当時上場を狙い、ゲーム会社が開発するソフト販売だけに依存している現状はまずいと考え、社外から腕の良い人材を探し、ＣＯＯとして迎えました。

その新しいＣＯＯは現状を分析し、新しいビジネス基軸を見出すべく企業改革プランを描いて創業者に提出しました。そのプランを見た創業者も「これはいける」とその改革への着手を承認し、ＣＯＯ自身も動きはじめました。

ところが創業から一緒にやってきた者たちからすると、突然現れたCOOの存在は面白くありません。社内の協力が得られずに改革プランはまったく進みませんでした。創業者も、本音では一緒にやってきた幹部メンバーは功労者でもあり、かわいかったようです。

結局、改革はことごとく進まず、このCOOは2年を待たずして退社しました。

そして、残った古株たちが創業者にこう言ったそうです。

「ね、社長。やっぱり僕たちのほうがいいでしょ？」

結局、この会社はヒットゲーム販売への依存体質からの脱却ができず、その直後、瞬く間に事業規模は縮小し、上場はおろか、存続も危うくなりました。

このCOOに協調性や、空気を読んで動く能力が十分だったのか、改革の進め方が適切だったのかは、その子細を確認していないので定かではありません。

しかし少なくとも創業者は、この改革プランは「いける」と考え、このCOOが自分の後を継ぐリーダーとしての能力があると読んでいたようです。

この創業者は、苦々しい表情で笑いながら、この話をされていました。

- 古株たちは、このCOOが自分たちの上にくることを嫌がり、改革の阻止に成功した
- 創業者は、会社を新しい成長ステージに乗せるための改革のプラットフォームづくりに失敗した
- 結果として、この「船」は沈没の危機に瀕した

これは、創業メンバーたちのささやかな保身から来るエゴイズムを創業者が許したため、会社の将来の発展のための実験の機会を逃してしまった事例です。

絶対的な忠誠を誓うナンバー2の存在は、実はトップにとっての「癒やし」

同様の事例は、他にも数多くあります。あるワンマントップは、中途採用した幹部社員に数多くの難題を課しました。うまくいっていなかった新規事業の立て直しと、それに続く本体の事業の立て直し。

難易度の高い課題ばかり数多くありましたが、彼はそれをクリアし、実績を評価されて昇進を重ねました。これらすべての難題を成功させた後、トップは彼を呼び出しました。

「お前の腕はよくわかった。うちの会社の将来を考えると、ここからはお前が会社を引っ張ったほうがいい。お前を社長にしようと思う」

突然、こう言われた彼は、別に社長になろうと思っていたわけでもなく、かつ、いくら何でも早すぎると思い、返事を渋りましたが、そこは強引にトップに押し切られました。

「それではこれから、お前を社長にするための根回しを始める」

ところがしばらくすると、彼の周りの雲行きが怪しくなり始めたのです。

相変わらず、難しい課題に取り組むのですが、どうもこのトップからの風当たりが急に強くなりました。従来から、厳しいだけではなく、どう捉えても理にかなっていないトンチンカンな指示を押し付けられることも多々ありましたが、その根底には事業を発展させたいという明らかな意志がありました。

しかしながらそれが一転して、単に邪魔をする、あるいは明らかに失敗に導こうと誘導しているとしか思えない指示が次々となされるようになりました。

実はこの会社のナンバー2のポジションには、このトップの親族がいました。ナンバー2の彼にとって、トップの存在は絶対であり、完全なる忠誠を誓っていました。

しかしその一方で、いったん何かにこだわりだすと、ことの優先順位が狂い出して手が付けられなくなり、結果、誰かの首が飛ぶのが常の、困った「難あり」人材でした。

後からわかるのですが、結局、このナンバー2にとっては、今の「トップの次」のポジションを死守することが、最優先事項だったのです。

この幹部社員の前にも、仕事のできる優秀な生え抜きの社員がいましたが、このナンバー2のポジションを脅かす位置まで上がってくると、とたんに「彼はおとなし過ぎる。リーダーシップがない」と毎日のようにトップの耳元で囁き続け、かつ、無理、無体な課題を与えるように仕向けて、辞めさせたことがありました。今回の「トップによる根回し」は、このナンバー2にとっては絶対にあってはならない状態をトップ自らが作り出そうという意思表示になっていたのです。

当初はトップ自身も、「何かの考えがあってやっているのだから、見守ろう」と逆上するナンバー2を押さえていました。しかしナンバー2もさるもので、古株の改革反対派を引っぱりだし、今の改革路線は良くないという意見を繰り返し、手を替え、品を替えてトップに囁き続けました。

何があっても外されることのない安泰なポジションを保証されているわけですから、あとは根気だけの話で、いずれは彼の言い分が通るのは自明の理です。

結局、最後には「あいつは会社を乗っ取ろうとしています」を繰り返しトップに囁き始め、見事にトップとその幹部社員がぶつかるように仕向け、結局、彼を追い出すことに成功しました。

すべてのトップにとっては、自身には絶対的な忠誠を誓っているナンバー2は、本音では自身の「癒やし」のための存在でもあります。

しかし、そういう絶対的な忠誠を誓い、トップにとっては心地よい存在であっても、その人材が、その下の組織にいい影響を与えているかというと話はまったく別です。

「難あり人材だとわかっているから、目の届くところに置いておけば安全だろう」と考えるトップも多いのですが、これも大きな勘違いです。

ほとんどの場合は、今のポジションを守ることを最優先にし、下に対してはトップの権威のもとに恐怖政治を行い、一見、よく統率されているように見えたとしても、実は思考停止状態のまるで洗脳されたロボットのような組織を作り上げます。

この事例のような親族の場合は外しにくいものですし、また外部から来たものでもトップの個人資産、つまり「ふところ」の管理を行い、自らを側近として外せないポジションに置く「知恵者」もいます。**エゴイストの側近茶坊主は、トップ操舵術の腕をトップが知らぬ間に磨き上げるものです。また、エゴイズムのもとには、同じく視野狭窄なエゴイズム人材が集まり、一つの勢力を作ってしまいます。**

図表5-1　ワンマントップがもっとも気を付けるべき「憑き物」側近への対応

ワンマントップほど、側近に茶坊主を置きがち。
これが、大義無く悪知恵が廻り、腹に野心を持つエゴイストだと、
企業の発展の大きな足かせとなる企業の「憑き物」化する

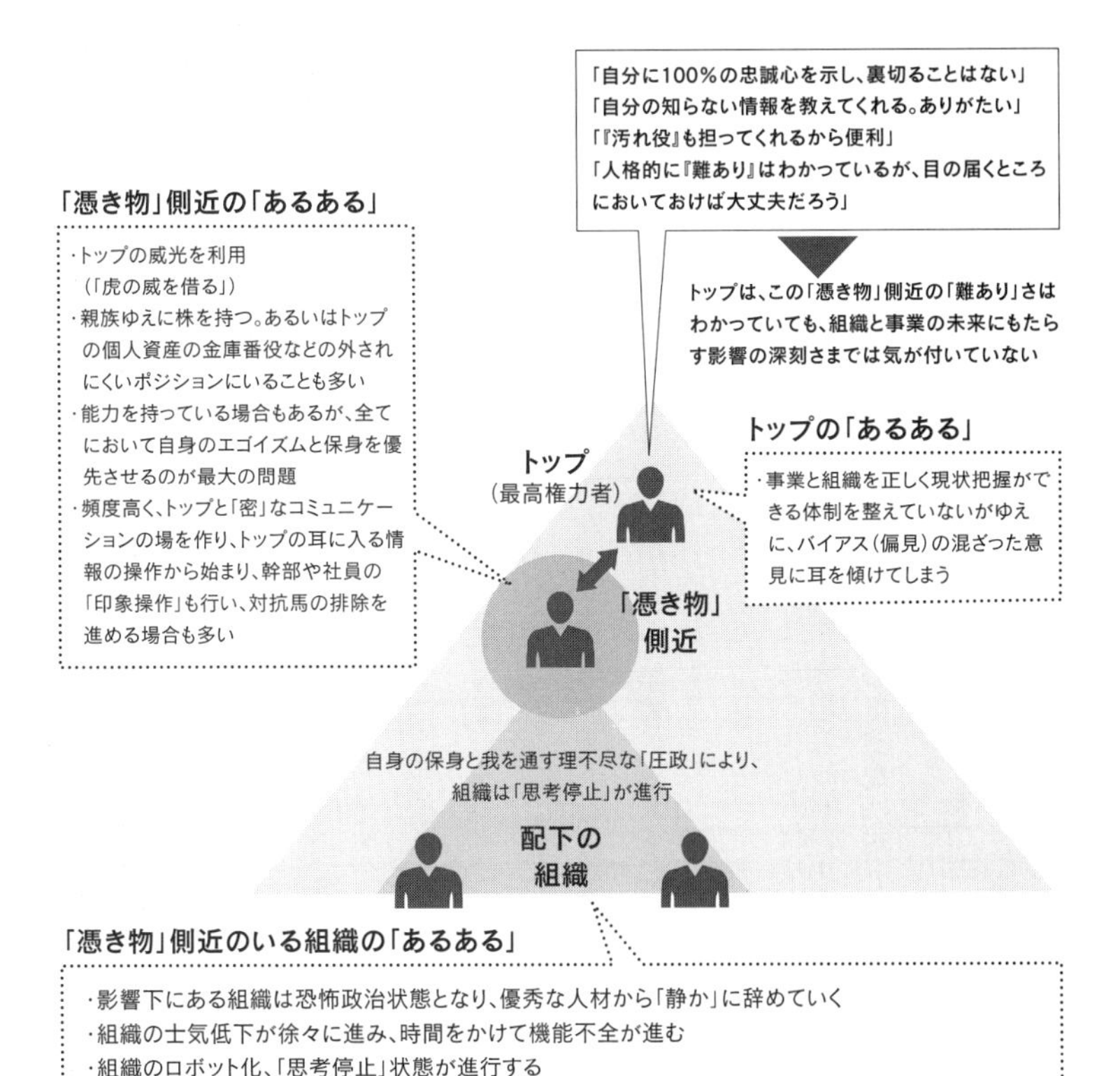

「憑き物」側近のいる組織の「あるある」

・影響下にある組織は恐怖政治状態となり、優秀な人材から「静か」に辞めていく
・組織の士気低下が徐々に進み、時間をかけて機能不全が進む
・組織のロボット化、「思考停止」状態が進行する
・戦略面で成功して事業に勢いのある時はPL上に表面化しないため、トップが気が付かないことがあるが、実は本来得られるフルパフォーマンスは得られていないことが多い。PLに表面化した時には、すでに「思惑」が根をはってしまっているもの

思惑の放置、肥大化ですべての組織は崩壊する。

「憑き物」側近が生まれぬよう/育たぬように、事業・組織の実態を把握、検知。

万が一、生まれてしまった場合は、後の代に禍根を残さぬように万難を排して人事対応を行う

素晴らしい製品やビジネスモデルを有しているのに、なぜか事業の発展が止まり、組織が萎縮している感のある企業には、組織の内部、トップの側近にこういう人材が**「憑き物」**がごとくに巣くっていることは結構多いものです。

一般社員だけではなく、側近、そしてトップであっても、人は易きに流れるものです。

現状をよく把握した上での、トップにしかできない全社レベルの判断が必要な局面は、どこの会社にも訪れます。伸び悩んでいる企業の多くが大なり小なり抱えるこの手の問題について、一度、真剣に考えていただきたいと思います。人間と同じように企業の寿命30年説が、いつの時代もまことしやかに唱えられます。確かに人間の体は、物理的な老化は止められません。

しかしながら企業については、人が入れ替わることで物理的な老化は止めることができます。人為的な努力によって老化は防ぐことができ、活性化も可能です。**企業をむしばむのは多くの場合、「思惑」を持つ側近の暗躍であり、その悪影響を理解せずに放置してしまっているトップの怠慢**なのです。

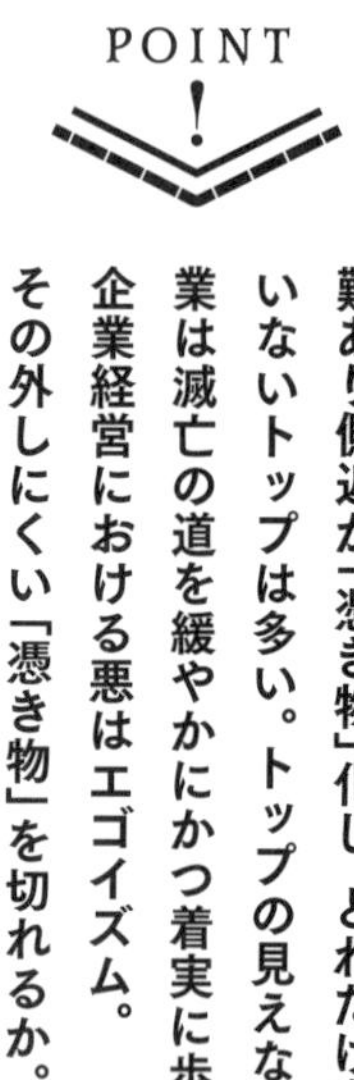

難あり側近が「憑き物」化し、どれだけ自社の発展を阻んでいるかを理解していないトップは多い。トップの見えない所での側近茶坊主の暗躍により、企業は滅亡の道を緩やかにかつ着実に歩む。

企業経営における悪はエゴイズム。

その外しにくい「憑き物」を切れるか。

成功体験に囚われたトップは、事業の発展を自身で止めてしまう

改革の仕事をしていると、創業者の決めたルールや思い込みが、実は事業の次の発展の妨げになっているケースがままあります。

現場を確認しながら、数値も色々な角度から分析し、過去の成功や失敗も洗い、今の競合状況を押さえた上で、「この手ならいける。この切り口で現状を打破できる」と踏み出そうとすると、それが禁じ手になっているということがあります。

あるファッションアイテムを企画、製造販売する企業の商品は、デザインや企画にオリジナリティがあり、その点で同業他社よりも優れていました。

しかしながら、いまやファッションビジネスにおいては、後追いで売れ筋のデザインやアイデアを真似されるのは日常茶飯です。それをいかに早く精度高く行うかを、ＩＴで支える投資も行われます。

この会社で、その商品のユニークな特徴をわかりやすく訴求しようと、店頭などで使うビジュアルの販促物を企画したことがあります。しかし事前にしっかりと説明していたにもかかわらず、ゴーをかける段階で創業者からストップが入り、企画は中止となりました。

「販促しなければ売れないような商品はゴミである」

創業者が口グセのように言っていた言葉の一つです。

おそらく理屈で説明されても販促企画の必要性が理解できなかったのでしょう。

また、説明しなくても「良いものは自然に売れる」という、それまでの自分の信条が翻されるように思えるのでしょう。

さらに、これもあるファッションビジネスの例ですが、この会社では創業者が自身の成功体験から得た、発注に関しての様々な取り決めを、事細かく情報システムに設定していました。そのため、発注責任者の自由度はかなり制約されていました。

一例を挙げると、デザインして工場に作ってもらった製品には一定以上の値入率、つまり当初の粗利率を設定しなければならなくなっていました。量を売って、率ではなく粗利益高を稼ぐことや、原価率が高くなるものの小ロットだけを作って市場での製品の当たりを見るテスト販売などファッションビジネスではよく行われる手が、システムの設定によって塞がれていました。

また、商品在庫についても店長が自身の判断で発注し、残った在庫はある時期を過ぎると10日で1割もの利息分を、店長の業績給から差し引いていました。

さらに店頭では、売れた分だけを追加で仕入れることができ、在庫の横持ち（店間移動）の融通が利かないなど、店で仕入れた商品は店で売り切る責任を課すことで、店の経営力を高める「圧」をかけようとする、よく言えば「想い」の強いルールでした。

見方を変えれば、売れない商品を店頭に置いた場合は、在庫利息の名目で社員の報酬から差し引いて、会社側には在庫の損が出ないように工夫した、「社員を信用していない」ルールになっていました。

事業不振を他責にしたまま、現状を打開できない企業は多い

事業の不振時は、市場や競合状況の変化などで、当初成功していた事業のスキームが通用しなくなっているものです。これは、その当初の事業スキームに普遍性がないということなのですが、創業者はそれを認めたくはありません。

先ほどのファッションビジネスの会社も、当初の急成長時には一人勝ちのデザイン力で独走状態でしたものの、当たった商品については、他社がすぐに似寄りの商品を作って市場に投入できる体制を作り、ほどなく追随した商品がデパートの売り場に並ぶようになりました。

「他社製品のものまねは許さない。さらにオリジナリティのある商品をデザインせよ」とのデザイナーに出される指示の強い想いはわかるのですが、それを連呼するだけでは何も「カイゼン」されませんし、そもそも不振時には様々な実験を行い、まだ見ぬ突破口を探らなければなりません。

しかし、その選択肢がことごとく閉ざされ、

「自分の言っていることは正しい。お前たち（社員）の努力と能力が足りないのだ」

との主張だけで、低迷状態が長期にわたって続き、優秀な人材が入って来てもすぐに辞めさせてしまい、結局最後は、ご本人もこの事業を手放すことになりました。

このように、不振状態が長く続いている状態が変化のないまま、創業者がただ、社員の能力のせいにしている企業は世に山ほどあります。

事業に対して熱心なことはとてもいいことなのですが、全てを他責にしてしまっています。**自らの従来のやり方が正しいという想いそのものが、創業者にとっての一種の「憑き物」のようになり、進化できなくなった企業は数多(あまた)あります。**

トップの成功体験をそのまま適用できる、変化の起きない市場環境ならいいのですが、なかなかそうはうまくはいきません。

トヨタのように、時代を越えて普遍的に通用するものづくりの思想やスキームがあり、決まり事さえもさらに高い精度を求めて「カイゼン」を続けるという文化があれば良いのですが、大野耐一氏（元トヨタ自動車副社長）のレベルにまで、見切りができている方は、そういるわけではありません。むしろ創業者は想いが強すぎるあまり、トップよりも現場に近いところで、実務を見ながら采配を振る大野耐一氏のような名バイプレイヤーを排除していく傾向もあります。

それがゆえに、せっかく見出した事業機会、つまり「金鉱」を十分に開拓することなく一発屋で終わってしまうことがあるのです。

成功したワンマントップがはまる「負のサイクル」

多くの「成功した創業者」に代表されるワンマントップがはまってしまう、抜けようのない「負のサイクル」があります。

ここまで述べてきた「危機を招く要素」が、「成功した創業者」にどのように起きるかを、おさらいを兼ねて、ここでまとめてみたいと思います。

何度も述べてきたように、「成功した創業者」は自身の頭で考えたことを実践し、その結果から学び、さらに上を行く手を考えながら事業を成長させます。

自分がトップとして、どれだけ事業を大きくできるかに挑戦したいという意欲があります。

そのために、仕事のスピードへのこだわりが出てきて、時にはせっかく手順を踏んで組織を動かして仕事を進めようとしている人材を「仕事が遅い」と一喝してしまうこともあるでしょう。

自社の組織が、どのように機能し、動いているかを理解していないトップは案外多いものです。

また、報告や相談の作法を習得できていない、まだビジネスマンとして「幼い」レベルの人材からの「なぜ、そんなことをやるんですか?」に、「うるさい。黙ってやれ」と叱り飛ばすこともあるでしょう。

結局、自分の頭の中で考えたことを、せいぜい自分のメモ書き程度で整理しただけで、組織に向けて発信します。現場は、基本的にはＤｏｅｒ（実施者）となり、トップからの指示の正しさを信じ、現場に完全実施を徹底させることになります。

これがうまくいっているうちは、事業は成長し続けます。

しかし、市場は常に変化をします。競合も現れ、市場そのもののニーズも進化、変化を起こします。これに対応するためには、市場を的確に把握するための分析も必要ですし、現場の様々な課題への対応や、現状の業務精度を高めるための業務改善への取り組みが必要になります。米国スタイルの組織マネジメントに従えば、ここでトップ直轄組織である本部機能を使うことになります。

トップの意志の下、トップがイメージするテーマへの取り組みを経営企画、経営管理、人事、法務などの部門が対応し、トップ目線、つまり経営目線での課題や業務に取り組んでいきます。

成功したワンマン創業者は自身の成功体験に意識が向きすぎている場合が多く、何よりも日々の売上の確保へのアイデアを出すことに専念してしまいがちです。

企業側の仕掛けに対する市場の反応を見るためには、売上を客数と客単価に分解して考えることをはじめ、お客様が、当社の製品を認知して購入し、満足して再購入する確率を高めて顧客数が増えていく、前述のRVAPSサイクルなどを知っておくことが必要です。しかし、創業者は自身で捉えた成功則に固執して事業判断を行います。

たとえばスーパーマーケットの事業を想定すれば、創業者は、お客様の笑顔、集客の多さ、そして手元に残る現金、そして最後に通帳に記載される残高が増えていくことなどを、事業がうまくいっている尺度としてとらえます。

扱っている商品はコモディティ商品が中心となり、安く売って集客するビジネスモデルになりますので、安売りチラシを入れて集客を行います。

チラシの入った日は集客もあり、手元の現金も増えます。スーパーマーケット業態の特徴は、利幅が薄くても、仕入れた分の支払いは、月末締めの翌月払いだとしても1・5か月後くらいになるので、入金と支払いの時間差による回転差資金が手元に残ります。

かくして、粗利管理が甘くてもビジネスは廻り、かつ、売価還元法という仕入れ原価を平均する計算方式を取り入れている場合が多いため、実態としての赤字に気付きにくく、通帳の現金が減り続けていることを知って初めて利益が出ていないことに気付くこともあります。

事業とトップの思考の癖（くせ）を客観的にとらえている「参謀」役でもいれば、売値を上げ下げしながらセール時に大きく集客をする昔からのハイアンドドロー式から、売り場の手間もかからず、全世界レベルでの成功事例であり潮流でもある、いつ来ても安く買えるエブリデイ・セイム・ロープライス式（EDSLP）のビジネスに切り替える起案もし、実験を行いながら移行を進めることもできます。

しかし、こういう「理」にかなった提言を行う「できる」幹部を、自分よりも能力の高い存在は疎ましいと感じて、辞めさせてしまうこともあります。

しっかりとしたビジネスモデルを組み立て、それを機能させるところにまで至れる企業は、むしろ少数です。

その一方で、ITや法律などの訳のわからない言語を話す連中には、本来「自分にもわかるように説明せよ」と指示をしなければならないところですが、興味の無さも手伝って「うまくやっておけ」と任せっぱなし、放ったらかしになりがちです。

本来は、本部機能は、ある程度時間がかかっても正しく「使い」倒して、経営トップの意志と一体化させて動かさなければならないのですが、どうしてもそれが、なおざりになりがちです。

業績低迷が続いて初めて人材育成を怠っていたことに気付く

こうなると本来、経営の目線を持った意志のもとにトップ周りの経営管理や経営企画機能を鍛えるべきであるところが放置状態になり、優秀な人材が特に強い「圧」がかからない本部組織におかれ、トップばかりが相変わらず事業のことを考えている状態になります。

事業を熟知し、事業運営のスキルが最も高いのはトップだけでもあり、トップの能力ばかりが高まっていき、その状態自体をトップもまんざらではない気分になります。

しかし事業は規模が大きくなり、成長するほど、その難易度も従来とは違うレベルで高まっていきます。事業の発展時には市場の勢いを伴います。

一度当たって勢いがついている状態の時、お客様は企業側が少々バカをやっても大目に見てくれます。そして、その状態は、その時点の実力ではなくても数字は実績としてついてきます。

そしてある時、お客様の離反が始まり、数字が頭打ちになって、既存のビジネスの数値が前年を割り始めます。ワンマントップはこの時にあがきますが、正しい判断をするための情報収集や分析機能も培っていないために、打ち手の成功確率はなかなか上がりません。

ここでようやく、自分が「神がかり」状態であったことを知り、すべてを一人で廻すことに無理が出てきたと気が付く頃に、自分と同じ目線で事業を廻せる人材を社内に育てていないことに気が付きます。

実際にはトップと同じような力をつけることのできる素養を持った人材は、社内の若手あたりも含めると結構な人数がいるものなのですが、Ｄｏｅｒとして現場の「軍曹」化した中間のマネジャーの下での「売上を上げろ」という指示だけでは、事業目線での課題解決のためのＰＤＣＡは十分には廻せず、持っている実力を発揮できるほどに鍛えられていません。

さらに極めつけに良くないのはワンマントップの周辺には、前述のややこしい「憑き物」が蔓延りやすいという点です。

この組織は、トップから見れば、一見、皆が自分の方を見て一所懸命仕事をし、自身も日々忙しく過ごせている状態です。自身の自己実現もできている状態なのですが、ここでは**事業を大きく発展させるための組織の力を高める自律性が育っていないのが、将来に向けた大きな問題**なのです。

結局、この組織で一番、恩恵を得ているのはこの「憑き物」であり、定年まで、あるいはトップが在任中は大樹の下で特権を享受できる状態を作り上げているのです。

かくして、事業の方向性の全てを決める「人治」式マネジメントを行っているトップに向かって、正しい情報の入るフィードバックループが塞がれている状態になります。

これは、システムで言う「デッドロック」状態にあり、「負のサイクル」のループから外に出られなくなっている状態です。

この話を聞いて、

「うちの側近連中には、そんなことを考える頭はない」

「うちの側近は信用できる。そんなことはない」

と考えられたトップの方々。本当にそうであれば良いと思います。

でも、なぜか人が育たない、仕掛けた改革が成就しない、採用した優秀な人材が辞めていく、などの兆候があるならば、これらのことを真剣に疑ってみるべきです。

人材が辞めていくのは、その企業に対して、あるいは自身の未来を描けないからです。

企業の本当の意味での生産性を高めるためには、「思惑」が根底で蠢（うごめ）いている状態を断ち切る必要があります。このループを断ち切るのは、実はさほど難しいことではありません。

事業内で起きている、そして行われている様々なことの実態を見える状態にすること、すなわち**「見える化」を推進**しましょう。

「見える化」が始まれば、なぜ？　という因果の追いかけが始まります。

それが企業の文化になるように浸透させれば、「思惑」は収まらざるを得なくなっていきます。

トップの役割は「俺の想いを形にする」から始まり、最後は企業を発展させるプラットフォームづくりにたどりつく。

Chapter 6

「事業承継」を自分事として捉える

PART 1

事業承継は明日にでも直面する備えておくべきテーマ

Business Succession Preparation

「自分はまだ元気だ。『事業承継』などまだ先の話だ」

と思っておられるトップ、創業者は多いとは思います。

83歳で亡くなられたダイエー創業者の中内㓛氏も、80歳の時にテレビ番組のインタビューで「今が人生の折り返し地点です。私は160歳まで生きますから」とはつらつと語られました。

「自分は元気だ。ひょっとすると医学の進歩で永遠に生きられるかも」

と願望も込めて思いたくなる気持ちもよくわかります。

しかしながら「事業承継」はすべての経営者にとって、喫緊の重要課題と言えます。

実際に私が体験した事例をご紹介します。

この会社の創業者は、業界の一時代を築いた人物でした。

日々の判断は、側近たちの眼には「動物的な勘」によるものと映っていましたが、「時代分析」を行ってみると、この企業の成功は、まさに創業者の頭の中で高速に廻っているPDCAによる、理にかなった判断の連続の賜(たまもの)でした。

創業者は事業規模が数百億円規模に達し、事業の最初のピークを迎えたところで、娘婿に社長の座を譲り、自分は会長職に就きました。

ところがこのころに創業者は金融商品に手を出し、大きな穴を開けてしまいました。

そのため、結構な事業規模もあり、十分な利益を出していたものの、上場はしていなかったために金融機関への返済対応が2代目社長の最優先の課題になっていました。

この社長は着実に利益を出して返済を続け、ある程度のめどが立ちました。

そんな時、たまたま私がある業界紙に寄稿した事業のV字回復の進め方についての記事を読まれて連絡してこられ、事業を再活性化させるためのプランづくりとその実践に取り組むことになりました。創業者の時代から頼られていた番頭役の役員が、社長に選ばれた若手の幹部候補の世話係を買って出てくれて、トップ直轄のV字回復のためのプロジェクトが始まりました。

当時、この会社では、顧客が商品をどう感じているのかもわからなかったため、まず、市場実態の把握に着手しました。

- 事業の実態を正しく把握するための社内データを用いた分析
- 潜在ニーズを洗い出し、市場の実態を炙り出すグループインタビュー

・どういう属性の人が、どういう購買動機を持っているのかを知るための定量調査

このようなマーケティング調査と分析を行い、今起きている機会損失などをMD分析などから徹底的に洗い出すことで、復活のためのリアルなシナリオが徐々に出来上がってきました。

この手のプロジェクトは数多く請け負ってきましたが、低迷状態にある企業ほど、その低迷の原因を、事業環境や競合の出現などの他責にして終わらせてしまっています。

仮に誰かが「ここに手を打つべき」と気付いていても、事実に基づく裏取りの習慣がないために、トップが判断できる確信にまでは至らないのです。

PDCAの精度が事業に求められるレベルになっていないために、知らず知らずのうちに思考停止状態となり、効果の乏しい従来の打ち手を連打します。さらには目の前にあったビジネスチャンスも放置しがちです。

この会社も例外ではなく、現場の若手の腕利きメンバーたちが様々な角度から分析を行うことで、自社の問題点の特定と、開拓できる市場のポテンシャル、実験すべきアイデアがいくつも明らかになっていきました。

このプロジェクトチームは、パワーポイントのスライド200枚を超える様々な角度からの事業実態を示す「見える化」を行い、再活性化策のプランをまとめ、社長あてに第1回のプレゼンテーションを行いました。

事実から引き出された様々な「意味合い」から事業の方向性を明らかにした2時間半ほどのプレゼ

ンテーションを聞いた社長は、その場で涙ぐみ「よくやってくれた。ありがとう」と言われました。それを見たメンバーたちも感極まり、あとは具体的な実践プランを作成して、V字回復への第一歩を踏み出すばかりとなりました。

ところがです。なんとその1週間後に、50代前半だったこの2代目社長が急逝されたのです。

確かに中間報告会の際に、疲れた様子だったことには皆、気が付いていました。

創業者はすでにかなりの高齢でしたので、とても実務に戻れる状態にはなく、大きな銀行借り入れのある非上場企業のため、代表者には借入の保証が求められます。

結局、専業主婦をしていた、亡くなられた社長の奥様が代表取締役に就任し、創業者の奥様の判断で、既に引退されていた元専務を副社長として戻しました。

そして、他の会社に就職したばかりの亡くなられた社長の息子さんを呼び戻すことにしました。

人は自分がイメージできたことしか実行に移せないもの

返り咲いた副社長は戻ってくるなり、残っていた古参の役員を全員一段階、昇格させて自分の方を向かせる体制づくりを始めました。

創業者の奥様はご存じなかったようですが、実はこの副社長は、創業者の側近にいがちな、気合いと勢いで仕事をする、「理」の通じないタイプの方でした。そして最後は創業者の判断で「あえて」退任させた、エゴイズムの強い「ややこしい」方だったのです。事業を新しい成長軌道に入れるべく進化させることや、再活性化させるイメージやシナリオを描けるような方では、とてもありません。

この副社長は、かつて創業者の指示で自分を退かせるために動いた、プロジェクトの世話役をしていた番頭役を2段階、降格させるなどの報復人事を行いました。

そして「自分が5年は見ないといけない」と周りに喧伝（けんでん）しはじめ、この副社長の「思惑」が社内に根を張り始めました。さらにそこに日和る幹部も現れて、この副社長による居心地のよい環境づくりが始まりました。

彼にとっては亡くなられた社長が描いていた改革プランなどは実感もわかない、どうでもいいものです。おそらく本音では、すでに高齢の自分が副社長の高給待遇で5年間、あわよくばそれ以上、心地よく過ごせればハッピーと考えていたのでしょう。

そもそも、**人は自分がイメージできたことしか実行には移せないものです。**

この副社長も、過去の良き時代のイメージのままの事業展開を「夢想」していたのでしょう。社内の腕利きメンバーの作った再活性化プランには、事実に基づく分析と裏付けのある様々なアイデアが詰まっていましたが、彼はそんなものに興味もありません。

この会社の良き時代の采配を振っていたのは会長であり、その会長の頭の中だけでPDCAは廻っていたのです。そういう時代の側近は会長が決めたことを現場にやらせることが役割で、ことの因果を考える能力は培われていないことがよくあります。

メンバーが描いた再活性化プランは、パワーポイントで描かれた絵空事にしか映らなかったのでしょう。

当時とは、市場も競合状況も、販売チャネルの様相も大きく変化しています。しかしこの副社長は、かつて自分が在籍していた時の、うまくいっていた時代のイメージを抱き、当時のイケイケドンドンの事業運営に戻せばいいと無邪気に考えました。

「おマエら、デスクになんか座ってないで、とっとと売り場に行って商品の一つでも売らんかい」

商品部も含めて、社内の空気は一変しました。

社長が急逝され、専業主婦だった奥様が代表に就任した企業を見るのは、この会社が初めてではありませんが、未亡人となった奥様は、例外なく次を継ぐ息子のためにとがんばり始めます。

しかし事業のことはよくわからないため、とりあえず自分のわかる範囲でがんばってしまうもので、こちらの会社も「経費を使ってはいけません」の号令が会長である奥様から発せられました。

事業再活性化メンバーによる現場への改革プランの説明や打ち合わせ、確認のための出張も制限され、全国のマネジャーを連動させて進める改革にはブレーキがかかりました。彼らも説明を行いましたが、会社が良くなるイメージは伝わらず話が通りません。プロジェクトの世話役だった方も、2段階降格しているために影響力がなくなっています。

やがて、次世代を担うはずだった、選抜された事業再活性化メンバーたちが、一人、また一人と会社を離れ始めました。

結局、事態の深刻さに気が付いた、亡き社長の息子が20代半ばながらも自ら申し出て3代目の社長に就任しました。

上の押さえを失った組織では、エゴイズムが一挙に表面化する

この会社は事実上、銀行管理下にあったため、私が銀行に出向いて事業活性化のためのプランづくりをいかに進めるのかの説明や、社長が亡くなられた後の事業改革プランの説明を行っていました。

「方向性はよくわかりました。ただこの会社にこのプランを実行する力はあるのでしょうか？」

「プランづくりだけで終わるのではなく、プランが実行されるところまで見ていただけるのですよね」

こう、強く念を押された銀行もありました。

「プランづくりを社内の選抜メンバーの手と頭で行っていますので、彼らの頭の中にイメージができ上がっています。また、実行までをとの依頼になっていますので、大丈夫だと思います」

私からはこうお答えしていました。

しかしその一方で、副社長は、自分にとっては目障りな私と会社のかかわりを早く断ちたく、銀行との折衝を一手に引き受けていた経理の担当者を抱き込みました。

この経理担当者は、私の銀行とのミーティングにも毎回同席していたのですがある日、会長、社長、副社長も同席している会議の場で突然、

「あなた、あんなプランで銀行が納得すると思っているのですか。そんな甘いもんではありませんよ！」

と発言しました。

実は私は自身の記録のために、銀行で行ったプレゼンテーションはＩＣレコーダーを机上に置き録音していたのですが、彼はそのことに全く気が付いていなかったようです。

「すべての銀行でのプレゼンテーションと参加された銀行の方々からの発言は、全て録音してあります。ここにおられる方全員にそれを聞いていただければ、銀行側がどう反応されたか、銀行側が実際に何を望まれているのかがわかりますよ」

この一言で、彼は黙り込むしかなくなりました。

会議の後、副社長は経理担当者を「ようゆうた、ようゆうた」と讃えていたそうですが、結局、若い3代目社長は、事実をゆがめて経営報告をしていたこの経理担当者への人事対応を行いました。彼は会社を去り、副社長にも業績に好転の兆候が見られないことを理由に早々に退任していただきました。

健全な企業文化ができていない状態で、上の押さえを失った組織は、潜在状態だったエゴイズムを持つものたちの「思惑」が一挙に表面化してくるものです。

この「思惑」はがん細胞のようなもので、静かに根をはっていくこともありますし、勢いが良いと、この会社のようにいきなり暴走を始めることもあります。

このややこしい点は、自分たちに会社を立て直す能力がないことは二の次にして、エゴイズムと保身の動機で自分たちを正当化してしまう無邪気さにあります。

この会社ではこれを契機に、そういう人たちを一掃する人事対応が行われる結果になりましたが、一方で、会社の明日を担うリーダー役になるはずだった、現場からの信任も厚かった何人もの若手の腕利きの人材がすでに社を去っています。

仮に今後の方向性が明らかになっていても、それを実際に業務で的確に判断を行い、舵取りを行うには、壁を越えながら進むための能力、つまり知恵とパワーがまったく不足している組織となってしまいました。

この事例では、創業者は一所懸命に事業を引っ張り大きく育て、亡くなった2代目社長も事業を健全化させたいと真剣に考えて動きました。

創業者の奥様も、創業期にいた人材を戻せば何とかなるかと考えました。

亡くなった社長の奥様も、自分のわかる範囲で、とにかく現金を大事にして何とか息子に継がせられるまで事業を存続させたいと考えただけです。

3代目の新社長もエゴイスト色の強い幹部を放置せず、実態を理解した時点でしっかりと人事対応をされました。

結局、退任に至った副社長もおそらく自分の頭の中では、あの「良き時代」と同じ組織運営を行えば、当時の成長ができるかもしれないと、ものごとの因果を考えることのないままに、ただイメージをしていたのでしょう。

すべてのステークホルダーが自分のわかる範囲、イメージできる範囲では何とかしようと動いたものの、結果的に、この会社はかなり難しい状況に至ってしまいました。

さて皆さんは、この事例から何が本質的な問題だったと考えるでしょうか。

事業についての「考える力」を継承可能なノウハウに

亡くなられた2代目社長が、改革をもう1年でも早くしていれば……、というのは結果論です。ずっと事業立て直しの方法論を探しておられたことも後に伺いました。2代目社長ご自身が成功をイメージできる方法論の存在を知ってからは即座に動かれました。

また上記の話に登場したステークホルダーたちが、こういうケースの対応の仕方をもう少しだけでも「わかっていれば」というのはあるのですが、これも現実には難しい話です。

この事態に至った大本にある原因を、時を遡(さかのぼ)って考えてみましょう。

創業者は、典型的な「人治」式ワンマンマネジメントでこの会社を伸ばしました。

しかし、自分の代には事業を伸ばすことばかりに注力して、後の代における経営のあり方をまったくイメージしておらず、すべてそこに端を発していると言えます。

「自分は、ここまでやった。後は次の代に任せる」

多くの創業者は、代替わりにあたってこう述べます。

しかし事業はすでにある規模に達し、熾烈な競合状況の中に置かれています。起業時とは異なる意味での難易度の高い局面にあり、今後、さらなる事業の進化が求められているのです。

創業者の頭の中にあった事業に関するすべての経験と知恵と、そもそも事業についての「考える力」は、継承可能なノウハウの形にはなっておらず、幹部には単にこれまでの施策について、表面的に捉えた体験として記憶に残っているだけです。

それらの知恵が使える前提や背景なども、しっかり記録が残っているわけでもなく、時として間違った因果の経験則や、上面（うわっつら）の成功則のみが語り継がれてしまっていることもよくあります。

幹部をはじめとして社員が自律的に考える、企業文化づくりのための「躾」や訓練もないまま大きくなった事業と組織を、次世代に丸投げしてもうまくいくわけなどありません。

現に、この事業活性化プロジェクトで最初に着手したことは「会長の時代にいかに、この会社の事業が成功し、伸びていったのか」を明らかにする、当時の成功と施策の失敗時の舵取りの因果の総括である「時代分析」です。

これは会長の時代になされた施策とその結果から「意味合い」を抽出して、改めて企業として「学び」を行う作業、つまり、事業を立て直すための戦略、つまりＰＤＣＡの最初のＰを立案するためのＣの作業です。

本来は、これらの振り返りは会長の時代になされて、たとえきれいに書面化されなくても、少なくとも事実を基に正しく語り継がれ、同じように考える訓練と「躾」がなされているべきだったのです。

いかにすればこの事業が、自分がいなくなった後も発展していけるかについては、創業者である会長は一切イメージをしていなかったのでしょう。

元来、創業者は「自分自身が事業を廻す」状態に成功体験を重ねてしまい、トップである自分自身が「右だ」「左だ」と指示している状態が、最も健全で心地よく感じます。

引き継いだ2代目社長は、私の寄稿した記事を読んで、組織で廻すＰＤＣＡの方法論を根付かせればこの企業は再活性化することに気が付き、すぐに動きました。

もし創業者が、少しでも「承継」の重要性が頭にあり「もし、自分がいなくなったらどうなるのか」をイメージして、自律的に健全に動く体制づくりに着手していれば、この展開はかなり変わっていたと思います。

創業者が健在な間に体制づくりを進めた企業の事例は、実際にいくつかあります。

パナソニックの創業者である松下幸之助氏は、自分の体が丈夫ではないことから、事業運営を任せる事業部制を早くから取り入れました。

また、「洋服の青山」の青山商事の創業者の青山五郎氏も、ご自身が大病をされた時に、自身が関与しなくても事業が続けられるようにと考え、業態の標準化にどこよりも早く取り組みました。

「自分が、事業の采配を振れなくなったらどうなるのか」

この時のイメージを真剣に描こうとした創業者は体制づくりの重要さに気づき、リアリティを抱きます。

パナソニックの事業規模は周知のとおりですし、青山商事は郊外型の紳士服販売チェーンでは最も大きく成長しました。事業運営そのものの、自律的な分業を進めることの重要さに気が付いたトップが率いる企業は、結果的に他社を引き離して事業を大きく成長させます。

たとえ良い人材を採用できても、後継者となる人材を育てられないケース

自身の健康に気を付けて「自分は90代まで、第一線で采配を振る」と、自分を中心の政権を築いて息巻いている創業者もいます。

当然のことのように、そういう会社は、M&A以外の方法ではなかなか大きくはならず、ある時点でその規模の事業体を、自身を中心としたマネジメントでは支え切れなくなり、破綻をきたすことさえあります。

自身の権力基盤である「帝国」を築き、そこで「右だ」「左だ」とやっているのはご本人にとっては充実した時間でもあり、心地よいはずです。

しかしそういう企業に限って、たとえ良い人材を採用できていたとしても、彼らは経営層に近い位置に上がって来ると、ばかばかしくなるか、トップとぶつかるかですぐに辞めてしまい、社内に後継者となる人材は育ってはこないのです。

また、この会社の事例にもあるように、万が一の際に株式を相続し、大株主になり発言力が強大になる奥様の影響を想定した経営体制づくりのシミュレーションができているトップは、どれだけいるでしょうか。

古くは、松下幸之助翁の奥様、むめの夫人が「かわいい娘の婿だから」と推した正治氏の経営者としての手腕、リーダーとしての資質の問題。

ソニーの盛田昭夫氏の妻、良子夫人の社長人事への影響。こちらも、会長の地位におられた創業

者、盛田昭夫氏の急逝後、所有する株式数による企業の支配権の行使が、どれだけ企業のその後に影響を与えたのかは、世の知るところです。企業改革の仕事をしていると大株主と話をしなければならないこともあります。この時、大株主側が事業を理解しているか、腹を決めているかも大きなポイントになります。

奥様が商売の場で共に汗を流し、幹部体制などをよく理解されている状態であればまだしも、経営幹部層の実態を知らないと、どうしても情も絡み、かつ自身のわかっていることだけで判断しがちになります。この会社のように、

- 「経費を使ってはいけません」が強く出るケース。それに関連して、「ムダはいけません」と在庫ロスを出さないように指示したりと、企業としては大きな成長の芽を摘んでしまうケース
- 社員の人間性を見抜く力は優れていても、影の人事部長と化して社員が恐れてしまうケース

といったことが万が一起きると、企業は長期に渡って苦しむ負の遺産を抱えることになり、存続の危機を迎える場合さえもあります。

「自分が死んだあとのこと？　そんなことは関係ないよ」

ある経営者のこの発言も株主や社員からすれば迷惑な話ですが、一代で成功させた創業者の心の声

であり、本音なのかもしれません。

自分がいなくなった後のことがイメージできない創業者やワンマン経営者

先日、ある上場会社で創業者の長男であり、2代目を継いでいた会長が80代でなくなりました。この会長についても、まさか自分が亡くなるとは考えておらず、自分の言うことをよく聞くイエスマンを社長として指名し、いわゆる院政を敷こうとしていました。

ところがこの会長が、人事発表の直後に急逝されたのです。

2代目会長のご子息はグループ内にいましたが、本体の事業とはまったく関係ない新規事業に長い間、従事しており、本業の事業観が十分培われているとは言えません。

紳士であり上品な彼は、3代目の会長として就任しましたが、肝心の現在の社長の地位にいるCOOは、事業をリードしていくにはどう見ても力不足です。

腕のいい人材は、その下に何人もいるのですが、この3代目の会長が自身の意志を持ち、創業家を代表するオーナーとして、この会社の経営体制を軌道修正できるかどうかがポイントとなるでしょう。

皆、自分は老いず、少なくとも当面、自分は死ぬことはないと思ってしまいます。

これを言い換えるならば、自分がいなくなった後のことはイメージができないということです。

企業改革の仕事をしていると事業規模の大小にかかわらず、この「事業承継」への準備がなされていないせいで企業が傾く、あるいは社員が困る、果ては売却を考えねばならなくなる事態は、皆さんが思う以上に多いことがわかります。

・エゴイズムを持つ経営幹部の「残留思念」と、やがてそこで渦巻き始める「思惑」
・経営のわからない親族への株の相続や経営の支配権の移転
・「人治」体制のままでの、実績や自信のない息子への承継

ワンマントップが経営する企業や組織は国という単位であっても不安定であり危険であるというのは、すでに歴史が証明し、世に知られていることです。

かのウォーレン・バフェットも、

「どんな愚か者にも経営を任せられる優れた会社の株を買え。いつかは愚かな経営者が現れるからだ」（『1分間バフェット』桑原晃弥、SBクリエイティブ）

と、指摘しています。

創業者が企業内に残してしまった「残留思念」を、後の代で払拭するのは本当に大変です。

「人は死んで名を遺す」と言いますが、せっかく作り上げた企業が、本当に偉大なる創業者の「名を遺す」公器になるのです。このことを今一度、改めて真剣に捉え、自身がいなくなった時の影響力を持つ株主構成、つまり最もベース部分のプラットフォームをいかに安定させるか、そして自律的に考えて動ける社内の組織づくりを真剣に考えるべきです。

創業者とその後継者は求められる役割が違う。承継への準備がなされていない会社は、いざその時が来た時には、当たり前だと思っていた属人的なプラットフォームが突然、消えさる。望むべくは、創業者の代からのプラットフォームとなる組織づくりへの着手。

経営を引き継ぐ側に必要な「躾」と経験を考える

先日、ある企業の創業家から、このような相談事がありました。

何年か前に創業者が息子に社長の座を譲り、親だけではなく兄弟の期待を担い、創業者を囲んでいた幹部たちからも祝福されての就任でした。

創業者は人を見る目のある方でしたので、自身の側近にエゴイストはおかず、事業と会社のことを考えて動くタイプの幹部を揃えており、新社長を支えることのできる人材が揃っていました。会長に就任したあとも、実務にはほとんど口を出さずに社長を見守っていました。

新社長は暴君ではありませんでしたが、いかんせんボンボン育ち。他人から注意をされるのが大嫌い。他社での勤務経験はありましたが、この会社の取引先の一つであり、そこでの実態はお客様扱いだったようです。

甘さのある権力者は、質の悪い側近を惹きつけます。

甘言を囁く社内の側近はもちろん、彼の権力基盤を強固なものにして利を得ようとする弁護士や、耳元で彼に有利な資本政策を囁くコンサルタントなどが一人、また一人と登用されていきました。

この社長は彼らの囁きによって、妄想を膨ませはじめました。これらは本来事業を運営させる経営者としての本当の能力ありきで成り立つ話です。しかし、彼は何よりも自身の権力基盤を確実なものにすることを優先させ始め、次第にエゴイズムをむき出しにするようになっていきました。

エゴイズムの下には必ずエゴイズムが集まります。欲にかられたものや、企業が価値を創造するうえでは全く役立たない悪知恵レベルのノウハウを提供する連中が集まります。

そして社長に対しても苦言を呈する、創業者である父親の代からの腕の良い幹部は遠ざけられ、順番に社外に出され始めました。

百歩譲って事業が堅調に推移していればまだしも、こういうマネジメントでは事業の業績も振るうわけがありません。結局、同社の事業は低迷状態から抜け出すことはありませんでした。

創業者が頑張り続け、高齢になっても引っ張ってきた会社です。

引き継いだ後に息子の不出来が露呈し、確信に変わった時点では創業者ご本人はすでにご高齢であり、もう出張ることができません。

一族も困り果てているのですが、社長本人は、上手くいかないことを他人のせいにしたまま自分こそが正義と信じて疑いません。

今のままでは大塚家具のような家督争いの様相を呈して、大戸屋やリクシルのように議決権行使のために株主の委任状を取り合うプロキシーファイト（委任状闘争）にまで発展する可能性もあります。自分のなしてきたものを、想いを込めて実の息子に継がせる、あるいはそうしたいという願望を抱く創業者は現実に多いのですが、ほとんどの方がこの局面の初体験者であるためにこれがなかなかうまくいかないものです。

事業承継するものにノウハウや心構えを躾けていない

創業者の多くは、起きている時間は仕事のことばかりを考え、どうしても家族や子供に時間を割けていないものです。家でしっかりと子供を見て、社会を知る男親として教えるべきことを伝える時間を割くことができていないのです。

社内では「全能の神」のごとく振る舞い組織を動かしますから、家庭でも妻や子供たちの言い分を聞くよりも前に自分の意見を押し付けがちになり、コミュニケーションは一方通行になります。

また、成功したがゆえに、いわゆる「トロフィーワイフ（「自分は成功したから、このような女性と結婚できた」とのステイタスになる伴侶）」としての奥様を迎えることもあります。仮にその奥様が、家庭よりも外に出ることを好むタイプだと、子供をしっかりと見ながら悟し、躾や教育する役割がいなくなります。

いくら偏差値の高い学校に行かせて子供の自頭を鍛えていても、創業者の子供ともなれば社内では厳しく接してくれず、一般社員と比べると甘さが残り、結果、その実「ちやほや」されたまま「人は何で動くのか」の実感もなく、要職についてしまうことがあります。

かつて武家の時代には、後継ぎには教育係をつけるなどの工夫がなされ、人治国家である中国でも古代から教育官が存在しました。しかし今は国の相続税もあり、「金持ち三代続かず」の時代になり、事業を承継する責任ある立場のものに、他の「家」からも、そのノウハウや心構えを躾ける役回りのあり方を伝えられる機会がありません。その結果、事業を有する世の多くの「成功者」は、表現を選ばずに言えば一代で財を成した、いわゆる「成金」状態にある方が圧倒的多数となり、承継にあたり何を、いかに処すべきかについては、皆が初心者状態となってしまいました。

「ポジションが人を育てる」

のは、真実です。

しかし、身近に「小うるさく」言うものもなく、ただ、我儘（わがまま）に育ってしまうと、無用なプライドだけが高く、上手くいかない時は人のせいにするただの迷惑な「幼稚な大人」が出来上がってしまいます。

かくして、本当の意味でのその重責の自覚のないままに事業を承継し、会社をダメにし、多くの人に迷惑をかける後継ぎが出来上がってしまうことがあります。

失敗をすべて人に押し付ける術ばかりに長け、中には大株主である創業者の前で涙するパフォーマンスで情に訴えて、平然として社長の座に座り続けるものさえいます。

多くの一般の社員が目標とする社長のポジションを手にしても、自分が采配を振りにくい状態で自分に引き渡した親父のせいにして、むしろ自分は被害者のように振る舞う場合もあります。

親は自分の会社を継がせて、自分の役割としては成功だと思っていても、その会社がその後にうまくいく保証などはないのです。

教育には、行わせながら身を正す「躾」が必要

そもそもですが、創業者は事業の発展段階を、それ以外の方は初めて部下を持った時の仕事の「分業」を思い出してください。

たとえば、商品の仕入れを誰かに任せる時に、彼がしっかりと仕入れの目利きができ、値入れ交渉もできる能力があることを確認してからやらせたはずです。

そこで「売り切りのタイミングが遅い」と気が付いたならば、「売り切り判断に使う管理表を見せてくれ」と管理帳票の上のロジックを確認し、必要ならば管理表を作りなおし、見方を説明する「躾」をしたはずです。

どんなに仕事のできる部下であっても、最初のうちは「今、どうなっている?」と早めに報告をさせたはずです。

もし、何らかの理由で未経験者を、主要事業の稼ぎ頭である商品の仕入れ担当者として使わなければならない時に、「横に座らせておいて仕事を見せておいたからわかるはず。すべて任せる」などという引き継ぎ方は絶対にしなかったはずです。もし、部下にそのような引き継ぎをするマネジャーがいれば叱りつけたはずです。

企業の組織の中で、難易度が最高レベルに高いのが社長業です。そのポジションを、腕を磨いた経験もろくにない人材に「丸投げ」するなど正気の沙汰とは言えません。

「私は会長のポジションにつき、新社長には大所高所からのアドバイスを……」

社長のポジションを譲るにあたり、ほとんどのトップがこう言われます。

しかし、会長と社長のそれぞれが頭の中で描いている事業、組織を育てる方向性が異なっていることがよくあります。一般的には、会長は自分のこれまでの事業の経験から判断し、一方、新社長はやっていないことでも可能性のあることを実験したいと考えます。

そうすると、二つの頭が異なることを言い出す二頭政治状態となり、組織に混乱をきたすことは火を見るよりも明らかです。もし会長の意見ばかりが通っていれば、これは「院政」状態です。

この答えとしては、やはり社長のポジションにつくまでに、他の業務と同様、「社長業」を任せられる腕を、それこそ脳みそに汗をかきながら、磨いてもらうしかないということになります。

社長の最も重要な仕事は、分業組織の中でカバーできていない非定型課題への対応

事業部制とは事業単位に組織を分け、そのＰＬ責任を負わせて腕を磨かせる制度です。

ソニーが１９９４年に取り入れたカンパニー制は、さらに進んで、本来はＢＳも含む財務責任を負

わせる制度です。

ただし、その後のソニーの凋落からもわかるように、**すべての経営理論やノウハウは、組織や制度だけ取り入れれば、うまくいくというものではありません。**

これらはただの舞台設定にすぎず、マネジメントにとっては使いこなすべき道具立ての一つにすぎません。

その上の地位のものが、この制度の舞台の上で「見える化」された事実に基づいて、責任者の廻すＰＤＣＡを確認することが肝の部分になります。

制度やノウハウだけを導入して、高い金をもらって去ってしまうコンサルタントもどうかと思いますが、「制度を取り入れたからもう大丈夫」と、使いこなすイメージを抱かないままに、安易に導入する経営側もどうかと思います。**経営に魔法の道具など存在しません。**

社長のポジションにあるものの最も重要な仕事の一つは、**組織の分業体制の中ではカバーされていない非定型の課題への対応であり、想定外の課題への「最後の砦」として対応すること**です。

この「最後の砦」としての社長業に必要な能力は、様々な「決まり事」以外への対応、その場その場での知恵と実践による「学習」、つまり、きわどい例外事例への対応の経験から積み上がった、前述の頭の中の「ニューラル・ネットワーク」を鍛えることによってしか習得はできません。

誤解のないように述べておきますが、目の前の問題については、すべて自分の頭だけで解決する必要はありません。誰と一緒にその問題に取り組めばいいのかを判断できるのも、この能力の一つです。

事業において実績を出すためのプランニングと実践を通じ、成功体験だけではなく失敗体験から学んでいる経験、つまり修羅場のレベルと数が重要であると言えます。

後継ぎとしての成長を考えた場合に、習得が必要なことを列挙してみると以下のようになります。

- プロジェクト、事業を成功に導く当事者として手を打ち続ける「執念」がある
- 想定通りにはいかないことに悩むことで、頭の中に活きた「ニューラル・ネットワーク」を発達させ、プロジェクトマネジャーとしての能力と「魂」を育んでいる
- 他の企業に行く場合は、取引先の社長の息子扱いのない環境を選び、ただの一社員として過ごし、組織を活かすための本当のダイナミズムを知る
- 組織論などのマネジメントの座学などは学ばない。もし勉強したいならば、実体験のあとにする（ヘンリー・ミンツバーグも『ＭＢＡが会社を滅ぼす』日経ＢＰで、不要論を述べている）

事業承継に成功する、ある典型的なパターン

創業者であれ誰であっても、成功者はそれまでのプロセスを経ての今があります。

特に創業者自身は自分がどうやって成功したかは語れても、後継者の置かれている状況が創業者とは異なることをイメージすることができません。

一族の後継者であれば、しっかりとしたディシプリン（信条、信念）を持ち、叱ることも辞さずに指

導ができる上長の下につけるのもありでしょう。

もし外に出すならば、親父の威光の全く及ばない所で自力で突破させるようにする。

相談には親身に乗ってやるのがいいでしょう。


かつてダイエーでは、創業者の中内㓛氏の子息がダイエーに入社後、当時の一番店の碑文谷店に配属された際に外車で通勤をしてきたことへの注意から始まり、もろもろの指導をした店長が、店のバックスペースの物流担当に異動になったとの話が流れたことがあります。

事の真偽はわかりません。人事部のいらぬ忖度による異動とも言われます。

しかし、たとえ噂であってもこのような話が流れるのは、やはり当時のダイエーの企業文化は、後継者を育てるという視点から、大いに問題があったと言えるでしょう。

日本最大の小売業として一世を風靡したダイエーでしたが、その後の関連会社の事業展開における個人保証などの結果、今は創業家には流通科学大学しか残っていないのではないでしょうか。


一方、息子への承継に成功した事例を見ていくと、ある典型的なパターンがあります。

その一例ですが、親と大喧嘩して飛び出した息子が親会社の経営の不調を知って戻り、事業を立て直す場合です。

まず社内に入って親に対して、自分の考えをはっきり述べる。

多くの場合、親は自分の考えとの違いが受け入れられません。そしてそれが通らなかった時、事業のオーナーである親にそれ以上の口出しをせずに身を引く。そこに甘えはありません。

その後、生活のために一般企業で一社員として働き、普通の社員がどういう視点で仕事をして、良くも悪くも組織にはどのような力が作用するものかを知ります。

これはとても大切な学習で、親父は恐怖政治でも社内を押し通せますが、それには実績に基づく信頼が伴っています。息子が恐怖政治を行った場合は、ただの「馬ニンジン」の恐怖政治であり、本当の求心力にはならず、組織内のエゴイスト化はさらに加速します。

そして実家の事業の不調を知って、自ら采配を振るために責任のある立場につく。

この時は、「しょうがないから自分がやってやる」ではなく、「自分にやらせてください」と親に対してリスペクトを表し、頭を下げることができるようです。

このパターンであれば、正しい思考と姿勢、気概に則った判断が可能な経験を積んでいることになります。次世代への「承継」を考える側は、世の中に数多い「承継」の失敗事例を知り、継ぐ側の立場で考えることが始まりになります。

準備のない相手にいきなり継がせれば、うまくいくほうが奇跡。息子や親族に継がせたいなら、親父の頭に浮かぶやり方とは違うマネジメントとなる前提を受け入れる。

PART 3

後継者を選ぶ際は、実績だけではなくやってきたプロセスをしっかり見る

私の知る会社でも、結果的に後継者選びがうまくいかなかったと言わざるをえない事例がいくつかあります。例えばこれは、ある上場している大手製造業の事例です。

この会社には、現会長が次の社長を選ぶというルールがありました。そして当時の会長が、「社内がだらけている。もっと数字をもとにした厳しいマネジメントが必要だ」と経理畑出身の役員を後継社長に選びました。

この新社長は生真面目な方でもあり、社内の経費管理と社内統制の強化に取り組みました。

ところが本来、この会社の強みは、技術、製品の開発力であり、新しいものにチャレンジして事業を伸ばし続けることが本当の肝でした。新社長は、事業の発展のために、いかに攻めの判断をすればいいのかが、まったくイメージできなかったのでしょう。研究者や開発部門のフラストレーションが募っていたことに、社長も気が付いていましたが、いかんせん、どうしたらいいのかがわかりませ

ん。

高い金を支払い、著名なコンサルティング会社を使いましたが、出てきた案は、やはり米国企業スタイルのマネジメントを前提にした組織の改革・運営プランです。

技術のことがよくわからないトップに対してコンサルティング会社が、「製品開発が肝の会社です。社長には、事業のリーダーシップを振るっていただき……」と「べき論」を唱えても、無理なものは無理。ほとんど意味がありません。

挙句の果てにこの方は、誰に唆されたのか、就任1年で同業他社との合併案を真面目に考えて、側近に語る始末です。おそらく、このトップはご自身のキャリアから、経理業務がかかわってきた事業の売買案件については容易にイメージすることができたのでしょう。

技術者たちは、まだまだ社内にやれることがいっぱいあり、社内にもそれをトライしていくだけでも多くの可能性が見出せることはわかっていましたので、やがてそれが伝わり、皆、唖然としたそうです。

同じように、人事を統括している方がトップになった事例や、総務部長がトップになった事例もあります。これらは、ご本人の人格や知的レベルは素晴らしくても、事業を発展させ伸ばしていく、その一歩を踏み出すイメージを描くことができないと、どうしても「ここ一番」の時の事業判断に踏み切ることができません。そうすると、結果として社内の求心力も弱くなってしまいます。

特に、最近の日本企業では成果主義評価が浸透し、売上を伸ばすためには常に挑戦が必要な営業や商品の責任者には減点評価がなされやすくなり、役員会のメンバーが管理系出身者ばかりになってしまった大手企業もあります。

なお、セブン&アイ・ホールディングス元会長の鈴木敏文氏は人事畑出身ですが、セブン-イレブンを立ち上げて苦労の末に成功させ、事業観を持ってトップに就きました。その人事畑出身である強みを使って人事制度を上手く連動させるマネジメントを行い、トップとして成功したのです。事業発展のためにリアルなイメージができる経験があるかがポイントです。

数字、実績だけでは判断できない

それでは実績で判断すればいいのかと言うと、それだけでも問題は起きます。

GEの元CEOジャック・ウェルチは、自身のクローンを作るという考え方で次世代の経営者候補の幹部育成を行いました。ジャック・ウェルチの退任を控え、GEではジャック・ウェルチの後任について、社内の下馬評ではジム・マクナーニの手腕が評価されていました。

多くの日本企業とは異なり、米国の上場企業では事業会社の執行組織とそれを監督する立場の株主の代表である取締役会とが完全に分かれています。CEOの人事を株主総会に提案するのは取締役会ですので、実質的には取締役会がCEOの任免への強い影響力を有することになります。

このジム・マクナーニは腕が良かったために、立て直しに成功して事業が上向くとすぐにジャック・ウェルチによって、次の立て直しが必要な不振事業の責任者として異動させられました。施策を施してからその実績を得るまでには、必ず「因果の時差（タイムラグ）」があります。結果、トラックレコード（事業責任者として着任中の実績）では、ジム・マクナーニの後に、事業を安定的に廻す役回りで就任していたジェフリー・イメルトのほうが見栄えがします。

結局、機関投資家からなる取締役会としては、トラックレコードの実績が良く、プレゼンテーション能力も高いイメルトを、ジャック・ウェルチの後継に指名しました。

その後、米国の株式市場ではアマゾンやグーグルの台頭などでプラットフォームビジネスに脚光が当てられ、この方面の対応ではイメルトは後手に回りました。収益性を保つ努力はしたものの、事業のゲームが変わる中で、株価の維持という面では苦境に立たされ、結果的にＧＥの時価総額をほぼ半減させて、２０１７年にＧＥを退任しました。

また、彼の就任中には、ＧＥはもはや事業会社ではなく、事業の投資・売買で資本効率を追求するＰＥ（プライベート・イクイティ、未公開株投資会社）化したと揶揄（やゆ）されるようになりました。

「ファクトベース」つまり事実をもとに議論を始めることは重要です。

しかしそこから、**事実の「意味合い」を正しく把握することまで行って初めて、適切な方向性を見いだす作業となります。**成果主義、実績主義のみで行う評価では、上記のような打ち手と結果の時差により、数字に表れない重要な要素を見落とすことがよくあります。

米国の上場企業においては、上記のように真の実力者の評価がなされないケースがあることは昔から指摘されています。80年代の古い話ですが、バンク・オブ・アメリカの立て直しに尽力したサム・アマコストが業績不振を理由に解任されて、世界銀行の総裁になっていたアルデン・クローセンが返り咲き、業績を戻しました。

しかし、そもそも業績を悪化させたのはアマコストの前任者であった、このクローセンであり、アマコストの立て直しがほぼ終わった時点で再び返り咲き、「良いとこどり」をしたことを当時の人は理解していました。取締役会と執行系の組織が分離されている米国でもこの問題は、まだ十分には解決されていないと言えるでしょう。（『日本の経営　アメリカの経営』八城政基　日本経済新聞出版より）

「実績とプロセス」の両方から精査する

こうして考えると次のトップ、CEOを選任するにあたり、我々はどのように考えるべきでしょうか。数字上の実績主義のみで選ぶと、GEやバンク・オブ・アメリカのように**施策と結果の「因果の時差」**によって、腕のあるものが外されてしまうことがあります。

また、先述した日本企業の事例のように会長とはいえ一人の意見、それも主観的な考えで選んでしまうと、やはり危険があります。この社長を選んだ当時の会長は、後に「間違った人選だった」と漏らしていたそうで、任期満了前のトップ人事の修正にも賛同されたそうです。

一言で言うならば、次の候補者を**「実績とプロセス」の両方から精査し、その方の発揮する力を読む**ことにつきると言えます。

実績は事実ですから、誰が見ても同じ、フェアな評価が行える基準となります。

しかし、先に述べた「因果の時差」がどう働いているのかは、その判断を行う側が事実を押さえた上で明らかにしなければなりません。

そもそもですが、企業での評価は学校の試験とは異なります。日本の学校の入学試験ではフェアさは重視しますが、CEOの登用はフェアさよりも実力をどう読むかが最優先です。

たとえば米国の大学院の入学審査では、試験の数字以外にも論文やエッセイなどが重視されます。その書かれたものを見て、どの人物が欲しいかを担当の教員は判断します。どの人物に自校で学んで欲しいか、そして論文や社会に出てから実績を上げ、出身者として自校の名を上げてくれる可能性を読みます。

つまり、日本のように「フェアさ」ばかりに神経質になり、大学入試センター試験のみに頼るのではなく、どのようなイニシアティブ（やる気、意志）を有しているのかを提出物から読みとり、必要に応じて自身の採用基準の説明責任を果たすことを辞さない判断を行います。

この視点は企業のトップ選出でも同じです。

これを行うためには普段より経営層レベルで、各事業責任者の問題解決の腕をしっかりと見ることができるように、少なくとも半期、あるいは四半期での事業レビュー（報告）の実施などで「経営レベルでのPDCA」をしっかりと廻させて報告を受けることが必要です。それにより「思惑」の介在する余地を少なくしておくことが有効であり、準備にもなると言えます。

それも、ただの自慢大会と化すことのないように、経営側の意志のもとに経営企画部などが出向いて共に作業をすることで、偏りなく、適切な「見える化」がなされた報告資料を作成する。この場を使って、経営層と議論を行い、相互の理解を深めるのです。つまり、うまく**「見える化」することで、**

ほとんどの問題が解決するという原則は、ここでも有効に働きます。

「プロ経営者」と呼ばれる人が、本当にその手腕を持っているのか？

それ以外にも、トップによる定期的な全幹部との面談やカウンセリングの実施によって、しっかりとコミュニケーションをとっておくと、さらに見通しは良くなってくるはずです。

ジャック・ウェルチの言う、「あるレベル以上の知性さえあれば、あとは同じ情報さえ共有できれば、その判断は同じになる」はトップ人事においても重要な視点でしょう。

社内に次世代の候補が見当たらない場合もあるかもしれません。今の時点ではあまりお勧めできないのが、いわゆる「プロ経営者」を外部から招へいする選択肢です。

米国では、経営者としての腕を磨くことを志向する人材が「土俵」となる企業を経ることのできる人材市場が出来上がっています。これがイニシアティブを重視する文化と相まって、場数を通して腕を磨いている人材がいます。

ところが日本企業の場合は、「和を以て貴し」とする文化の中、特にこの「失われた20年」あるいは30年の中で、事業会社では挑戦によって腕を磨いてきた人材が減ってしまったと言えるでしょう。

もちろん、ヘッドハンターに相談すれば、彼らも数字が欲しいので「実績を上げた方は米国ほどの数ではないですがおられます」と答え、すぐに動いてくれるはずです。

しかし、たとえば外資系企業出身者の中には数字を作ることだけに集中し、本当は事業にとって一番大切な本当の企業文化づくりなどはそっちのけで、自身の「帝国づくり」を進める人もいないわけではありません。

これは外資系企業では「実績を上げてなんぼ」と言う価値観が根付いており、しかも本国から距離があるために人事面での十分な目が行き届かず、そのため数字だけ上げていれば好きにやれてしまう側面があるからです。

そういう人材を日本企業が採用すると、政治力にもテクニックとして長けていることもあり、内部が「帝国」化する危険も想定できます。

まず「プロ経営者」と言うバズワードを使うのはやめましょう。そんな人はほとんどいないし、そう呼ばれている方が、本当にそうである保証はありません。実際にこれまでにマスコミで自身をそう呼んだ方は、首をひねらざるを得ないケースが多かったように思います。

トップを含めた、エグゼキュティブレベルの人材市場には、確かに腕もよく人間的にもしっかりされている方はたくさんおられます。特に、マスコミなどに名前の売れていない方の中に、地道に腕を磨いてこられた方が結構おられる印象はあります。

しかしここではさらに自社に、そこをしっかりと見て登用できる選別眼を持っていることが前提になります。

日本企業が今の局面を抜けていけば、腕も質もいい人材はさらに増えていくはずです。

それまでは、まずは社内に人が育つ文化を作ることを最優先にすえるべきです。トップが事業と人をしっかりと見て、対話を行う企業文化を作り、社内にいる人材を掘り起こし、機会を与えて挑戦を推進する姿勢を明確にしていってほしいと思います。

本気で耳を傾けることから始まり「対話する」「挑戦を推奨する（背中を押す）」
そして「見る（観察する）」。

トップを支え、トップに気付きを与える役割の側近を周りに配置する

Preparing for Business Success

ある会社のトップは、本業に関して卓越したアイデアマンであり、そのアイデアの切り口のユニークさで事業を急速に伸ばしてきました。

しかし、そのアイデアを実施した結果を検証し、次の打ち手を修正して現場に展開する役割を担っていたのは右腕役の営業企画担当の役員でした。

ある時、このトップはこの営業企画担当役員の任を解いて、新規プロジェクトの担当に配置換えしました。そしてそこから、既存店舗の成長の鈍化が始まったのです。それまでは、どんなに店数が増えても既存店舗の客数は伸びていたのですが、彼の後を継いだ営業企画担当者は、それまでにやってきた企画の焼き直ししか行うことができませんでした。

その後、新規プロジェクトの方針を巡って、その役員とトップがぶつかってしまい、彼は会社を去ってしまいました。この会社は新しい食文化の創造に取り組んでいたのですが、トップが思い付くアイデアを試して、その修正を重ねるＰＤＣＡが廻らなくなったことから、客数の減に歯止めがかからなくなったのです。結局、その経営の仕方のままでは増えた店舗数を支えることができない状態に至ってしまいました。

この事例のように、事業についての意思決定の精度を上げるＰＤＣＡは、多くの場合、ある規模を超えると一人の頭の中だけでは廻すことが難しくなります。

事業を起こした創業者は何かしらの天才的な才能をもって事業を開花させます。しかし、だからと言って経営の仕事全般に長けているわけではありません。今の事業ステージでは必要なものの、ご本人は得意ではない機能が必ず存在します。経営として安定させるためには、それを補完する側近の「参謀」役が必要になります。

本部、側近を正しく動かす

経営はトップ一人だけで行うわけではありません。

経営の実態をまとめる経営管理機能や、手元資金の実態を押さえ、先行きを読んで対応を行う財務などの本部機能、経営目線でのＰＤＣＡを廻す際には、意志決定の精度とスピードを支えるこの事例のような営業企画機能なども、事業規模が大きくなればなるほど重要となります。

この事例では、まだ「人治」色の強い組織運営にもかかわらず、事業の根幹のＰＤＣＡを担っていた営業企画担当役員を外してしまう判断をしたこと。そして、さらにはその後、実質的にはトップの意志で彼を辞めさせてしまったことが問題です。

なぜこの二つに歯止めがかからなかったのかが、この企業の抱える課題と言えます。

まず、これまでに何度も事業の立て直しを引き受けたことはありますが、すべての低迷企業に共通しているのは、**事業に関して顧客が何に反応しているのか、何を好み、何を不愉快に感じているのかが的確には把握できていない点**です。これは、**市場に対して仕掛けたことに関する検証が行われていないために、市場のプロファイリングができていないことを意味します。**

財務レベルの数字は毎月提出されていても、経営判断のために欲しい数値が、見たい角度で「見える化」されておらず、立て直しの際にはそこから手を付けることになります。タイムリーな判断が可能になる経営情報の「見える化」、つまり「計器飛行」が可能な状態づくりは経営を支える重要なポイントです。例えば銀行出身の方が事業の立て直しを請け負う場合など、基本的には、PL、BSを見て、業界平均などから目標数値を見いだして、そこに向かって数値管理を行い、帳尻を合わせていきます。

しかし、その会社の事業の先を読みとる肝心の「ニューラル・ネットワーク」が頭の中に培われていないと、切ってはいけない経費を悪気もなく切り、仮に今期の数値の見栄えは良くなっても、かえって事業の健全化に悪影響を及ぼすこともありえます。この手の事態を防ぐためにも**ある程度の常識のある人が見ればやるべきこと、やってはいけないことが読める「見える化」がなされた「計器飛行」ができる体制は、後継のためにも必須なのです。**

この事例では「見える化」の推進と、それに基づくトップへの提言の役割を、トップが、少し優秀な人材であれば、少しやらせればいずれできるだろうと安易に考えていたことが最初の大きな問題点と言えます。

「エゴイズムの残留思念」を排除する

「うちは周りの幹部層がしっかりしているから大丈夫だ」

創業者の中には、こう言われる方もいらっしゃるかもしれません。

しかしワンマントップの下、取り巻きが指示されたことだけを行う「ロボット」化している組織では、トップが変わっても新しいことには手を出さない、ただの前例踏襲のワーカー集団となります。

さらにワンマン創業者の周りは、上に対しては絶対的な忠誠を示すイエスマンであっても、「躾」の文化が乏しい場合は、下に対しては創業者の威光の下に高圧的な独裁マネジメントしか行わないエゴイストが増殖していることがあります。

この書に度々登場している彼らは、ワンマントップからすれば心地よく従順な幹部たちです。しかし仮に外部から腕の良い人材を幹部層に登用しても、その人が有能であればあるほど、排他的になりがちです。

これは、彼らの自信のなさの裏返しの保身行動なのですが、これが企業の発展を阻害する大きな要因になることがよくあります。

ワンマントップの下では手足となり、癒し役として有用な人材でも、彼らが事業の一部を自律的に担える人材かどうかは別の話です。トップではなく会社を見て、全体最適を考えて動く人材は社内に必ずいるものです。しかし、そうではないエゴイスト幹部を残したままで行う引き継ぎは、**「エゴイズムの残留思念」**が蠢き始めます。

この「エゴイズムの残留思念」が残ったままの状態になります。

先ほどの営業企画担当者とトップの間で起きた確執においても、それを黙って横で見ていた幹部がいたはずです。トップのアイデアを検証して施策の精度を上げる役割がなくなれば、その事業はどうなるかは幹部であれば読めるはずです。仮にトップが恐くても、本来はここそ取締役や側近が進言に出張る場面だったのです。ここで動きを見せなかった取締役メンバーは、自信を培っていないまま、しかも保身というささやかなエゴイズムを克服できないままにそこに居座ることになるのです。

日本の大企業や組織でも派閥が出来上がっていて、事業運営、組織運営上の大きなパワーロスを生じるのも、放置されたこの「エゴイズムの残留思念」の結果です。

上からの押さえがないまま、性善説に基づいて組織を作ったことが、後に大きな問題を引き起こす例は、日本ではとても多く見られます。古くは太平洋戦争の際に陸軍と海軍の対立で「ガダルカナル島」をはじめとする戦いで、本来は避けられたであろういくつもの大きな悲劇を招いたことはよく知られています。

組織において「エゴイズム」の排除は大きな命題であり、ワンマントップほどここは、必ず自身で手を打ってから次世代に渡すべきところです。そのままの状態で引継ぎ、事態の深刻さに気が付いた

2代目は彼らの一掃に手を付けますが、これは時には何年もかかる大仕事になります。

また、そこが課題だということに気が付いていない場合や、気が付いていても対応が大変であることから二の足を踏み放置してしまうと、「思惑」が深く根をはった、救われない組織が出来上がってしまいます。

最後のポイントは「お天道様」をいかに配置するか

アンコンシャス・バイアス（無意識の偏見）という言葉があります。執行組織では最高位に描かれるトップに、地位の高い人ほどこれが起きやすいと言われています。

いかに気付きを与えることのできる役割を作るかは、企業にとっては重要なテーマです。

世に「老害」という言葉がありますが、これは創業者や長老の上に「お天道様」がないがゆえに、絶対的な権力者化している状態です。

先の事例では、トップが自分のアイデアと営業企画の役員の検証の両輪によるPDCAで事業が成功していたことに気が付いていなかったこと。そして、側近のイエスマン達が会社よりも保身を優先している状態にも気が付かなかったこと。これら二つによって会社存続の危機を招いてしまったのです。

結局、最後のポイントは、トップに対しての健全なけん制力、つまり気付きのための「お天道様」をいかに配置するかです。

米国の上場企業の場合は、CEOの上に取締役会がおかれ、実質的にはCEOの任免権を持ちます。

しかしその評価指標は、事業価値の向上一本であり、多くの場合、単年度ベースの業績になることから、いったん事業の成長が止まると「刈り取り」を優先させてしまうことが多くなります。こうなると、将来に向けた「種まき」にあたる打ち手が打たれなくなり、事業運営では当期の数字づくりばかりが優先事項になり、事業の発展という意味では、バックギアに入ってしまいます。

一方、日本企業の場合は、取締役が、事業を監督する立場ではなく、旧来のままの部長や執行役の延長にある上位のポジションのように扱われている企業がまだ多くあります。

この状態では、取締役といってもワンマントップの場合は、恐怖心を払拭することは難しく、〝先ほどのような事態は起きてしかるべし〟ということになります。

また、上場企業であれば社外役員を置くことは義務付けられているものの、一社だけの勤務経験しかない方や、会計士や弁護士が中心となる構成では、事業を進化させるための本質的な課題の指摘や議論には、なかなか行いにくいものです。

では、多くの企業を見てきているコンサルタントがいいのかとなると、やはり机上の分析やプランニング作業ばかりに偏重してきた方では、経営の現実とのギャップが起きてしまいます。

社外取締役に適切な方を選ぶというのは大きな一つの打ち手になるでしょう。

長期にわたり、事業の荒波を乗り越えて事業の発展に尽力されてきた経営者の方々には、やはり、見えている景色の違いを感じることが多いです。

恐怖政治タイプではなく、直属の幹部との双方向のコミュニケーションにしっかりと時間をとってきた方は、押し付けではなく悩みに対する問題解決の姿勢を持っておられます。こういう方と巡り合えれば幸運だと言えるでしょう。

社内に健全な文化を作り、それを定着させる

トップに気付きを与える環境を作るにあたって私が推奨する方法は、この本でも何度か触れましたが、**社内に健全な文化を作り、それを定着させること**です。

「企業文化づくりなんて、そんな大変なことは時間がかかる。自分の在任中は無理だ」

こう考えられるトップは多いと思います。

しかし、実際に、私がある会社のCOOをやっていた時には、ものの1年ほどで、

「今出した方向性は、ちょっとおかしくありませんか」

「いつも言われている考え方で言えば、むしろ、こちらの案のほうが良いと思いますが」

との指摘が上がるようになり、

「そうか。言われてみればその通り」

などの会話が普通に行われるようになりました。

論理的な議論のできる場での反対意見は、議論のPDCAがその場で廻ることになり、参加者のアイデアを次々と俎上に載せやすくなります。

このケースの背景を少し説明しておくと、私がCOO役を受け持つ前までは、恐怖政治型の創業者トップが、黒いものでもシロと言い切るマネジメントを行っていました。

しかし、まったくの圧政というわけでもなく、幹部には提案をさせてそれを叩くスタイルをとっていましたので、皆には自身の考えをある程度、PCDAのPの作法に則ってまとめる訓練がなされていました。

従来から使っている帳票なども「なぜ、これを使うのか」の確認をしながら修正し、経営の「見える化」をさらに進め、かつ営業や商品、販促の責任者とは事実をもとに「なぜか」を徹底的に問い、どの打ち手の仮説が今取るべきものかを、その理由と共に言語化しながら、日々のマネジメントを行いました。

そうしてすべての結果をフェアに確認と検証をしていったところ、社員も信頼してくれて、安心して自身の意見を理由も添えて述べてくれるようになり、こちらの見えていなかった部分、気付いていなかったところについても指摘をして、常に良い方向に施策を修正をしてくれるようになりました。

この時に、各部署長が理解したことはたった1点、

「(思ったこと、気が付いたことを)言ってもいいんだ」

です。

理にかなった話であれば、理由と打ち手や、代案を添えてくれていれば、

「それでいい、やってみよう」となります。

あとは、その結果をすべて検証して、さらに必要な修正をするだけです。

組織の文化ができてしまえば、先読みについてもこちらの見通しから漏れている様々な部分も指摘をしてくれます。このやり方を実施したところ、長期間行き詰まっていた事業は2年で復活し、安定成長の軌道入れに成功することができました。

作り上げようとしている企業文化がまっとうであり、安定性を感じる限り、組織はそれを受け入れるものです。そのまっとうな文化が浸透しないのは、組織が上を信頼していないからです。

企業文化づくりは、高い金を払って広告代理店などにスローガンをまとめてもらうものでもなく、コンサルティング会社にまとめてもらうものでもありません。

トップ自身が、大義を背景にして皆の前で自身の言葉で語り、それをもとにフェアに判断し、上層部からのエゴイズムを諌（いさ）める姿を見て、皆が信用さえすれば、組織に浸透している考え方、立ち居振る舞い方はすぐに変わっていきます。

その会社は素直な熱血漢が多かったため、いったん信用さえ得られれば文化が出来上がるのが早かったというのもあるでしょう。これが、次世代に事業を「承継」する際の最大の贈りものになるはずです。もし、トップがこの文化づくりを推進するイメージがどうしても抱けないならば、やはり文化づくりのバトンを早めに次の代や適切な側近に引き継ぐ話です。

作り上げようとしている企業文化がまっとうであり、組織が上を信頼し、安心感が伝われば組織はすぐにでもそれを受け入れるもの。

Chapter 7

まとめ：経営トップの「あるべき姿」「なすべきこと」

Issues and Viewpoints for Top Management

Organization Theory for Top Management

Strategy Basics for Top Management

Dealing with Intelligence Outside

Facing Egoism and Idleness

Preparing for Business Succession

"Being" and "Doing" for Top Management

マネジメントのあり方を進化させられなくなった時は、次にバトンを渡す

数年前に、マイケル・キートン主演のマクドナルドを巨大企業にしたレイ・クロックの半生を描いた映画『ファウンダー　ハンバーガー帝国のヒミツ』が公開されました。

ご覧になられた方も多いと思いますが、彼はマクドナルド兄弟の生み出した画期的なハンバーガー店のビジネスの素晴らしさを知り、一フランチャイジーとして傘下に入ります。そしてマクドナルド兄弟を追い詰め、最後はマクドナルドのビジネスを取り上げて自分のものにするまでをリアルに描いたストーリーです。

後半ではマクドナルド兄弟に向かって「契約は破るためにあるんだ。来るなら来い」と啖呵（たんか）を切り、口約束もいとも簡単に破ります。レイ・クロックの自伝も出版されて多くの経営者にバイブルとして読まれていますが、自伝は多分に美化されている印象があり、おそらく映画で表現された姿の方が本人の実像に近いのでしょう。

社内外の参謀役の立場でこれまでに数多くの創業者や創業家トップとお付き合いをしてきましたが、その根にはこの映画にも描かれた、権力や金も含めた欲を志向する、人の本性、「獣（けもの）」とも言える部分が事業への強いエネルギーとなるのは間違いありません。

常に事業の発展を見据え、いかに組織を機能させるべきかを考え続ける

経営者は事業の発展のために、次の成長のステージに上ろうと改革を重ねます。様々な煩悩に囚われて進化が止まるケースも多々ありますが、想いはその先の「自己実現」を目指して、突き進んでいかれます。

初期の段階は、言語化にかける手間をすっ飛ばし、側近に企画を検討させることさえ時間の無駄とばかりに、トップは自分の頭の中だけでＰＤＣＡを廻し続けます。

自分一人の頭の中だけでＰＤＣＡを廻しているため、自社の事業については自身が一番、経験則を積み上げます。

部下が下手な質問などをすると叱りつけることもあり、貴重な外部からの意見なども、自分のやろうとすることへのブレーキに聞こえるために、基本、右から左へ聞き流しがちになります。その時に、レイ・クロックレベルのトップであれば、**常にその先にある事業の発展を見据えて、いかに組織を機能させるべきかを考え続けています。**

角度を変えて考えてみると、自身の頭の中だけで価値(バリュー)を創造(クリエイト)する、その最たるものが音楽のビジネスです。

ビジネスとしての成功を何十年も維持できているミュージシャンは、そう多くありません。ポップスやロックがお好きな方ならわかると思いますが、2018年には、ご存じザ・ローリングストーンズ、ポールマッカートニー、そして元ピンクフロイドのロジャーウォーターズが世界で230万人を動員するツアーを行い、もっとも稼いだ三大ミュージシャンとして報じられました。そこに肩を並べる米国のミュージシャンであるKISSも、ほぼ50年間、活動を継続。70歳前後になった今でも、前述の彼らに並ぶ集客力をグローバルに実現しています。

先日、そのKISSの事業運営上のリーダーであるジーン・シモンズがNHK-BSの99分の単独ドキュメンタリー番組に登場し、しみじみとこう述べていました。

「成功はある時にやってくるものだ。しかし、それを前向きに長期間続けることは本当に大変なことだ」。この言葉には、多くの成功者、あるいは中興の祖も自分のこととして実感されるのではないでしょうか。

経営者の頭の中のイメージを執念でビジネス化する

俗に言う、戦略的な切り口がユニークであり、うまくポジショニングがとれるチャンスを掴むことに成功すれば、ビジネスは開花します。

用意周到に様々な分析を行い、戦略を立てて事業に取り組むというのは、一見、理想的に響きますが、現実には、そのようなアプローチで立ち上がって成功したビジネスはあまり見たことはありません。

書面上のロジックに表現されないところにユニークな事業機会が存在するものというのは、真理と言えるでしょう。

ほとんどの場合、創業者たちが「これはいける」と自身が頭の中でイメージしたビジネスを執念で形にすることに取り組むところからスタートします。ここでの成功は、音楽産業で新しいミュージシャンなどが一発当ててスターダムにのし上がる瞬間とよく似ています。

問題は、音楽をビジネスに例えて表現するならば、その成功に再現性を持たせる曲とステージの創作、つまり製品開発ができるかどうか。さらにグループやチームであれば、感性に頼る価値の創造であるがゆえに、どうしても我のぶつかり合いになるメンバーをまとめて永続的に力を発揮する組織のマネジメントができるかどうかです。

開花したビジネスを、発展を続ける状態に持っていくことは、次に待ち構える大きなハードルであり、このハードルを乗り越えられなかった例は限りなく数多くあります。

ミュージシャンのような感性に頼る表現者の場合、ファン、つまり市場の求めるものが再限性のある形でうまく把握できないと、苦しみ、精神的に病んでしまうこともあります。また、グループの場合は、ビッグネームになった後に内紛が起き、かつての求道者役のリーダーが抜けてしまい、その後は、焼き直しのような作品や演奏を繰り返すだけで、表現者としては尻すぼみ状態になることもあります。ただし単にビジネスとして捉えれば、ビッグネームになっていれば、今度はエンターテインメントとしてのかつての曲をトリビュート的にライブで提供する形に展開するのも、ビジネスとしては十分に成立するでしょう。

ミュージシャン自身が表現者だけではなく、複数の表現者を生み出すプロデューサー役となり、自身のレーベル（音楽ブランド）を立ち上げていくケースも、数は少ないものの散見されます。

優れた表現者である本人が、優れたプロデューサーになれるのかは別の話ですが、企業の事業展開であれば、事業領域をリセットして、ビジネスとしてさらに発展させることに取り組むことは現実的な話です。

権力の味は蜜の味

個人が自身の作品を送り出すビジネスを展開するだけであれば、法人の形をとっていても「企業」とは言えません。

「起業家」が、「企業家」となって事業に永続性を持たせる努力を続けるか。あるいはゾゾタウンの前澤友作氏のように、自分の起こした事業がすでに自分のキャパシティを越えていることを納得したところで、潔く次の人にバトンを渡してしまうのも正しい選択でしょう。企業の成長は、何度かの踊り場をむかえるもので、各ステージにおいて、マネジメントの仕方に進化が求められます。

しかしトップが、次のステージのイメージができていない場合も多々あります。

大きな花火の打ち上げに成功し、感性やアイデアに優れていても、その先に事業を発展させていくために組織を育てあげる、分業の促進をどうしてもイメージできない方もいます。

この進化がうまく行えない、つまり**どうしてもトップご自身がイメージできず、自分のマネジメントの仕方を進化させることができない。もし、そういう状態だと思えるならば「経営のバトンを次に渡しましょう」が正解です。**

多くの場合、社内にいる優秀な人材や、まっとうに企業改革の場数を踏んだ方には、朧気（おぼろげ）でも次のステージの姿は見えているものです。

権力の味は蜜の味であり、人である以上、「帝国」のトップのポジションに惹かれてしまうことは否めません。しかし、**人は最後には、名前しか残せません。**

レイ・クロックはマクドナルドという大きなビジネスプラットフォームを作り上げた功績を残しました。一方、その生きざまの激しさは、映画にもなって世に周知のものとなり、人類が続く限り、歴史に残ります。

かつては、古事記、日本書紀などのごとくに社史などの形である程度は美化した情報にトリミングして残すことは可能でした。

しかし今やネットの時代あり、様々な情報は、消してしまうことが難しい情報としてネットの空間に残されます。成功をおさめた方ほど、自身の事業欲を超えたところで、果たして自身は歴史に何を残すのかを考えなければならないことになります。

成功した経営者の名を残す「ハコ」は、自身が築き上げた事業体である企業。永久に発展することができる「ハコ」づくりを考える。

「人治」と「法治」の二方向からマネジメントの進化を促進する

Being and Doing of Top Management

この書で述べてきたマネジメントの進化の方向性を、まとめておきます。

まずビジネスのスタートアップは、事業のユニークな勝ち方の着想を得た創業者が、資金を集め、人を使い、それをビジネスとして形にすべく、努力を続けます。

この時期のトップのありようは、今の市場に新しい価値を誕生させようとする「イノベーター」です。

事業が規模を伴って軌道に乗ってくると、Ｄｏｅｒの中の仕事のできる人材からマネジャー役を見出して、ピラミッド型の組織運営への最初の「進化」が起こり、トップの役割は「ディレクター」の色を帯びていきます。この際に、そのマネジャーたちを、ただのトップからの指示の伝達役にしてしまうケースがあります。

こうなると、そのマネジャーたちは、単にトップの意志を伝え、それを現場にやらせることが仕事になってしまい、組織にも自分の頭で考える力を培う「圧」がかかっていない状態になります。

ある会社で、新商品の社内発表の際に、全営業部長に10行ほどでまとめられたその商品の接客トーク文章が配られ、その場でトップから
「今から10分で暗記しろ！　二人ずつペアになって向かい合い、相手をお客さんだと思って、暗記したトークをかわりばんこに、一字一句そのまま話せ！」

と指示が飛んでいるのを見たことがあります。

この企業のトップは、組織にＷｈｙ（なぜ）を浸透させる意義を感じていません。営業部長をはじめとするマネジャーの仕事は、現場での指示の徹底のみを担う役なのです。

これこそがトップ発信の「垂直伝達」だけの組織運営で、この段階では考える機能、つまりＰＤＣＡを廻して考える役割はトップだけが担っています。

自分で考えて起案し、実践してＰＤＣＡを通してスキルアップするという「ジェネラルマネジャー」を名乗れるようになる訓練が全くない状態です。

この状態のまま、事業が大きく成長してしまうと、事業についてのＰＤＣＡを廻して考える「ニューラル・ネットワーク」を鍛えられているのは、トップ一人しかいない状態になります。

企業においては、優秀なトップ、あるいはトップの側近のもと、幹部から順番に起案させ、結果の検証後に修正を行うＰＤＣＡサイクルを廻させてクローンを育ててゆくマネジメントを行うしか、事業を自律的に運営できる力は育たないのです。

トップによる'Do this' マネジメントだけでは、事業の規模が大きくなると組織運営の限界が訪れま

す。

施策の立案を担当しているのは、基本的にはトップか、トップの意志の下に手を動かして書面に落とすトップ直轄の本部などの組織です。この直轄組織は、米国企業レベルでのトップによる強い押さえがあっても、どうしても現場とのかい離を起こしがちになります。

1970年代に起きた米国企業の不調は、この旧来型の'Do this'マネジメントがうまくいかなかったことが原因として挙げられています。

当時は、収益性の追求に成果主義指標ばかりが徹底され、製品の品質などがなおざりにされることも起きました。一時は「米国製」が品質の悪さの代名詞のようになり、米国人でさえも愛国主義者でもなければ「米国製」のものは買わず、その品質を疑ってかかるのが当たり前でした。

欧米では、当時、世界市場で破竹の勢いだった日本企業の強さの秘密を、徹底的に研究し、日本でPDCAの普及を行い、日本の製造業飛躍の一翼を担ったデミング博士を米国に戻して政府や企業の指導を行わせるなど、経済のエンジンである産業を復活させるための努力を必死で行いました。

それにより、市場や現場に近いところで問題解決を行うことが有効であるという日本式経営の強さに気づき、90年代に入ると、小集団活動やPDCA(米国では、CheckのCがStudyに進化したPDSA)などが取り入れられ、米国企業の復活につながったのです。

結局、この組織進化の次のステージは、実は今でも長期にわたり安定した成長を果たし続けている日本の超優良企業ではごく当たり前のごとく行われている、事業系の組織のすべての階層で行われるPDCAの精度を上げるマネジメント体制です。

この時のトップには、「ディレクター」による'Do this'マネジメントから、「攻めのPDCA」を組織に自律的に廻させて、社員、皆が周りに気がねせず、飛び跳ねることのできる舞台となるプラットフォーム、つまり「プロデューサー」役への進化が求められます。

トップがどんなに頑張っても、一人が1日に使える時間は24時間しかありません。

- トップの意向を踏まえて、現場を含めた各階層で考え、**自律的に動く組織**
- 部下や担当組織に、適切なアドバイスをしながら、「安定航行が実現できているか」「危機的な状況が迫ってきていないか」を様々な**「見える化」の工夫をして、即座に判断、対応できるようにして支えるマネジャー**
- この組織運営のあり方が、組織を最強な状態に持っていけると確信した**創業オーナー**
- 文化を作る**「躾」の浸透**
- その意義を理解している**現経営陣**
- そしてすべての**先達へのリスペクト**

これらによって支えられるのが、この三つ目のステージです。

「イノベーター」のステージのままでは、トップは開発者であり、アイデアマンのままですから事業は大きくは育ちません。

2番目の「ディレクター」のステージは、うまくいっているうちはトップは心地よいのですが、トップ以外に考え、意志決定をするものを作らず大きな組織を廻すことになり、いざ苦境に陥ると、この状態はトップにとっては苦痛以外の何物でもありません。

第3のステージは「プロデューサー」です。

「組織の上下間で、何をするべきかを事実を基にしっかりと話し合い、握る」

簡単に言ってしまえば、これだけですが、この精度を高め、上下で握り合える状態が普通になる文化づくりです。やはりすべての企業トップが目指すべきは、この「プロデューサー」の状態であり、これが「人治」マネジメントの進化が目指す到達点と言えます。

これに、「業務プロセス」に常に「カイゼン」を施す、進化、磨き上げを加えると、永続的な組織進化の二つの方向性になります。

各階層間の縦方向の「人治」マネジメントの進化は「人を育てる」です。

これに対して、時間軸の流れ、業務の流れに沿った横方向の「法治」マネジメントは「業務プロセス」を「見える化」して、日々の業務システムを磨き上げることを意味します。

個々の業務。部署としての業務。部署を渡って価値を創造し、形にする事業全体で見た時の業務。さらには各部署の作業から部門、事業の責任者が行う意志決定も、この「業務プロセス」に含まれます。各責任者の視点で業務プロセスの精度を高める「カイゼン」を重ねることです。

かつては、「カイゼン」を、現実の取り組みを知らずに語感だけでとらえて、「改善など限界がある」と言い切ってしまうコンサルタントや学校の先生もおられました。しかし、今やモノづくりの世界で

ディレクター	プロデューサー

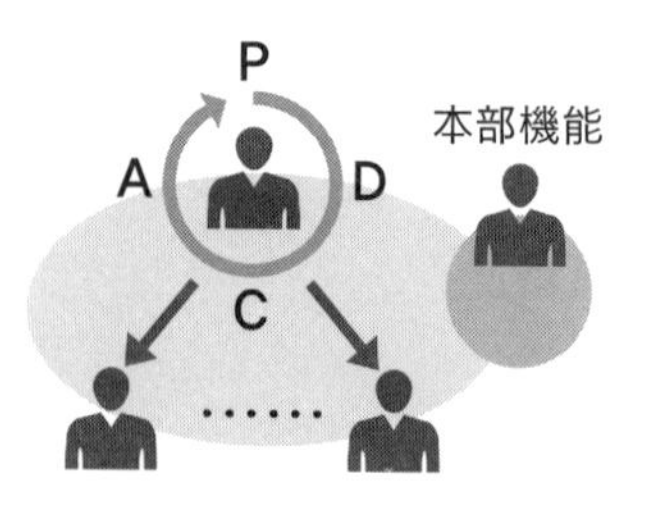

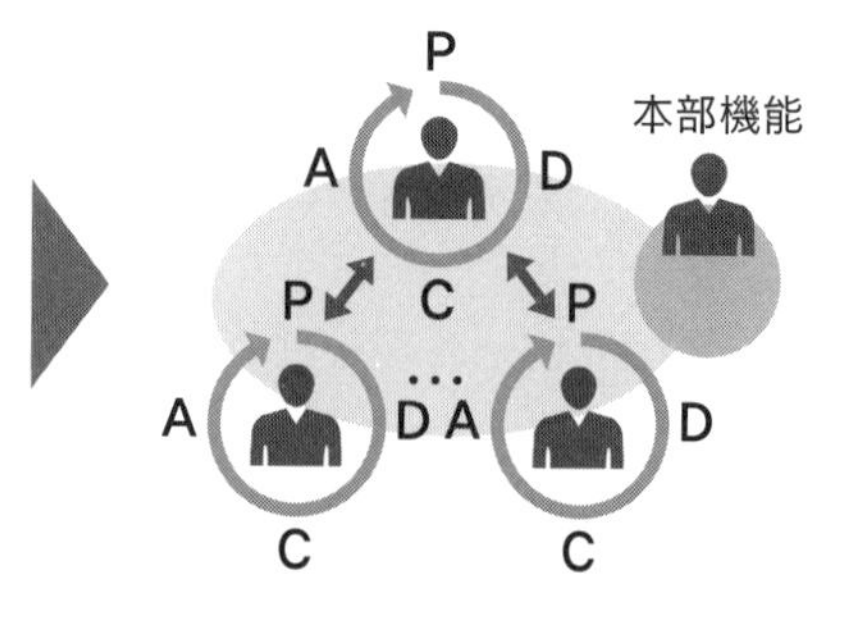

組織を全体観を持って動かす

- 事業の安定化のために成長を志向
- 一般的にトップはディレクティブ（命令的）なマネジメント、'Do This' になりやすい
- トップの役割を支え、トップの**PDCA**の精度を高めるために本部機能を設ける
- 事業の**PDCA**は、基本的には依然としてトップの頭の中だけで廻される。ただし一部の**PDCA**を任せられる幹部人材も現れ始める

自律的に考えて、動ける人と体制を育てる

- 事業の組織分業が進み、事業/機能部門ごとの**PDCA**も分業が進む
- 各事業/機能部門で廻っている**PDCA**が「見える化」された状態を作る
- 直属の部下には基本週一回のカウンセリング面談を行い、組織の運営実態を知るために、ひたすら「聴く」

図表7-1　「人治」と「法治」の二方向のマネジメントを進化させる①

トップのマネジメントスタイルの進化

イノベーター

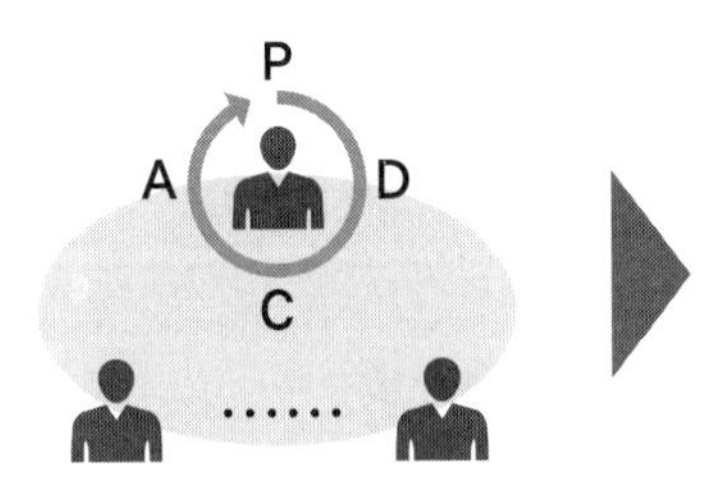

優先テーマ	**生き残りと 成長軌道入れ**
	・なりふりなどに構っていられない。ブレークスルーを目指して日々奔走 ・まずは資金繰りを気にしなくていい収益体質作り ・組織は、トップの意志を察して、適切に動くことが求められる ・事業の**PDCA**はトップの頭の中だけで廻される

「法治」：業務プロセス（手順とルール）の「カイゼン」

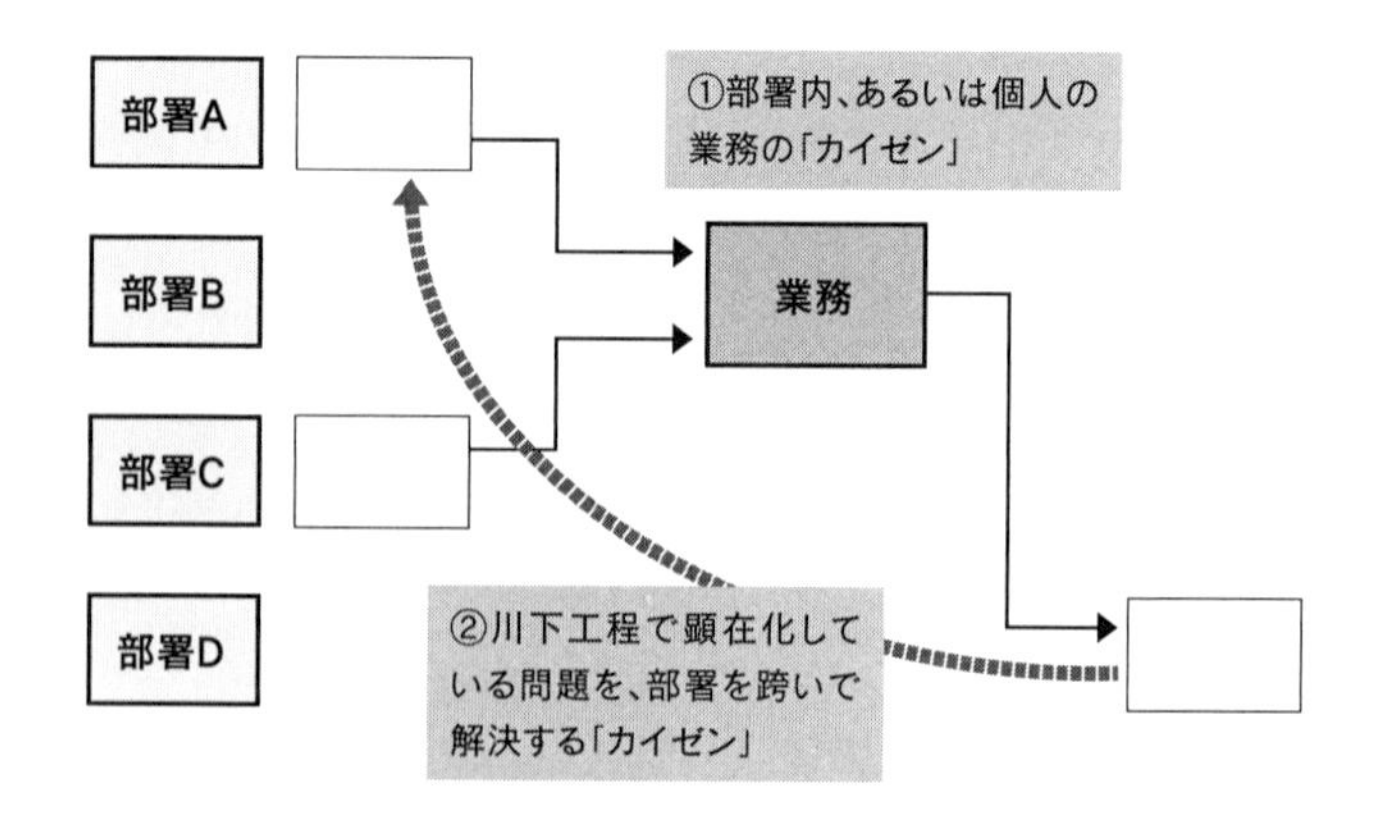

業務の手順には、製品の価値（**Value**）を含む品質**Q**の向上、コスト**C**の低減、納期**D**の短縮の観点から、「カイゼン」**A**を進める。また、全体最適化の推進の視点からルールの「カイゼン」**A**も日々進める

事業部長であっても、担当事業の業務プロセスを把握していないことは多い

は英語としても通用するようになった「カイゼン（kaizen）」の意味するところは、ただの改善（improvement）ではありません。

　トヨタで行われているのは、製品開発、事業開発の精度アップも含めた市場に価値を提供するための「業務プロセス」の磨き上げであることは、ビジネスの現場では知られるようになりました。「カイゼン」とは事業の進化です。

「カイゼン」活動を何

図表7-2　「人治」と「法治」の二方向のマネジメントを進化させる②

「人治」:人とそのマネジメント力を育てるPDCA

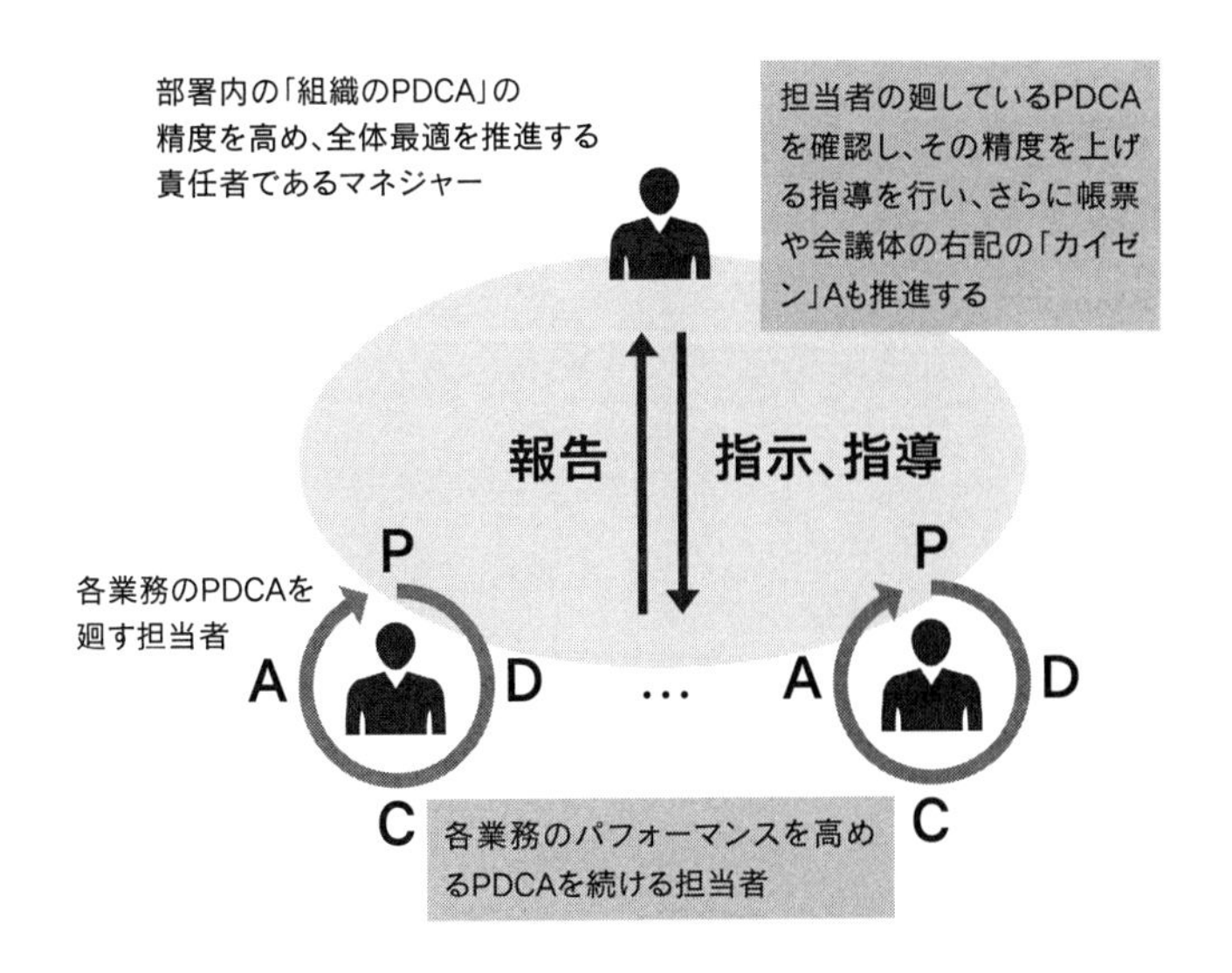

主役はマネジャー

十年も継続しているトヨタは、今でも1台当たりの原価低減効果だけでも毎年2~3万円を達成できていると言われています。

この事実一つだけを取り上げても、「たかが『カイゼン』」と笑う人はいなくなるでしょう。

POINT!

人を育てる「人治」と、業務プロセスを進化させる「法治」マネジメントの二つの進化で、事業体は頂き(いただ)を目指す。

CEOの高所得は、事業価値の向上に対する株主からの報酬として正当化されるもの

2018年11月に逮捕されたカルロス・ゴーン元日産会長への世論の意識は、ゴーン氏が得ていた報酬が不正かどうかに加えて、5〜10億円の年棒が適切かどうかにも向けられました。

「グローバルには正当化される金額であり、その中では最低限のレベルである」

公の場でもゴーン氏が、このように説明した報酬額ですが、

「グローバルには当然のことでも、今の日本では果たして正当化できるのだろうか」

というマスコミ上の論調もありました。

この問題を「グローバルに見ると正しいのか」と、グローバルな大勢(たいせい)の一般常識に従うべきか否かで、議論がなされてしまうのがいかにも日本らしく、この金額が何を根拠に正当化されているのかの議論に向かないのが、なんとも歯がゆい感じがします。

このグローバルに見たCEOの高額報酬がいかに正当化されるのかについて、ここで考えてみたい

と思います。

一般的に株式会社には、社長あるいはＣＥＯの上位に、その会社の株主に選ばれた取締役から成る取締役会が存在します。企業の初期の段階では大株主でありＣＥＯでもあるオーナーである創業者トップがこの取締役会と執行責任者のトップを兼任し、全権を握ります。

米国の大手上場企業の多くでは、大株主である機関投資家が、取締役会にメンバーを入れることを求めます。

この取締役会が、ＣＥＯを含めた取締役の任免について株主に向けての提案を行い、さらにそこに報酬委員会があれば、そこでの起案を検討した上で、総額や算式などの形も含めて株主に提案することになります。これによってＣＥＯの報酬と続投の可否には、機関投資家の意志が強く反映されることになります。

この機関投資家がＣＥＯに求めるのは、**成長性に基づく株価の価値の向上と、配当性向の高さによって得られるリターンの大きさ**、つまり、彼らにとっての**投資による収益性**です。

日本企業から米国などの外資系企業に転職した方はご存じの通り、外資系企業であれば前年対比＋15％程度の成長を求められることなどは当たり前で、各部門の担当者に課せられる数値責任の高さと重さは、一般の日本企業の比ではありません。

米国の大手企業の執行責任者の最上位に位置するＣＥＯは、このような高いハードルを毎年クリアできる采配力がある、あるいはそのポテンシャルを持つであろうとの前提で、株主から10億円を超える高額の報酬が承認されるのです。

創業者の場合は、多くの場合、株式の大多数を握っているためＩＰＯ、つまり証券取引所への上場時に自身の持つ株式を市場に放出して現金を手にすることができますが、創業者以外のトップは、次の「成長軌道入れ」と言う難題に取り組んでも、給与だけではなかなかそこまでの資産を手にすることができません。

それゆえ事業価値の向上に対する報酬として、高額の業績給やストックオプションの付与が行われることになります。

例外的なケースもあるものの、あくまで株主から見た客観的な妥当性で評価されますから、市況に依存した前年対比＋数％にも満たない成長や、利益幅が何年も変化がないような状態では、そもそも社長の任に能わず、すなわち「他の方に代わってください」が、この報酬体系の前提にあります。

「プロ経営者」人材には、何より「キャリア」の見栄えの良さが求められるが

株式投資をされている方はご存じだと思いますが、日本企業とそれ以外の国、特に米国企業とその配当性向の実績を比較すると、年がたつほどそのリターンに大きな差がつくのは、米国企業にはこの強い「圧」がＣＥＯに働く構造になっているからです。

先のゴーン氏の話に戻すと、ゴーン氏は今の日産を立て直す改革を成功させる大きな功績を上げられたのは事実です。

その功績に報いるだけの報酬が、グローバルな水準で支払われたのかと問われれば、上場している

のが日本の株式市場であり、先の米国企業並みの金額が出せていなかったのも事実でしょう。日産からの多額の配当がルノーに入ることになり、ルノーの会長職には就いていたものの、おそらくゴーン氏自身が手にできるべきと思っていた多額の報酬については、「自分が立て直した日産から取れ」という空気感がルノー側にあったのでしょう。

今回のゴーン氏の事件により、報酬の「グローバル」化が再度、議論されるようになりました。

これを契機に、本当の意味でのトップが目指すべきグローバル水準での成長と利益の達成に向けて、事業を成長させる挑戦から学び、大きく事業価値を高めて高額の報酬を手にしていくトップが増えることを心から期待したいと思います。

これが、本当の意味での日本経済の活性化につながると言えます。

成長性と収益の向上に基づく事業価値の向上に取り組まないCEOの高所得は、正当化できるものではない。

日本のトップも、継続的な成長とそのための社内のマネジメント体制、事業プロセスの進化を実現し、欧米企業並みの報酬を大手を振って受けとろう。

自身の上に「お天道様」を置かない最高権力者は、おのれの中の「獣」をコントロールできなくなる

我が国の近隣にも独裁政権の国がありますが、独裁政権は常に危険をはらんでいます。

かつて、欧州を戦乱の渦に巻き込んだ第2次世界大戦も、全体主義の名のもとに、現状に不満を抱える民衆の支持を得て台頭してきたムッソリーニ、ヒトラーなどの独裁者による政権と、民主的な運営において進歩している国々との対立軸から起きたものです。

独裁体制の恐ろしさは、そのトップに対しては何のけん制も働かない点です。

一人にすべての権力が集中すると、どうしても、権力者の主観的な判断だけがまかり通るようになります。

国家主席であれば、べき論として本来は「国の繁栄」「国民の幸せ」を最優先に、全ての意思決定をしなければならないのですが、実質的に説明責任はなく、自身の好きなような意思決定を行えるようになり、本音は「国の私物化」であり自分の権力欲を満たすためになってしまいます。

繰り返しますが、**権力は蜜の味**です。

自身の権力を維持することを最優先にしていくもので、近隣の国家を見ていてもわかるように、組織すべてがそのトップの「欲」の維持のためだけに動かされる状態が出来上がってしまいます。

これは企業においても同じです。

組織図上の最高位に位置する社長、あるいはCEOは、理屈の上では、その下の組織を自分の思うように動かすことができます。

これが上場している株式会社の場合はCEOの上位に、株主の代表である取締役会が、少なくとも形の上ではCEOの任免権を握って存在しています。

しかし創業者の多くは、その会社の発行した株式を、実質的に最も多く保有している状態を作りますので、一般的な株式会社の場合、取締役会の議長も兼任します。

事業が当たり、成長する初期の段階では、創業者の頭の中ですべてを素早く判断しながら、事業を前に進めていく方が、圧倒的に効果的です。

ユニークな事業の切り口のアイデアを、形にして事業を発展させている時は、自社の事業を広げることの社会的な意義も感じ、純粋に前向きな想いを抱いて、ひたむきに頑張ります。

しかしながら、いったん成長がスローダウンし、踊り場をむかえてしまうと、事業を再び成長軌道に入れようとあがく一方で、自身の権力の維持を優先させようとする創業者を見ることは珍しくありません。

「お天道様は見ています」

前章でも触れ、誰もが聞いたことがある言葉ですが、人は弱いもので、上位概念である「お天道様」がいないと、いともたやすく煩悩に囚われます。

人は誰でも、心の中に「獣」を飼っています。

エネルギーレベルの高い方の「獣」は元気が良すぎて、万が一、「押さえ」が利かなくなると手に負えない状態になってしまうことがあります。

あるワンマン創業者が、オウム真理教の事件があった時にテレビを見ながら、「こいつは、俺と一緒だ」と呟いたそうです。それを横で聞いていた家族が、「少しは、自覚はあるんだ」と、ほっとしたのもつかの間、「いやちがう。俺には理念がある」と言って、「やっぱりわかってない」と皆、肩を落としたそうです。どのような理念も、それを解釈するものが一人だけならば、やはり絶対的な存在になってしまいます。

かつてはメインバンクが「お天道様」の役割を担っていた日本企業

日本リテイリングセンターの故渥美俊一先生が、事業を成功させたものの、晩年に煩悩に囚われてしまうトップを「みみっちい」と表現されました。

折角、世に誇れる偉業を成し遂げたトップ、そしてそれを引き継ぐ大役を担うトップが「みみっちく」なっては、社員にとって迷惑なだけではなく、ご本人、そして自分を選んでくれた先代の名前さ

え も汚すことになりかねません。

かつての高度成長期には、日本ではメインバンクが、株主、あるいは貸付という形をとっているものの実質的には資本家のような立場で、「ご意見番」として機能していました。上場時の株式を持つだけではなく、積極的に長期的な融資を行うことが一般的で、銀行側もリスクマネーを提供し、それにより企業の経営を見る目を培うことができました。

しかしながら、バブル崩壊の影響により21世紀に入ってから、行政が大手銀行の不良債権を半減させるために銀行の自己査定基準の厳格化を行いました。それにより銀行による「貸し剥がし」が起き、さらには担保のない企業には融資を控えるようになり、銀行はそれまでの、企業の成長を見守り、口出ししながら後押しする「お天道様」の役割から遠のいていきました。

当時は、川上産業から小売業などの川下産業に、付加価値創造のポイントが移っていく時期でもあり、かくして小売業を中心に、トップが絶対的な権力者として振る舞うことのできる「小さな独裁国家」化したワンマン企業が増えることになりました。

株主が強い米国企業の場合、押さえとなる「お天道様」の意志としては、前述の株主へのリターンが最優先になり、これはこれで、短期収益確保の打ち手の連打や人員整理などで事業本来の力を弱めるリスクがあるものの、上から監視する存在として「けん制」の役割は果たせていることにはなります。

かつて、村上ファンドが上場株を買い進め、企業に取締役の送り込みを要求したことが事件のように報道されました。それ自体は、米国では当たり前に行われる「作法」の一つですが、企業側の合意を取らずに株の取得を進めた点が、日本に根付いている「和を以て貴し」の感覚を刺激し、ネガティブに捉えられたのでしょう。

では日本企業を想定した場合、トップの上には、どのような「お天道様」が好ましいのでしょうか。

なんらかの思惑を持つ大株主が影響力を行使しないという前提で考えると、たとえば古くからある企業では、歴代のトップの長老会や、ある程度の影響力のある長老が、実質的に企業としての普遍の価値観を語り、顧問となって意見を述べる場合もあります。

しかしこれこそ、歴史と時間をかけて出来上がった状態であり、一朝一夕でかなう状態ではありません。

ＩＴのハードウェアの能力が、従来は理論止まりだった世界観や、「できたらいいな」レベルの夢想を、手の届く範囲のコストで実現できるようになり、ビジネスが大きく変化していく今、その長老たち全員が、今の経営環境を理解して適切な意見が出せるかどうかは、かなり微妙だと言えます。

そう考えると、一つ、**トップの意思でできることは、やはり前述のように企業文化を「お天道様」にして、社内に浸透させること**だと思います。

この本でもトヨタの例を何度か挙げていますが、トヨタグループには、明らかに、トヨタのやり方を支えている組織の価値観が社内にあります。

その想いや考え方が「是」であることが浸透しているという意味で、一種、宗教的と言うこともできると思います。

社内に前向きな文化を作って、実（じつ）が語れる状態を作っておくことは、社員だけではなく、トップ自身が、なすべき新たな改革に気が付いた際に、トップ自身を支えることにもなります。

誰の心の中にもいる「獣」には、おとなしく従順な「獣」もいれば、檻を壊すほどに激しい「獣」の場合もあるでしょう。危険度もさまざまですが、一代で築き上げた創業者や改革者の飼っている「獣」は、概して獰猛（どうもう）です。

こうして考えると、その「獣」の元気の良さと、それを飼いならす正しいコントロール力。

この二つが、トップ、そしてリーダーの成功を後押しする二大要素になるのでしょう。

トップがこの子、すなわち「獣」を飼いならして、その強いエネルギーを前に向ける指針には、事業活動の中で培われる健全な文化が、トップにとっての迷いさえも払しょくするものになるように思われます。

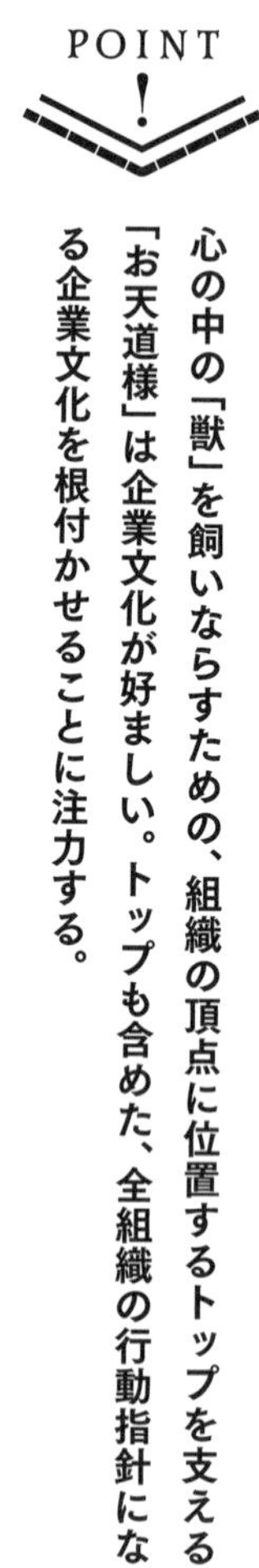

誰も手をつけない課題に取り組む人材を守り、社内のエゴイズムに睨みを利かせる

アメリカンコミックのヒーロー、映画でもよく知られるダークナイトこと「バットマン」は、多くの方がご存じだと思います。正義の味方であれば、もっと優しい容貌で、それこそ初代のウルトラマンのような、すっきりとした、やさしくヒーロー然とした姿をしていてもいいようにも思えます。

しかし、「バットマン」は闇に紛れて行動し、懲らしめた悪人には恐怖のイメージを知らしめ、「自分のことを仲間に話せ」と迫り、自身が世の悪行へのけん制の象徴になろうとします。

こうして考えてみると、元祖変身ヒーローとして1971年に登場し、現代もそのシリーズが脈々と続く「仮面ライダー」。その翌年に登場したアニメーションの「マジンガーZ」。その昔に遡れば1960年代の映画「大魔神」、もっとその前に漫画で読まれていた「黄金バット」、比較的最近でも「牙狼〈GARO〉」と、これらのヒーローは「バットマン」と同様に、屋根の上の鬼瓦よろしく「睨み」を利かせる表現の容姿をしています。

これは悪、すなわち人のエゴイズムへのけん制を自身の役割としていることを意味しています。

組織におけるマネジャーの役割についての講演の際に、空海が仏像で表現した立体曼荼羅を引用して話をします。空海以前の日本における仏教は禁欲的でした。ところが空海が日本に持ってきた理趣経では人の欲望を人のエネルギーとして是としており、これによって、僧にも婚姻が認められるようになりました。ただし人の欲望は、時として利己的な煩悩となり暴走することがあります。

立体曼荼羅である仏像群の中央には如来が位置し、その左右には、慈悲を象徴する菩薩と、睨みを利かせる、不動明王に代表される明王がいます。不動明王はその手に縄と剣を持っていますが、これは、煩悩を縛り、それでも抑えられなければ叩き切ることを意味しています。

そして、これらの**菩薩、明王は、それぞれが独立した人格ではなく、中央にいる如来が変化した姿であり、本来、トップには自身で、その両方の顔を使い分けることが求められるのです。**

「人、性善なれど、性怠惰なり」

人というものは弱いもので、いともたやすく煩悩に囚われます。
集団や組織におけるエゴイズムの蔓延は、国や企業も含め、すべての組織を滅亡に導きます。
中央に位置するトップは、その組織の目的に向かって舵をとると同時に、組織におけるフェアネス、つまり平和の維持の象徴でもあります。

社内のフェアネスを破壊する人材への対応を怠らない

この「バットマン」は、舞台設定の米国のゴッサムシティにおける公の組織には、どこにも表れていない存在です。闇の騎士、ダークナイトとして、皆がその存在を知っていても、社会の公式な秩序の中にはどこにも配置されていないのです。

先述した、月に1回、人事部長に辞めさせる幹部社員のリストを渡すトップも、この明王の役割を果たしているのです。辞めさせる幹部のリストを受けとる人事部長の任も大変ですが、こうやって、社内のフェアネス、正義を破壊する人材への対応を、ある意味ドライに続けているのが、この会社の表には出てこないトップの断固たる姿勢なのです。

「バットマン」は、書面化されている現行の秩序構造の不備の部分を正す役割を担って発生した、本音では必要とされているものの、公には認められていない存在です。同じく、大ヒットしたマーベル映画のシリーズの「アベンジャーズ」も、公式な存在となるべきかで真っ二つに割れてしまうプロセスを経て、最終的には大国の「思惑」の絡むことのない、公式ではない位置づけの道を選びます。

映画やコミックで語られるこうしたヒーローは、多くの場合、「バットマン」に代表されるように、現行秩序の問題に取り組み、何ら個人にとっての直接的な益にはつながらないことがわかっていても、社会に生ずるエゴイズムの権化であるヴィラン（villain）、つまり悪者との戦いに命をかけます。

これを企業の中で考えてみると、現行のルールの間隙（かんげき）を縫って、合法ではあるもののエゴイズムの動機のもとに動き、既存の法やルールを上手く利用して自身の勢力の強化や、自身への評価を上げよう、自身の利につなげようと大なり小なり考えて動くものがいます。

その一方で、企業の中で、新規製品の開発のイニシアティブをとる、あるいは新しいシステム開発などにより企業や事業を発展させることで、そこで働く人たちにとってより良い状態を作ろうとする「バットマン」、言い換えれば、知的であるものの「ドン・キホーテ」のような人物が現れることがあります。

エゴイズムとは対極的な位置づけとなる、この「ドン・キホーテ」的な動きは、自分にメリットのある現行の秩序構造を変えて欲しくないエゴイストたちにとっては、目障り極まりない存在です。

企業の中にある、現行のルールや秩序は、たとえその方向性は間違ってはいなくても、常に修正すべき余地が大なり小なり残っています。

社内には時折、手つかずで残されている課題に取り組むべきであると、自分の職責外であり、直接的な評価にもならない改善すべき課題について、本気で声を上げるものが出てきます。

彼ら「ドン・キホーテ」たちは必ず、現行の秩序を変えてほしくないものたちによって、つぶされそうになります。

もし、社内でそのようなことが起きていることを知った時は、トップの立場から彼らを守ってあげてください。

マネジャーの仕事はルールを守らせることですが、そもそも**担当組織の上位者としてのマネジャーの本当の使命は、そのルールに内在する問題点を明らかにして、より良い状態に修正すること**です。

そのマネジャーの最高位に位置するのは企業のトップです。全社と将来を見据えた視点から、現行のルールや秩序をより良い状態に修正するのは、経営トップの役目です。

ただし往々にして、企業に内在する大きな問題は、あからさまには表面化はしていないものです。どこに問題があるのか、そこを修正すべきなのかは、日々、普通に過ごしているだけでは、見えず、なかなか気が付かないことも良くあります。

しかし、現行の制度には、まず間違いなく「カイゼン」の余地があります。それに気が付いて声を上げる「バットマン」ならぬ、社内の「ドン・キホーテ」には注視して、守ってあげてください。

常識もある程度備えた人材ならば、課題プロジェクトを起こす際に、声をかけるのも良いと思います。彼らは、会社を牽引していく未来のリーダーの一人になる可能性が、十分にあります。

知的な人たちほどやるべきこと、試す価値があることだとわかっていても、そのリスクをしっかりと読みます。トップは社内の課題をよく押さえ、彼らに「大丈夫だ。一歩踏み出していいよ」と背中を押してあげてください。

現行のルールや秩序の課題、問題点を正すのは、「バットマン」の顔も持つトップの役割。時折現れる、自身の評価には直接つながらなくても、課題に取り組もうとする「ドン・キホーテ」人材を守り、常に注視しておく。

経営判断において優先させるべきは、顧客から自社への「信頼」というブランド力の向上

２０１８年に製作費３００万円のインディーズ映画、『カメラを止めるな！』が配給収入だけでも31億円を超える大ヒットとなりました。

製作費10億円をかけ、さらに広告宣伝費も10億円かけて成功した『キングダム』の興行収入が57億円ですから、これがいかにすごいことなのかがわかります。

様々な制約の中で新しいことに取り組むと、この映画の内容のようなドタバタ状態が起こります。大小の「思惑」が絡む中、それでも前向きな想いと情熱がぶつかり合い、監督を中心に、ことが成就していくプロセスに共感を抱き、誰もが自身の実体験と重ねて、大いに笑えた方が多かったのではないでしょうか。

さてこの大ヒットで、監督や出演者は、さぞかし金銭面でも報われ、大儲けしたのであろうと想像してしまいがちですが、実際には、その成功により得られた収入は彼らの元には入っていません。

それでは、映画づくりに情熱を傾けた彼らは、世に認められたという満足感以外に得られるものはなかったのでしょうか。

この映画は様々な賞を受賞し、上田慎一郎監督には次の映画制作のためのオファーと予算がつきました。出演者もこの映画を通した露出により、世の中の人はその顔を知るようになり、ドラマや広告の仕事も増えました。

また、この映画製作にかかわった人たちも、そのメンバーとして業界ではすでに知られました。

結局、彼らが得たのは、新しいアイデアを映画にできる、低予算でも情熱を込めてしっかりとした映画をつくれる、ユニークな演技ができるなどの「クレジット」、つまり信用力ということになります。

以前、ある小売業の創業者が営業部長たちを前にして、

「いいか、お前たちはお客様の命の次に大切なお金をいただくんだ！」

と一説ぶっている場に立ち会ったことがあります。

この時、なるほどとは思ったものの、同時にそこはかとない違和感を抱きました。

人にとって、一番大事なものが「命」で、その次が「金」であるとは、このトップのそれまでの発言や生き方から、この方がそう信じていることはよくわかります。

しかしよく考えてみれば、我々にとって大切なものには、「命」「金」、そしてもう一つ、「信用」があることに気が付きます。

我々が、つい頼りにしてしまう**ブランドは、この「信用」と同義**です。

「あの店に行けば、必ずお値打ちに商品が買える」

「このブランドの商品を買っておけば問題ない」

から始まり、企業内でも、

「このコンサルティング会社は、名前はマスコミでも通っているし、依頼しても大丈夫だろう」

「あの学校を出て、あの会社の出身の人物であれば、中途採用しても良いのでは」

これらすべてが、信用に足るだろうと判断されたブランドイメージに基づく判断なのです。

事業にとって重要なのは「金」「信用」「学習」

事業に携わっていると、今期の収益をどうしても意識してしまいます。

特に金融機関からの借り入れがある場合、金融機関に提出するPL。

また、上場していれば、株主への配当の原資となる利益高。

もちろんトップ自身や経営層が株を有していれば、その株価も気になるはずです。

しかし、事業が存続する前提で、未来に向けて発展していくことを考えると、事業にとって重要なのは、「金」「信用」そして「学習」と捉えることができると思います。

まず、「金」がビジネスに重要なのは、間違いありません。

この「金」が枯渇すると、そもそも事業が機能しなくなり、事業の「命」にかかわる話となります。

そういう意味で、企業の中の活動に栄養を行き届かせる、必須の血液のような役割です。

その栄養を有効に使うということで、事業にはROE、投資収益性が重要なのですが、問題は、税引後利益は、何のためにあるのかということです。

事業に投資をしてくれている出資者、すなわち株主には、そこから配当が出されます。

収益性の高い事業の「区分所有権」は価値が高まりますので、その株価も上がります。

その配当後の現金が社内に積み上がっていっているのが、今の日本の多くの上場企業です。

しかし、欧米諸国の企業と比べ、日本企業の上場企業の株価の伸びが著しく低いのは、企業の成長性の低さが理由です。この成長が他国に比べて見劣りするのは、せっかく積み上げている現金を使った挑戦、「攻め」が乏しいからに他なりません。

ある程度の配当があれば、既存の株主の手前、とりあえず最低限の線はクリアできたことになります。しかしグローバルに捉えれば、企業は収益性を確保した上で、成長が必須です。

収益性が高いままで成長のない企業は、それに見合った株価がついてPERが妥当なところに落ちつくだけです。

投資家の眼が向くのは、十分な収益がある上で、成長性に向かって挑戦して成果を上げている企業であり、果敢に成長のための投資を行っている、フューチャーバリュー（未来に期待できる価値）の向上です。

つまり、その確率が高く想定される投機利益が見込める、「信用」できる企業です。

こうして考えると、先ほど「金」は企業にとっての栄養を行き届かせるための血液という表現をしましたが、もっとストレートにエネルギーと捉えたほうが適切でしょう。

先ほどの『カメラを止めるな！』の監督やメンバーは、それまでは無名で、ビジネスにおける「信用」に乏しかったのです。ところが、この映画のヒットにより、彼らは「信用」を手にし、「金」が後からついいてくる状態を勝ち得ました。

事業活動を通じてブランドの信用を高める

二つめの「信用」は、一つ目の「金」、つまり流動性が安全圏内に保たれている前提では、事業活動において、最も重要なものと言っても良いかもしれません。

たとえばですが、ポール・スミスのようなブランドが、何かの理由で、過剰の在庫を抱え、資金繰りに困っていると仮定します。

そして、「流動性」確保のために在庫の現金化が必要になってしまい、「在庫過剰につき、在庫一掃、全品40％引きセール」を行ったとします。

おそらく多くの顧客が押し寄せ、かつてなかった大きな売上をあげ、粗利率は下がるものの、当期は利益も上がり、手元の現金が増えるでしょう。

ところが、その翌年に、「おかげさまで復活しました。新作を提供する感謝セール」を行ったとしたら、どうでしょうか。

もう誰も、見向きもしないはずです。

これは、最初の在庫一掃セールで、ブランドの価値を金に換えたことになるためです。

顧客は、ブランドとしてのポール・スミスを買いに行ったというよりも、ポール・スミスの商品ならば、デザインも品質も良いはずだ、というコモディティレベルでの価値も期待し、これが最後のポール・スミスであると受け止めて来店しているのです。

金に換えたせいで、ブランドの価値は一度下がります。その後、しばらく時をおいてからの復活であればまだしも、その翌年の復活感謝セールでは、下がったブランド価値をその位置で固定させてしまうことになります。

実際には、ファッションブランドは、季末に行うセールを除いては、店頭で在庫一掃などを行うことはしません。

これは、そもそもブランドが信頼そのものを意味するからで、信頼を裏切った時点で、それはブランドとは呼べないということになります。

我々が日々行なっている事業活動も、顧客に認知してもらい、そのうえで購入していただき、対価をいただく。そして、満足いただき、再来店や他のお客様に、自社の商品が良いとお話しいただく。

このサイクルによって、信頼であるブランドの力を高めていくということです。

先ほどの「命の次に大事なのが金」という命題の間には、本来は、信頼、信用を挟み込むべきだと思います。

金を引っ張れるのも信用力です。

状況次第では、信頼のためには、命までかけようと考える人も出てくるのです。

企業への信頼は、コンプライアンス上のやってはいけないことを守ることだけではありません。

そして最後に挙げた「学習」ですが、企業は様々な事業活動を通じて、学習するために存在していると言っても良いと思います。

この本を通して「組織で廻すPDCA」の重要性を繰り返し述べていますが、これが企業としての学習の精度を高める話です。

企業において、経営トップが常に頭に置いておかねばならないのが、次の三つです。

「金」「信用」「学習」

これらは、人が一生を通じて意識し、積み重ねなければならないものとも重なります。

この三つを、企業、人それぞれにおいて、どの順番に並べるか。

これをトップ自身の言葉で語れる状態が好ましいです。

事業の「命」の続く限り、最も価値のあるのは「信用」。ちなみに私ならば、企業の「命」を維持、存続するに十分なキャッシュフローがある前提で、「信用」「学習」「金」の順番に並べ、さらに「学習」の前に「挑戦」を加える。

トップが目を凝らして見据えなければならないのは、目の前にあるロジックの「向こう側」にある真理

「我が社の事業は、他国にも受け入れられる。海外に進出して、事業展開を行おう」

仮に、新たなる成長機会を見出すために、こうした課題が提起されたとします。

さて、検討にあたり、まずはどのようなアクションがとられるでしょうか。

仮にアジアへの進出に限ったとしても、おそらく中国、韓国、台湾、ベトナム、インドネシア、シンガポール、フィリピン、タイ……。何か国かがＧＤＰの大きい順などにリストアップされます。

経営企画室あたりが素案づくりの命を受け、これらの国名を縦に並べ、横軸に、ＧＤＰ・経済成長率、国民の平均年齢などの市場規模に関する情報を上げ、類似の製品を提供している競合企業の有無などを挙げ、それらの情報から、仮の可否判断の資料を作ります。

ところがこれらはすでに数値化、言語化され、公表されている、あくまで氷山の一角の、事業のポテンシャルに関しての情報です。

かつて伊勢丹が上海に進出する際に、責任者は出店予定地の前の通行者の写真を撮り、ファッションの傾向を押さえて品ぞろえを行ったそうです。

ところが実際にビジネスを始めると、当時の上海の伊勢丹に来る上顧客は、直接、自動車で店の前まで乗り付けて大量の買い物をして、そのまま車に乗って帰る官僚機構の奥様たちで、全体の売り上げの8割はその客層によって作られていました。店前を通行している顧客層の多くは、入店してきても夏に涼みに来ているだけだったりと、売上にはあまり影響はなかったそうです。

また、スターバックスの上海一号店が出店した際、当時の一般消費者の統計上の所得から換算すると、グローバルに統一された価格は、日本の所得水準で考えると、当時で1杯数千円の大金を払って買っているほどの価値だったのです。

ところが、それでもスターバックスは満席状態が続き、その後も順調に店数を増やしていきました。ところ変われば品変わる。購買行動も変わり、国によっては公表数値には表れていない裏の実態経済さえ、厳然と存在します。

市場が変われば、ビジネスの成功に大きく作用する重要な因果も変化します。今、目の前に見えていて自社でまとめたもの以外のところにある可能性は十分にあると考えたほうが良いでしょう。

書面に表される文章やデータでは、まず、ロジック（論理）として筋が通っていなければ、それを見た誰もが違和感を覚えます。

PDCAのPの作法に則ったプラニング資料は、その結果が導かれるに至った思考、つまり理屈の進め方が「見える化」されていて、理にかなっているかどうかを確認するのが最適であると言えます。

紙やスライドに描かれたロジックは完全とは限らない

たとえば、先ほどの事業のフィージビリティ（事業の実現可能性）の確認の際に資料に描かれた内容の世界観は出来上がっていたとしても、本当にそれが成功のためのすべてなのかについてはわかりません。よく、新しい事業のアイデアで成功した創業者が「非常識の発想」の勝利を標榜します。

これは、既存の企業が自社の事業への挑戦を怠っていたために、自社のロジックをアップデイト（更新）せずに放置し、誰かが言い出して、そのまま広がっていた業界常識の「穴」を突いたということで、別に「非常識だから勝った」のではありません。

売上データは客数×客単価と分解でき、その先は、客単価＝一品単価×点数、客数＝新規顧客＋既存リピート顧客と分解していくことができます。

売上の高低だけ見てうんうん、うなっているだけではなく、それは客数が減ったのか、客単価が下がっているのかを分解して見るだけでも、より適切な打ち手に近づくことができます。

ところがしばらくすると、この分解だけでは、打ち手が思い浮かばなくなっていくことがあります。実はこれは、「静的」なロジックツリーを使った分解です。さらに視点を変えて時間の推移に伴い、店の認知から、先ほどのＲＶＡＰＳサイクルのような来店、購買、満足、再来店という変化を見る「動的」なフローで見ると、どこで顧客が減ってしまうのかなどがわかり、打ち手につながる場合もあります。

これは、今、目の前にある紙に描かれたロジックには、必ずしも重要な因果がすべて表現されているとは限らないということです。実際に「現場・現物・現実」を知り、五感から得られた情報を基に、真に重要な因果を求め続けるのは、まさにこの机上のロジックに囚われないようにするためです。

ロジックの向こう側にある、最も重要な因果を押さえ、皆にわかる形で提示する

「アートとサイエンス」という表現があります。

アート（芸術）もサイエンス（科学）も人為的なものですが、サイエンスでは言語化され、そこでの「理」、つまり因果が説き明かされる努力がなされます。言語化され、因果がうまく説き明かされることができれば、そこに再現性が生まれ、他の人でも同じことができるようになります。

ロジックは、その、ものごとの因果を明らかにするにあたり有効であり、組織で動く企業においては人に伝える際に必須となります。そこで設定しているロジックの構造が正しいのかどうか。それが確認できるように「見える化」がなされているものの、そこに予期せぬ要素、見えていなかった重要な要素が隠れてしまっていることもあります。

われわれは、常に様々なロジックに囲まれています。

すべてのロジックは、物事をある側面から切って表現し、「理」に適った形で説明しようと試みているものですが、目的に応じてその切り口は様々であり、今見ているロジックが必ずしも目的に合って

図表7-3　「静」と「動」の展開を行う分析

小売業における「売上」に影響を与える要素の「静」と「動」の分解の例

「静」的な分解

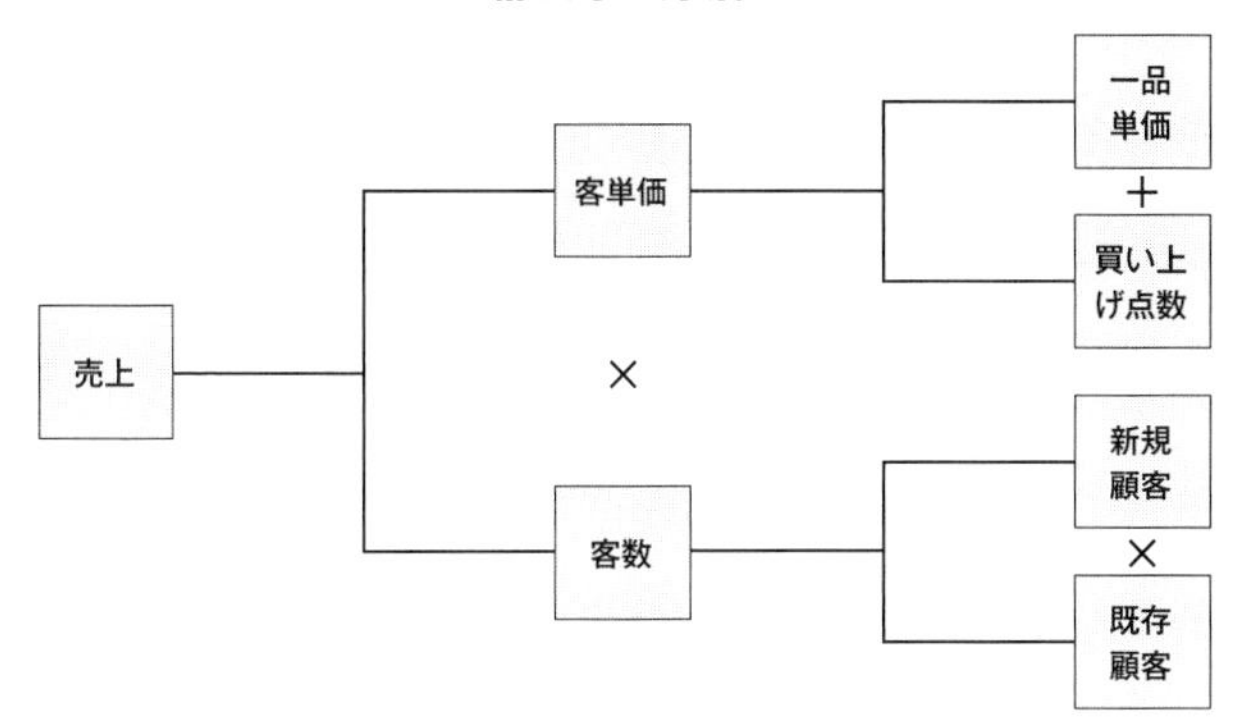

「売上」を分解し、どの要素が変化しているのかを見る

＋

「動」的な分解

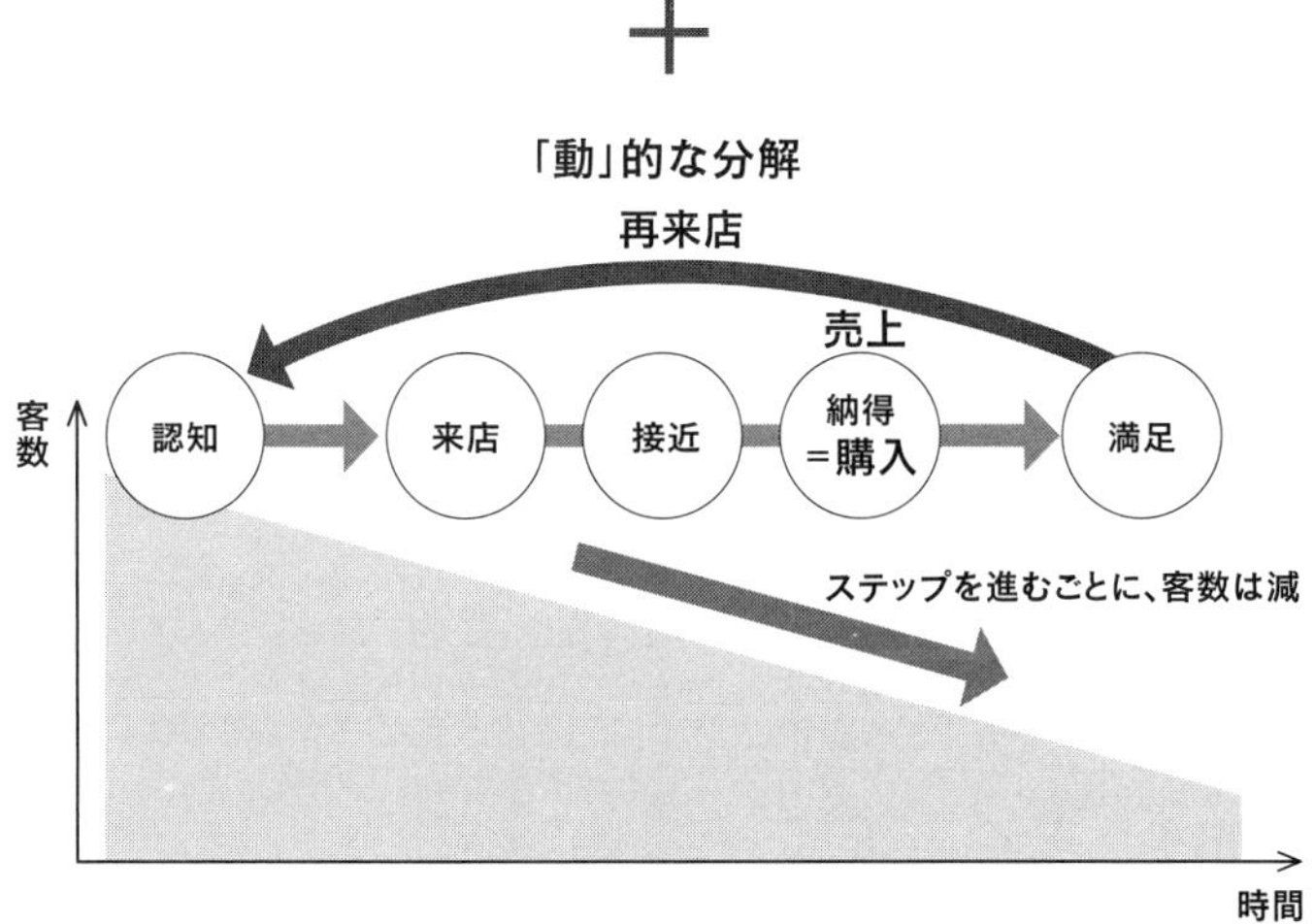

「認知」「来店」から「購入（＝売上）」いただき、
「再来店」に至るまでの顧客数減を、いかに抑えるかが課題

コンサルタントなどが行う分析も、頭の中でイメージしやすい「静」の視点に偏ることが多い

いるとは限りません。

たとえば、どこの企業でも使われる、一定期間内の事業の状態を金額に換算して動きを表現したPLと、資本、負債、資産の「今」を分解して表現したBSの二つの切り口から、事業の実態を捉える財務諸表も、事業運営で使われるロジックの一つです。

PL上の利益を改善するために「今期は粗利率を上げるように」と本部から指示が出ることがあります。この時、たとえば製造業であれば「品質機能展開」などの手法を使い、求められる品質レベルを明確にした上で、製品の品質を落とさずに原価低減を図る。

あるいは作業に潜むムダを見つけてカイゼンし、直接人件費を改善して原価を下げるのが、まっとうな粗利率の改善方法です。

ところが事業経験の浅い製造業、あるいはアパレルや小売業などでよく見かけるのが、仕入れ担当者やバイヤーが取引業者にただ値引きを迫ってしまうケースです。これは、与えられた目標の原価率を安易に達成しようとして、性能や、素材、縫製の品質を下げ、食べ物ならば味が落ちることにつながります。最悪の場合は不良品を市場に出してしまい、顧客の期待を裏切り、ボディブローのように客数減が起きる事態もありえます。

これはある日本の大手小売業の事例ですが、商品部が期初の計画立案の際に、当期の粗利率の改善目標が与えられます。

「値入れ（最初に設定する売価や粗利高）では、粗利率の予算を守っています」

商品部のバイヤーは、こう言って粗利計画を提出します。

しかし、割高な商品など計画通りに売れるわけはなく、結局、期末には在庫消化を理由にして値引き販売することが常態化しています。

本部が求めてくる粗利率目標を達成するには、本来、調達ルートやものづくりから見直さなければならないことを商品部のバイヤーたちはよくわかっていますが、これは日々の仕入れ業務を行いながら片手間にやれることではありません。

担当者としては、面倒くさい、あるいは日々の業務が忙し過ぎてそんなことには手が廻らないと捉えられます。

そこで手っ取り早く、とりあえず計画段階では指示された目標の粗利率を提出しておく。あとは市況を「言い訳」にして値引いて売り切り、着地の粗利率があたかも不可抗力で下がったという振り返りが年中行事になっているのです。

結局、粗利率の改善には、理にかなった手順を踏まなければ、多くの場合は仕入れる製品の質を下げるか、取引先の利幅を削るだけの話になります。

マネジャーの課題への取り組みを「見える化」して、管理できているか

現実には多くの企業で起きている、この事例の問題を考えてみましょう。

まず、商品部のマネジャーが仕入れ担当者ごとに、日々の仕入れだけに終始せず、肝心の調達方法

の見直しに着手しているのかどうかを把握し、その上で調達ルートやものづくり体制の見直しの難易度を確認し、指示、管理、指導しているのかがポイントです。

これができていれば、粗利率の改善の難易度の議論ができて、いつ達成できるのかを読める話になります。それを社長や事業部長に説明を行い、その課題に今期中、あるいは2年越しで取り組むことを経営層に向けて説明するのが、まっとうな商品部マネジャーの仕事となる「業務定義」です。

果たして、マネジャーが調達に関する課題を把握できていて、商品部内をマネジメントしているのかどうか。さらに、その上位の事業責任者がマネジャーが本来抱くべき課題を明確に捉えて、課題への取り組みをしているかを「見える化」し、管理できているのかは気になるところです。

またこの事例では本部も根拠が薄く、経営側の願望だけの数字を、一方的に予算と称して現場側に「投げ」ています。無責任と言えば無責任な行為なのですが、彼らにしてみればトップの「売上と利益は、これくらい達成したい」との指示を受けて、忠実にそのまま展開しているだけの認識です。

そもそも達成したい数値目標を結果として達成するための、仕入れや製造手順のカイゼン、見直し課題に取り組むのは一体誰なのかが不明瞭です。かくして、

トップは「自分たちで考えて粗利率を改善してくれ」

本部は「それを考えるのは現場であり、自分たちの仕事じゃない」

現場は「それでなくても数字を作るために忙しいのに、そんなことにまで手は廻らない。とりあえずできるのは取引先との交渉だ」と値引きを迫るばかり、を毎年、繰り返しているのです。

この状態を打開できるのはトップだけです。

まずトップとして粗利率の改善については「丸投げ」するのではなく、誰がどの課題にいかに取り組み、いつ成果につなげようとしているのか、つまり、Who、What、How、Whenを押さえておかねばならないのです。

もし、経営企画室や営業本部長、商品本部長に任せるならば、今見えていない、本来最も重要な、結果として粗利率を改善する手順を明らかにすることから指示して、進捗を確認すべき話です。

目の前のロジックだけに囚われてはいけない

本件について、もう一歩「そもそも論」から、よりシンプルに考えてみます。

粗利は「付加価値」とも呼ばれます。製造業であれば、原材料に対する加工によって付加される買い手側、つまり市場が認める価値です。また、ファッション、小売業であれば、そのデザインや提供時の顧客への利便性に基づいたセレクション(選定)の価値を意味します。

一般的に、粗利率が高いと収益性が高いビジネスと捉えられますが、そもそも粗利は「付加価値」であり、顧客がその満足度として原価に上乗せして支払った金額です。

単品に対して顧客が認めた価値であれば粗利率を見ることは正しいのですが、一方でコモディティ商品の「価格の安さ」と言う価値に対しては、市場は「多くの人が買う」「一人がたくさん購入する」という数量の伸びで反応します。

こうして考えると、コモディティ市場の満足度は、粗利率ではなく粗利高で見るというほうが正し

図表7-4　粗利高＝粗利率×ヴォリューム

「顧客の満足」を「付加価値＝粗利高」と考えると、粗利高＝粗利率×販売数量の最大化が目標

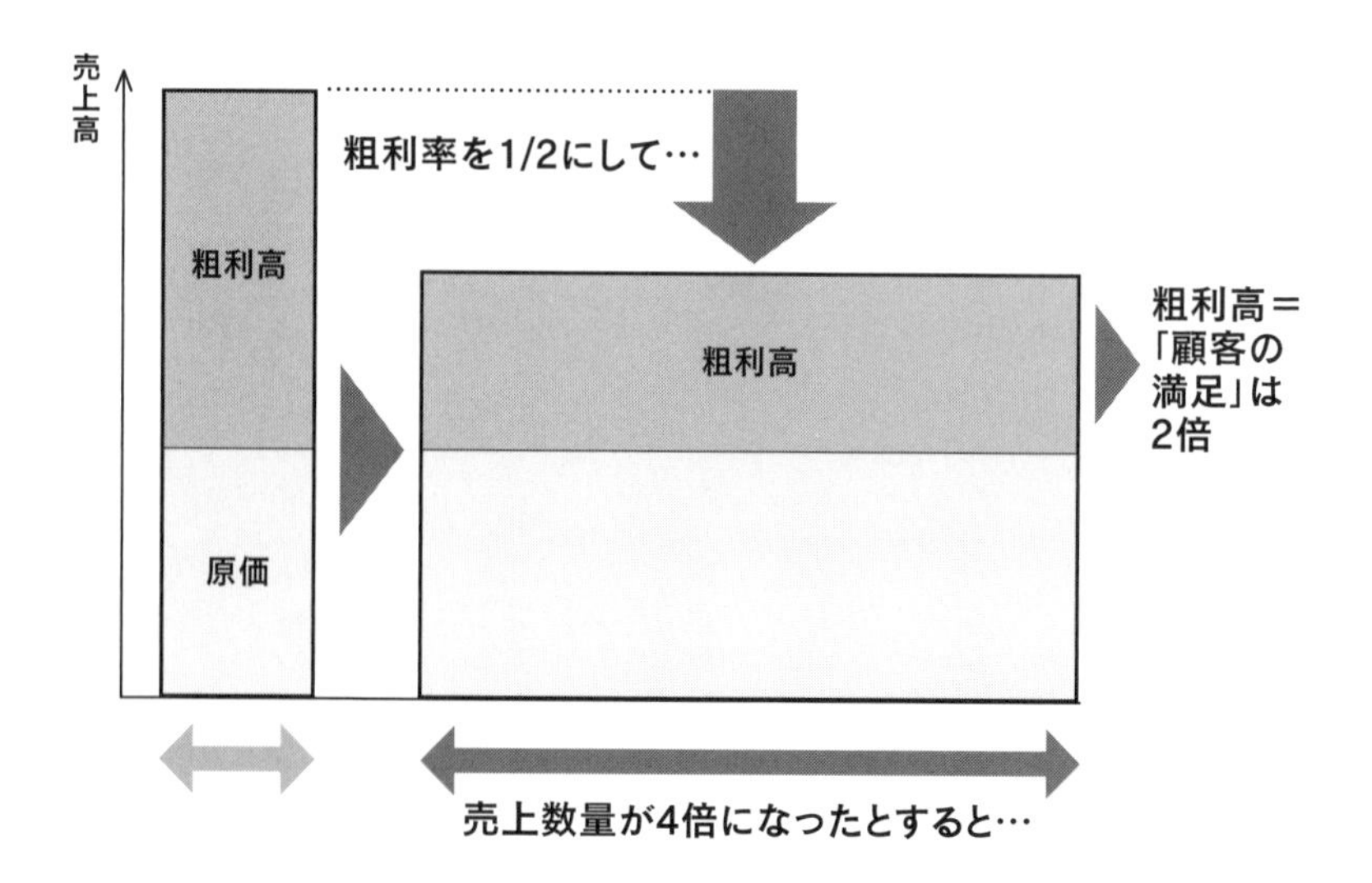

粗利率を半分にしても、売れる量が4倍になれば、粗利高は2倍。販売の手間がかからない工夫さえうまくできれば、顧客の満足を高めて増益になる

- 数字だけの管理をしていると「粗利率を上げれば自動的に利益が増え、下げれば利益が下がる」錯覚が起きる
- 現実には、価格も含めたお客様の満足度合いによって数量は変化する。これを読めるのが、PDCAを廻した場数から市場を理解できている事業責任者であり、商品、営業の責任者

いと考えることができます。現に米国のウォルマートや日本のドン・キホーテなどの強力な小売業では、売り場面積当たり、あるいは商品陳列棚あたりの粗利高を重要な評価指標にしています。

例えば、米国のウォルマートは店内も含めた物流の合理化を絶え間なく推進していますが、コカ・コーラなどの重量のある飲料に関しては、ボトラーが店の棚に置くまで作業を行います。このように、販売に関して発生する人件費が問題にならないレベルにまで改善されていれば、粗利率など気にせずに、粗利高を追求することで、企業を評価する上でもっとも重要な指標である成長性と対になる、もう一つの資本収益性、つまりROEを高めることができます。

事業経験の浅い企業や、上司の「躾」の行き届いていない担当者が、PL上の表示で売上から利益にまで分解されていく表示の中に粗利率が表示され、「粗利率を上げれば収益性が上がる」と因果を押さえずに、短絡的な一種の錯覚が起きることがあります。

経営、つまり「商売」の効率は、手元の「財布」の中にある現金をある期間でどれだけ増やしたかという単純な話なのです。

ただし、事業は借入金、仕入れ効率など、いくつかの分解をして把握したほうが、何が起きているかがわかりやすくなるために、あえて言ってしまえば、資本効率や手元資金の過不足を管理するためのアイデアとして登場したのが、PLとBSに分ける表記方法です。

この表記方法は使いやすく、特に事業責任者は日々PLを見て、事業の成長と収益性を見ることができるようになりました。その一方で、見慣れたPLには表れない在庫の管理、つまり発注管理が甘くなる、あるいはPLの出来ばかりを意識して過剰投資を行い、黒字倒産が起きるケースも出てきま

図表7-5　ロジックの切り口二つと向こうにある実態

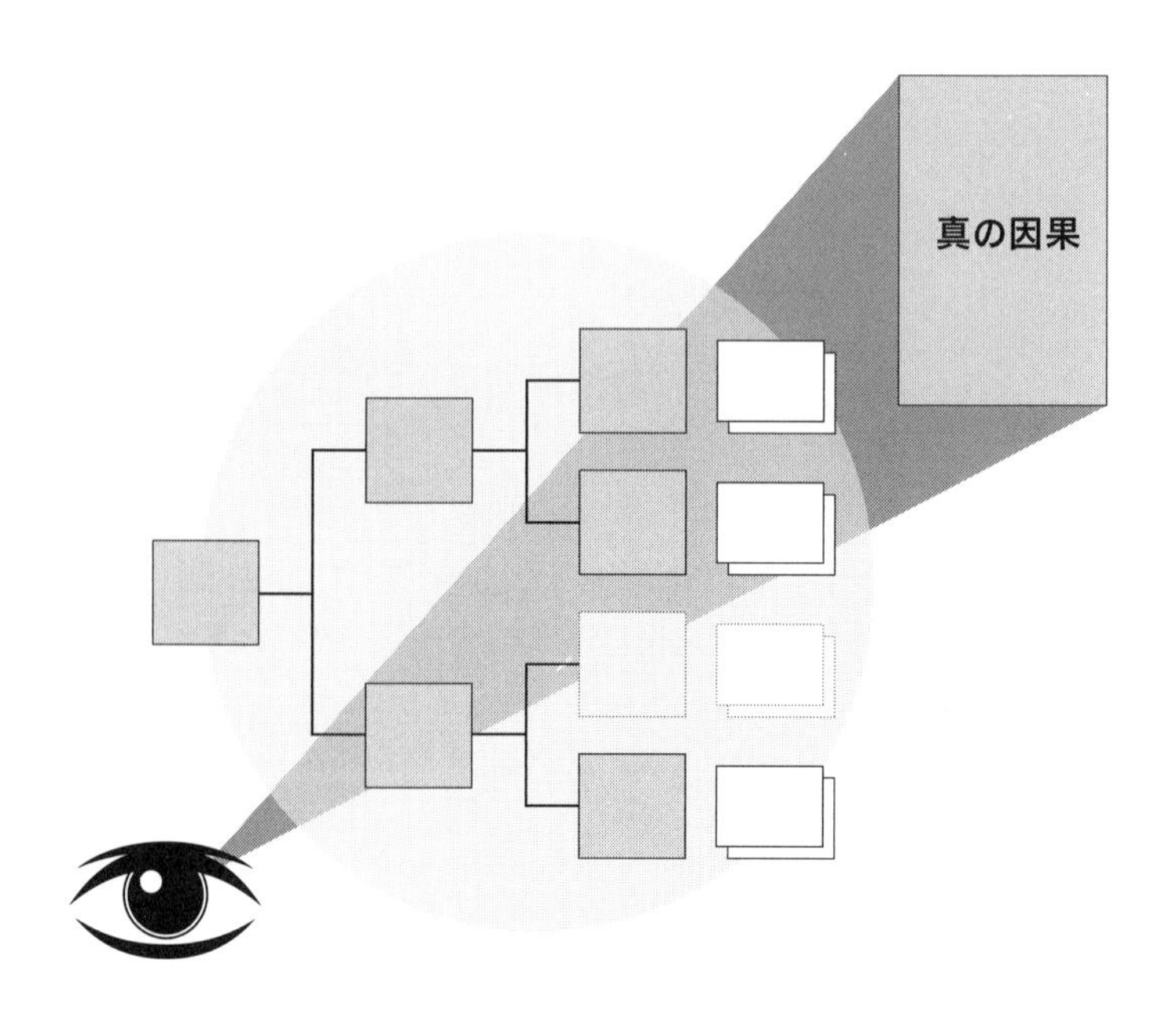

▪ PL、BSも同様。その切り口は様々なものがあり、目的に応じて工夫すべきもの

した。これらも目の前のロジックに囚われて起きた失敗と言えるでしょう。

我々が携わっている事業は、キャッシュジェネレイター（金を儲ける機構）である前にバリュージェネレイター（価値を創出する機構）です。数字ばかりを追いかけていると、このことを忘れがちになります。これも一種の、目の前のロジックに囚われた状態と言えるでしょう。

まだビジネス経験の浅い社員や「おぼえの悪いもの」にはまず、サイエンス、つまり、ロジックを体得させるのは間違いのない第一歩です。

しかし、ロジックの向こう側にある、最も重要な因果を押さえ、それを皆にわかる形で解説する。今、起きていることと現実味のある未来の姿を提示していくのはリーダーの役割です。

最上位のリーダーであるトップも、自身がそれを意識しなければなりません。

目の前にあるロジックの切り口が適切なものかどうかを悟るために、事業の真理を肌で知っていることが大切になります。

POINT

創業時などのワンマントップは、自分の頭の中にある事業の構想をロジカルに紙に落とさせて見てみるべき。そして描かれた事業計画を見る時は、その向こう側に「勝ち戦」が見透せるかどうか。

トップがイメージできなければ、「攻め」の決裁などできるわけがない。その匂（にお）いが感じられるまで、何度でもやり直しを指示する。

フェアネス（公正さ）をどこまで徹底できるかを、企業文化づくりの永遠の挑戦テーマとする

すべての意思決定は、最終的には主観でなされます。ゆえに、権力者であるトップは、自分の頭の中にあるイメージに自分の好みを加えて、ものごとを決めることになります。言うまでもなくトップの意思決定は、事業の全体最適のために行われるべきものですが、そこに飛び込んでくる意見やものの見方には、どうしても、側近個人や部門にとっての「利」が背景に隠れている場合が出てきます。

それゆえに、トップはどうしても孤独になりがちです。

この孤独さゆえに、特にワンマントップの場合は、能力よりもその「癒やし」効果のある人材が、トップも無意識のうちに側近に侍りがちです。

側近に、純全なるイエスマンを置いているトップはよく見かけます。

一般論ですが、自信のないトップは自分よりもレベルが低いと思っているものが側近にいると、何を考えているのかを見通せて安心を感じるものです。どうせ「小物」だからと、社内の情報収集役を担わせていることもありますが、ことの捉え方が偏っているために、実際にはあまり役には立ちませんし、その言動にムラや偏りがあると、玉石混合のコメントになり、かえって有害なものになります。

またこのイエスマンに人望のない場合や、実務能力面で問題があると、トップからの言いつけに従順に「わかりました」と返事をしていても、「虎の威を借る」発言や行動で、下には「恐怖政治」を行い、組織を自分に都合よく操作しようとする場合があります。

少しでも知恵が廻ると、恣意的に情報を操作するものもでてきます。

たとえば、どんなにまともな発言でも、その文章の前提にある部分をカットするなどの編集の仕方によって、本来の意図とは違う印象を与え、場合によっては真逆の意味の発言に変えてしまうこともできます。実際にこれが得意な側近が、トップに組織の実態とは全く違う印象を与え続けて、邪魔な人材を排除し、実質的に自分の意図通りに組織を動かしていた事例もあります。

多くの場合、トップも「難あり」人材であることは重々理解はしているのですが、オーナー企業の場合は、親族であるケースや、株を持たせていて簡単には人事対応できないこともあります。

企業が大きくなる過程において、企業の支配権である株式の問題で多大なる時間をかけなければならない事態が起きることもあります。

要職のポジションからのエゴイストの排除を徹底する

あるレベル以上の企業を目指すならば、企業内に健全な文化を作るために、トップ側近のポジション、要職のポジションからのエゴイストの排除を徹底する必要があります。

下が、「こんな奴のために、真剣に仕事などできるか。仕事は金のためと割り切るしかない」と思っている組織のパフォーマンスは上がりません。

さらに言えば、金の目的だけで仕事をし、金を最優先に考えて動くものたちは、同じく金で簡単に寝返ります。

健全な組織はフェアさを求めます。

フェアネスを徹底しているトップの下では、組織の士気は、最高レベルまで上げることができます。

三国志の諸葛亮孔明は、軍規の徹底のために「泣いて馬謖を斬る」を実行した。組織の正のエネルギーを解き放つために、フェアネスを徹底できるかどうか。

事業はその強みをもって成功する。しかし、その弱みを放置した結果、衰退する

これまで、数多くの企業のトップやリーダー、成功者にお目にかかりました。

この方々は、自身と自社の持つ強みを的確に捉え、それに自信を持ち、有効に活かすことで成功を勝ち得ました。

またその一方で、その後に失速して、最悪、失敗に至るケースも少なからずありました。

この成長軌道入れに失敗するケースに共通するのは、傍(はた)で見ていれば火を見るよりも明らかなはずの弱みについての指摘を一切、受け入れずに突き進んでしまった結果です。

まず、成功するトップは間違いなく、自社の有している強みや、成功則を理解し、有効に使います。

この強みは、必ずしもトップが言語化して説明できるとは限らないのですが、なんとなくでもご本人が確信できているものです。

80～90年代に隆盛を極めた郊外路面店は、モータリゼーションの進む中、地代の安い郊外でも価格面でのメリット、つまり安く買うことができれば十分に集客可能であることを知りました。

一時は、いかにチラシで安さを訴求するかのノウハウを高め、腕を競い合っている状態でした。

一方、ニトリについては、前述のように直接製造による仕入れ原価の低さを実現し、収益力を担保していきました。

また、デパ地下で総菜を展開しているロック・フィールドを見ると、商品の企画力、プレゼンテーション力などの強みがあります。しかし、躍進時の背景にあったのは、当時から味の劣化を抑えるために調理後に急速冷却を行い、徹底したチルドの全国配送網を実現していた点だと言えるでしょう。

自社の弱みにばかり意識が向くのは、トップ本人に自信がないから

ところが、自身や自社に強みがあるのに気が付いていない、あるいはその強みに確信が持てていないトップもいます。

こうなると「踏み込み」が浅く、かつ甘くなるか、そもそも「踏み込み」さえもせずに、タイミングを逃してしまい、せっかくのチャンスを生かすことができなくなります。

傍で見ていて本当は他よりも卓越したものをもっている事業なのに、それを使わずに自社の弱みにばかり意識が向くのは、トップ本人に自信がないからです。

いい大学は出たものの実務経験の乏しい息子がトップになった時、総務や経理財務出身の方がトッ

プになった場合には、理屈ではわかっていても、実感にはなっていないと、これが起こりやすくなります。

2015年に創業者である父親とのプロキシーファイト（委任状闘争）で勝った大塚家具の大塚久美子社長でしたが、以降、5年間、業績を回復させることができず、2020年には社長を辞任することになりました。父親の提唱した高価格帯市場を狙う路線と久美子社長の提唱した中価格帯を狙う戦略の二つがあり、難易度を別にして、どちらの路線もやりようがあったと思います。

ただし、低価格帯で攻めてきている「お値段以上」のニトリの躍進で食われていく市場は、低価格帯ではなく中価格帯市場です。

この、現実には難易度の高い中価格帯市場での戦い方を、久美子社長がどう読んでいたのかです。「低価格帯にはニトリという、製造まで自分たちで行う強豪がいるので、自分たちはその上で」という安易な考えはしてなかったはずです。仮にですが、もし、そのような判断をしていたとすると、コンサルタント出身者が実業の世界に踏み出したときに良く起きる、「自分のロジックがすべてだと思ってしまう」症候群の、「静的」に捉えただけで市場を「動的」に考えていない典型的な例となります。

大塚家具が本来持つ強みは、高価格帯商品の仕入れ、品揃え力と接客力です。その一方で、もし中価格帯に舵を切る市場戦略を、この強みと弱みの克服の難易度を考えずに取り入れてしまうと、中価格帯の品揃え強化のための商品構成の修正を素早く勧めるPDCAを廻す力を果たして自社が持っているのかというのが、大きな課題になるはずです。

結果をもってシロクロがついてしまう実業では、行動力や判断力を支える、リアルな経験、つまり実務を通した自信が必須です。

結局、この書で繰り返し述べてきたようにPDCAを健全に廻すことで、実務において正しく学習ができたかどうかに尽きます。

ニトリの直接製造。ロック・フィールドのチルド配送という強み。

それぞれの会社は、その事業の成長力、収益力を支えるベース部分の大きな強みを培っています。

そして、これらをさらに磨き上げるPDCAが、事業の裏舞台で常に廻っているのです。

「組織のPDCA」を徹底したことで前年比200%を達成

先日、ある小売業でトップがイニシアティブをとり、既存店舗を新しい業態に切り替えました。

この新業態は、扱い品目カテゴリーはさほど変わらないのですが、品番数（Stock Keeping Unit、在庫最小管理単位）と価格帯の絞り込みを行った業態（＝小売業における戦略）で売上35％アップを達成しました。これは戦略の勝利と言えます。

実はこの企業では、トップ直轄で組織のPDCAを廻させる部隊を1年近くかけて育成しました。

この部隊がオープンと同時に、実績を見ながら商品構成磨き上げるPDCAを店長と商品部に廻させるサポートを徹底的に行いました。

その結果、オープン後3か月たつと、売上がさらに伸び始め、今では前年対比200％を越える数字にまで至ったのです。

このように、しっかりしたPDCAが定着して廻っていれば、「なぜ、上手くいったのか。いかなかったのか」について精度の高い読みができ、修正のPDCAを廻すたびに、やっていいこと、悪いことの学習が進み、その業務精度は高まっていきます。

これが打ち手に対する自信につながり、この数字の達成に至ったのです。

この会社は、何を行えば、どういう結果になるとかという蓄積を、数字を中心とした事実ベースで行えており、トップを含め、自信をもって日々、経験則を積み上げています。

この当たり前の基本動作をおろそかにすると、検証が不十分なままの「常識」がまかり通り、いずれ「非常識」の発想が求められる事態になってしまうのです。

自信は実践を通じて蓄積することができます。その時に必要なことは事実ベースのPDCAから学ぶことです。

こちらの会社の強みは、トップの意志がプラットフォームになって、組織としてPDCAを廻す能力をつけることを、全社を挙げて志向し、実践していることです。

これは外部からは、見ることや、知ることができません。

このPDCAの「エンジン」が、トップを含む上長たちによって「ドライブ」されている状態が続き、その精度を上げるために方法論が社内で磨き続けているのです。

これにより商品カテゴリーごとに、顧客がもっとも反応する価格帯、商品構成を追いかける能力を強みとして高め続けられています。

事業の成功は、このように戦略的な切り口とＰＤＣＡによる不断で謙虚なオペレーションの磨き上げで達成されます。

一方、戦略が成功して急成長した後に失速し、その後に事業が破綻してしまう事例もあります。

事業における強みは、常に相対的なものです。

より価値のある競合企業の出現や市場環境の変化は常に起きますので、事業の戦略的な優位性が絶対などということはあり得ないのです。

成功体験とは恐ろしいもので、例えば、小売業の安売りで成功した方、特にワンマン創業者にありがちなのが、自身の成功体験からの「法則性」に囚われてしまい、成功の因果の変化を追いかけようとしなくなることです。

安売りの成功体験に囚われてしまい、ただ競合よりも安く売ろうとしてしまい、粗利幅をどんどん狭くしてしまう小売業の事例は、日本だけでなく海外でも見かけます。

刹那的な価格競争の局面であればありうる手ですが、これが常態化すれば、ビジネスとして成立はしなくなります。

安さは、理にかなった安さでなくてはなりません。

ニトリのように、流通の中間取引業者を飛び越して直接モノづくりを行う。

あるいは米国のコモディティの小売業のように、人件費でコスト構造を理にかなったオペレーションを組み立てて、安く売れる構造を作る。

ドン・キホーテのように、１６０部門に分けた商品部門の責任者に、売上と粗利、商品回転数の責任を負わせて「商売人」としての腕を磨かせて、資本効率を最大化する。これは、在庫という資産に対して、稼ぐ粗利高を最大化させる「圧」を、評価指標をもって効かせることで、結果的に顧客に支持される売り場を作っていく運営になっています。

これらの企業は、いわゆる「理にかなった」攻め方を構造的に組み立てて、「進化」を進めています。ところが最初の成功に気を良くして「神憑り」に近い状態になり、人の言うことを受け入れない状態になってしまうケースもあります。

自身の弱みに対する「感度」は、事業に永続性を持たせるための最重要事項

第6章のパート4の事例でも触れたあるトップは、事業についてはそれまでの経験から常に卓越したアイデアを出す方でした。

考えた事業があたり、事業は急成長を果たしました。長期間、急成長を続けたのは、このトップの傍らで、結果を検証して、それを踏まえた次の打ち手を提案する営業企画担当の側近が機能していたからです。この方は、集客を増やすための方策をトップと議論を行って次々と手を打ち、トップのアイデアとその検証の両輪でこの事業は大きな成長を果たしました。しかし、このこの営業企画担当は任を外れ、結果として会社から出ていってしまいました。

事業というものは当った時は勢いを持ちます。しばらくは数字は維持しましたが、すぐに失速が始まり、事業は不調状態に陥り、危険な状態にいたりました。

この企業の成長はトップ発想力によるP、事実の検証を行うCの二つの「エンジン」により、実現していたのですが、このトップは、この精度の高いCが自身のアイデア力と対になって機能して、トップの弱みを補っていることには気が付かなかったのかもしれません。

経営、事業運営においては、急激なアップダウンほど恐ろしいものはありません。

これは、事業の意思決定における自身の弱みの部分、その補塡の重要さに気がついていなかったために、せっかくの事業機会を安定的なものにできなかった事例です。

このパターンにはまってしまう成功者は、とても多いように感じています。

事業が成功したときほど、耳を傾け、聴く回路を意識的に機能させる必要があるのです。

言い換えれば、**自身あるいは、自社の弱みに対する「感度」は、事業に永続性を持たせるための最重要課題**と言えます。

「実るほど、頭を垂れる稲穂かな」
誰でも知っている言葉でも、これを実践できずに、多くの成功者が失速する。
一方、成功し続ける方は王道を歩む。そして自分の描くビジョン、ロマンに向けて、常に「まだまだだ」と考え歩み続ける。

ＩＴを活用したリアルな事業観をイメージするのはトップの仕事

ＩＴにおけるハードウェアの能力は、いよいよ理論に過ぎなかった世界を現実のものにできるレベルに至り始めています。

かつて日本の高度成長期では国内のビジネスだけを考えていればよかったのですが、今では、調達先と販売先の両方の面で、グローバルにビジネスを考えることは常識です。当時のビジネスマンは手探り状態でまだ見ぬグローバルな「大陸」に出ていき、そこで失敗を重ね、都度の結果から正しく学習をした企業のみが、その「大陸」でのビジネスをものにすることができました。

今のＩＴを利用した、ＥＣなどのビジネスへの適用のアイデア開発、事業開発もそれと同じく、まだよくその実態が見えていないものの、今まさに出現しつつある「新大陸」です。

ネット上のＥＣ市場はもちろんのこと、カメラの性能と連動したセンサー技術のレベルアップにより、画像認識を様々な場所で利用することが可能になってきています。

かつては高価だったハードディスクなどの大容量ストレージ（データの貯蔵場所）も飛躍的に安価になり、かつては1年前の経営データは消しながら使っていかねばならなかったものが、今ではビッグデータを取り扱う分析も可能になりました。

ここでややこしいのは、この手の新しい「大陸」はまだ見通しが良くないがゆえに、ＤＸ（デジタルトランスフォーメーション）をはじめとする様々な「バズワード」が大量に飛び交い、土地勘のない「旅人」がカモにされがちです。

「今やビッグデータで、御社の競争力を高める時代です」

仮にＩＴ企業の営業がこう提案してきたとしても、本当の課題は、どの切り口からそのビッグデータを見て、どういう「意味合い」を見出すのか、つまり「業務定義」があいまいなままに、日々の業務がなされている点です。

例えば小売業において、ビッグデータを扱う分析が有効なのは間違いありません。

しかし、たとえば商品部のバイヤーに、売上の伸び、粗利と商品回転数をＫＰＩとして与えているだけで、担当品目の商品構成の最適化の進め方、欠品の確認の仕方などの重要な業務の「見える化」と対応が標準の「業務定義」として定まっていなければどうでしょうか。

ただ「丸投げ」している無責任なマネジメントがなされているならば、ＩＴ投資を行っても、おそらく業績アップには、たいして貢献することはないでしょう。

肝心なのは、次の二つです。

・**社内データの「見える化」を推進して、いかにその切り口を「カイゼン」し続けるか**
・**結果から「意味合いの抽出」を行う能力を鍛える**

これらが業績アップに向けた課題の本質です。

実はベンダーの言いなりの垂れ流し状態になっている

このＩＴの「新大陸」への、トップのスタンスとして典型的なパターンが２つあります。

一つはワンマン企業によくみられる、「社員には決められない。私がトップとして決める」と、よくわからないまま、トップ自らが出張ってきて、現場の課題を十分に理解しないままに決めてしまう場合。

もう一つは、「よくわからないから」とＩＴ部門の経験のあるという触れ込みの部長をどこかから連れてきて、担当させてしまう場合です。

この二つは、どちらもトップ目線で気を付けなければならない点があります。

昔からＩＴビジネスは（コンサルティングや経営ツールの販売業と同様に）イリュージョンを売る側面があり、売り込みがうまくいけば、ベンダーは多大な売上と収益が稼げます。

「このシステムを開発すれば、他社よりも圧倒的な競争力を自社のものにできます」

トップがこう言われてその気になって、年間、２桁から３桁の億円規模の金額をシステム会社に払っている企業もありますが、トヨタグループの中でシステム開発を行ってきた原体験から、本当にそこまでの費用をかけなければならないのかといつも感じます。

トヨタにおけるシステム開発は、業務改善の議論を徹底的に行ったうえで、「なぜそれが必要なのか」「なぜそこにそこまでの金をかけなければならないのか」を徹底的に詰めていき、ITベンダーが口にする、カタカナや「バズワード」のオブラートにくるまっている部分をむき出しにしていきます。

ワンマントップの意思決定の場合は、なまじ金額がかさむだけに「私の判断に、間違いはないものだ」という無謬性を起こしてしまい、なかなか導入後の検証がなされずに放置されたまま、誰も総括の手が出せません。

また、IT部門の経験のある部長を連れてきたものの、よくわからないアルファベットの頭文字何文字かとカタカナ言葉の連発でトップを煙に巻くだけで、実はベンダーの言いなりの垂れ流し状態になっている企業も、これまでに山ほど見てきました。

今、世界中にあるレガシー（過去の遺産）とも言われるメインフレーム（大型汎用コンピュータ）の7割以上は、実は日本で動いていると言われています。

COBOLやPL／1などのメインフレーム時代のコンピューター言語のプログラマーは今や60代が中心ですが、彼らがまだ現役で仕事をしているのがこの日本なのです。

企業にお邪魔して、MD分析などのシステムを拝見すると今でも、ウィンドウズの画面の中に、わざわざカスタマイズして作られた「黒い背景に緑色の文字」のメインフレーム時代の画面が立ち上がってくるのを見ることがあります。

システムの更新の際にベンダーから「従来と使い勝手が変わらないほうが、現場が混乱しなくていいですよね」と言われ、昔の使い勝手の悪いシステムをわざわざ高い金をかけてそこに作りこんでいるのです。

これが起きた背景にあるのが、かつて、よく唱えられた前述のアウトソーシングという考え方です。

社内に、様々な機能を抱え込むのではなく、専門家に任せるところは任せたほうが、業務の品質も含めて効率がいいという考え方で、システム部門の機能も結果的にアウトソーシングが進みました。

アウトソーシングの発信元である米国では、事業の競争力の根幹となるＩＴ部門の、システム企画の基幹の部分は絶対に社外に出さずに内製化を貫きます。外注したほうが品質も安定し、安く上がる作業の部分だけが外に出されたのです。

日本企業のＩＴ施策については、そのあり方を経営視点で考えることがなされずに、ハードウェア、ソフトウェアベンダーからの提案に乗り続けた結果が、今の姿なのです。

トヨタグループ企業のトップがＩＴの考え方に長けているのかと言えば、必ずしもそうでもないとは思います。

ただしトヨタではマネジャー層の多くがトヨタ式の経営目線で考えることができ、ＩＴについてもトップの関与はなくても、理にかなった「ものづくり」、つまりバリュー・デリバリーの考え方に則って、システム化の推進が行われる文化が出来上がっているのです。

経営の意思決定に際してその説明を聞きながら、経営層もトヨタ式の考え方に基づいたＩＴの姿がどうなるかを知ってイメージを描き、結果、ＩＴリテラシーも上がります。

業務の手順の何を合理化するのかを明らかにする

では、我々はどうすればいいのか。

まずＩＴをイリュージョンのままで放置せずに、そのイリュージョンを晴らすことが必要です。全てのＩＴは、現業の業務を「カイゼン」して使うためにあるという出発点に立ちましょう。これはＩＴありきの話ではなく、事業の中に組み込まれる業務の手順として何を合理化するのかを明らかにすることから着手することになります。

「今後の発展に向けて、ＩＴのビジョンを描きたい」と、ある創業トップから相談を受けたことがあります。この会社の場合でも現業の業務がどうあるべきか、つまり業務改善のための課題をリアルに明確にすることが、格好の良い絵を描く前に取り組むべき課題です。

システムを作り上げるということは、言ってみれば、業務を今の状態のままコンクリートで固めてしまうことになります。つまり、**現状の「業務フロー」をいかに正すかがＩＴ利用の本質**です。

また、ＩＴがからむ小売業、販売業やＥＣの話であれば、これは、その顧客側の体感のイメージが湧かなければ、正しい判断などできるわけがありません。

電子決済サービスも乱立状態ですが、実際に使ってみれば、どの客層がどの会社のサービスに取り込まれていくであろうかはイメージができるようになります。

トップご自身が、今の課題を押さえてその先に何が起きていくか、そのあるべきイメージを描くことが最優先です。

もし社内のＩＴ部門の部長が、アルファベットやカタカナ言葉を並べて、よくわからない話を始めたら、すぐにそれを制して「わかる言葉で話をしてください。それがあなたの仕事です」と明言してください。

わかる説明ができない方であれば、ベンダーの持ってきたプランをそのまま、上っ面の話をしているだけの可能性があります。

もし、その状態のまま、バズワードを並べる話だけしかできないのであれば、できるだけ早くその任にあらずと判断したほうが、本人のため、会社のためです。

もしＩＴビジョンをトップ自身で描けなければ、顧客との接点を持ち、事業をよく理解している営業などの、将来の役員候補と考えられている腕利きを引き抜いてトップ直轄の「ＩＴ参謀」にする。何をすべきかの草案を作らせ、トップがわかる言葉で説明させてＩＴのあり方のイメージを作る。そしてこの「ＩＴ参謀」を３年ごとに交代させていくのも、社内のＩＴリテラシーを高めるために有効。

経営トップがなすべき6つのこと

Top Management "Being" and "Doing" for

すでに、気が付かれたかと思いますが、この書で述べてきた多くの企業が抱える多くの問題の、その根の部分にあるのは極めてシンプルな「なすべきこと」ばかりです。最後におさらいの意味も含めて、それら「なすべきこと」の押さえどころを簡単にまとめていきます。

「なすべきこと」の大所（おおどころ）は、次のようなシンプルなものになります。

（1）社内に「見える化」を追求する文化をつくる
（2）組織は定例業務もプロジェクトも、常にPDCAを廻す単位で組み立てる
（3）直轄の幹部やスタッフたちと毎週、最低限1時間はコミュニケーションの時間をとる
（4）トップを支える「参謀」体制を整える

（5）「お天道様」を配置する
（6）子供が正しい経営者視点を持って育っていなければ、株は相続させない覚悟を持つ

（1）社内に「見える化」を追求する文化をつくる

社内のほとんどの問題は、うまく「見える化」するだけでほぼ解決につながります。

実際、企業のV字回復プロジェクトで進むべき方向性を明確にするために行うのは、それまで疎(おろそ)かにしていた、数字などの事実をもとにした分析という「見える化」、そして必要な情報を収集するための調査などによる実態の「見える化」です。

また、社内のすべての報告書類は、PDCAにおける、過去や現状の把握、あるいは結果の分析Cから何を知って学び、次の打ち手Pにいかにつなげるか、つまり担当者や企画者の**「CからPへの思考の流れ」**を**「見える化」**したものです。そこに用いられる図表やチャートや数値なども、どこに意味を見い出せるギャップ（差異）が起きているのかを、わかりやすく**「見える化」**したものでなければなりません。

さらに、そのギャップの原因と考えられる仮説、つまり**「意味合い」**をその傍(かたわら)に書いて「見える化」するのも、その仮説がそのギャップから読みとれることとして説得力があるのかを、多くの人の目で確認するためです。

いつも見ている売上の前年対比の達成率の推移グラフも、今の推移が健全な状態なのか、今年打った手が前年よりも功を奏しているのか否かを、素早くわかるように比較か、あるいは変化の**「見える化」**を工夫したもののはずです。

そもそもV字回復のための戦略が必要になってしまうのは、日々の業務に潜んでいた課題に対応がなされずにそのまま放置され、問題がPLなどで表面化してから初めて「どこに問題があるのかわからない、困った」となった時です。

大事に至る前に、異常を事前に察知して早く手を打つ。

これができれば、大きな金額を払ってコンサルティング会社に、企業診断や戦略策定を依頼する必要もなくなります。

特に、権力者であるトップの周りには「思惑」が蔓延しがちです。

その意思決定は客観的に見て、筋が通っている材料をもとに、最後は、未来も見据えたトップの主観でする必要があります。トップ周りの「経営のPDCA」、つまり、意思決定の「見える化」の推進は、「人治」を自身のエゴイズムに悪用する「憑き物」の動きの「見える化」にも一役買います。よって**「経営のPDCA」**を機能させるためにも、経営判断における**「CからPへの意思決定の流れ」**が見えている状態が求められます。

組織の運営に関しても、どこの会社も指揮命令系統は**組織図**によって「見える化」されていますが、部門間のやり取りを通して進む**「業務プロセス」**を「見える化」した**「業務フロー」**が揃っている企業はあまり見かけず、事業部長などの事業責任者でもここを押さえていないことはよくあります。

実際に、この「業務フロー」の表記方法で現状の実態を描いてみると、面白いくらいムダ、重複、やり直しの多発が表面化します。

「カイゼン」の余地がこれだけあるのかと、トップや事業責任者が真っ青になるものです。よって日々の業務の無駄をなくし最適化を進めるために押さえるべきは、組織図ではなく「業務フロー」です。

しかし、「誰に任せたか」が重視される「人治」式マネジメントありきでの組織図を眺めることが一般的なために、それなりに手間がかかるこの業務の「見える化」に着手したくはないものです。

「経営のPDCA」を廻す際には「業務定義」が肝になります。これは、要はゲームのルールを決めてやることであり、その勝ち方を教えることです。

ちなみにトヨタにおける「業務定義」は「技術標準」として、これらの「業務フロー」もかなり細部まで「見える化」されています。

「見える化」が進み、どのように意思決定されているのかが明らかになれば、ポカやミス、勘違いを抑えることができ、さらにいらぬ煩悩が入り込む隙がない状態を作ることができます。

もちろん、あれもこれもと「盛り」、何でもかんでも帳票に出せばいいのではありません。

そしてここを見るべきという、各業務や課題で押さえておくべき事実を**「管理ポイント」**として定めることです。

できるだけわかりやすく、できるだけシンプルに「見える化」する腕を、会社全体で磨くようにしていきましょう。

(2)組織は定例業務もプロジェクトも常にPDCAを廻す単位で組み立てる

「組織のPDCA」の基本は、

・各担当職務が廻しているPDCAの「見える化」による、上長を含む組織内の共有ができる帳票と会議体づくりと報告の作法の「躾」。そのために都度のPの資料や帳票における、過去と現状の正しい把握を行ったCから次のPへの思考過程の「見える化」が重要
・各担当者を束ねるマネジャーが、各担当職務で廻しているPDCAが正しいのかを確認し、その精度を上げる、全体最適に導くための指導を行い、Cから次のPへの精度向上と、異常が起きていないかを見る「管理ポイント」の明確化。そして業務の手順や、組織の決めごとのカイゼンAを行う
・全マネジャーの能力を高める指導を、トップの意志の下に全社的に行う

みんながわかったような気になっているPDCAですが、あの、グローバルに大躍進していた頃の日本の製造業で行われていた「組織のPDCA」では、マネジャーの問題解決力と業務の進化、カイゼンAの推進力が肝になります。

これは小さな失敗を重ね、その「境界」にあるDo's and Don'ts(やるべきこと、やってはいけないこと)を明らかにすることです。これが企業の成長につながることをトップが語り社内に伝え、組織の習慣とする「躾」を進めることになります。

「組織のＰＤＣＡ」のあるべき姿については拙著『ＰＤＣＡプロフェッショナル』（東洋経済新報社）、そして具体的な実践の仕方については、『ＰＤＣＡマネジメント』（日経文庫）にて説明してありますのでご参照ください。

(3)直轄の幹部やスタッフたちと毎週、最低限1時間はコミュニケーションの時間をとる

社内に「見える化」の文化ができ、事業の各部門で廻すＰＤＣＡに関して見ておくべき「管理ポイント」がチャート化され、見やすく明らかになってくると、トップ目線からも事業実態を押さえることが容易になります。

これによってとるべき事業の方向性や戦略についても明確になってくるのですが、それを日々実践するのは、あくまで組織のマネジャーやメンバーたちです。

組織は大きくなればなるほど、コミュニケーションの死角の部分に人の「思惑」がはびこり始めます。

公式な会議や報告の場だけでは、参加者や周りへの気遣いで発言がなされない部分があり、執行や組織運営の実態すべてを把握することは困難です。

ゆえに組織図上でトップの直下にある部門長、そしてトップ直轄で動いているプロジェクトの責任者とは、できるだけ週に1回1時間は必ず時間をとって、話をするようにしましょう。

この時間をとること自体が億劫（おっくう）に感じるはずなのですが、やってみるとその効果はご理解いただけ

るはずです。

「今の課題は何だ？」

「何が困っている？」

「気になっていることは？」

最初のうちは、「何か裏の意図があるのでは」「余計なことを言ってはいけない」と警戒心の固まりとなり、重たい口を開きませんが、毎週行っていれば3巡目あたりから本音が出始めます。

この場を有効に実施するためには、とにかくまずは「聴く」ことです。

つまり、良質な本音の情報を得る「現状把握」に専念することです。

最初は聞いていても、すぐに口をはさみたくなり、黙って聞いていたのは始めの5分だけ。あとの55分を「お前はわかっていない」「だからダメなんだ」と頭ごなしに一方的に説教をして「これであいつもわかったろう」と自分だけ満足して終わらせる方が結構おられます。

これでは言われるほうにとって、ただの苦痛以外の何物でもありません。

トップも含め、真に人が行動を起こすかどうかは、今の自分の課題の重要さに気が付くか否かにかかっています。

それゆえ、ＰＤＣＡのＣからＰにおいても事実に基づいた分析の「見える化」を行い、誰が見ても、そこに手を打つべきだという同意が得られる工夫を行います。

このコミュニケーションの場は、トップが聞き手になって問題点がどこにあるのか、なぜそれに手が打てないのかを考えることで、組織の中がいかに「連鎖」して動いているのか、いないのかを知ることのできる場なのです。

まずはとにかく「聴く」。

そして頭の中で何が起きているのかをイメージし、それを醸成する。諭し始める前も、「なぜ…」の質問をする。これによって、社内の「思惑」の作用が見えてくるはずです。

組織を大きくするトップは、「人たらし」と呼ばれる方が多いものです。

これは、指示を受けとる側の気持ちがよくわかっているからなのでしょう。

(4)トップを支える「参謀」体制を整える

組織が大きくなるにつれ、商品の仕入れや調達、製造、開発、営業、管理部門などの分業が進みます。

その分業が最も難しい、組織分業の最後の砦となるのがトップの仕事です。

ここで、経営判断の精度の維持、向上や経営課題に取り組む、トップの業務をサポートするのが「参謀」機能です。経営においては、組織図のどこにも割り振れない課題が必ず出てくるもので、それらには、トップ直轄の課題業務を対応する組織が必要になります。たとえば、

- トップが見るべき帳票の整備、報告の会議体の設定と運営
- トップの意志の下での事業方針や戦略の検討

これらは、ルーチン（定例）業務として経営管理や経営企画室などの組織図に描ける部署としての設置は可能です。

しかしながらそれ以外に、この書で触れてきた数多くのトップレベルの課題についての対応は、どうしても経営の目線で、かつ、実務にも精通しているものが対応していかなければなりません。経営目線で、全社課題に対応するのはトップ直轄の「参謀」役の仕事になります。

一般的に、「参謀」という部署名を組織図に見ることはまずありません。

多くの場合、トップが頼りにしている役員や役員候補が「参謀」の役回りを果たします。

場数を踏み、ヘッドハントされてきた経営企画室長がその任を請け負うような場合もありますが、営業部門の経験者など、現場からも信任のあるライン系の役員の場合もあります。

また、執行系の役員が「経営会議」の場で事業方針に関する討議を積極的に行う場合も、「参謀」役としての発言と言えます。

経営とは基本的に、まだ見ぬイレギュラーな課題や、予期せぬ課題への対応が常に求められる仕事です。

経営者を育てるという目的では、前述のようにGEでは、選抜されたものには若い頃から事業において高い目標数値をこなす職責が与えられます。その場数を通して腕を磨き、大きな事業単位のチャレンジをクリアできたものがトップにまで上がっていく制度が好ましいと言えます。

しかし、日本企業でこれを実践する体制を持っているところはあまりなく、さらに一朝一夕に立ち上げられるものでもありません。

よってまずは、役員レベル、あるいは役員候補のポジションに至った人材は、様々な経営目線の課題に取り組み、それをこなすことで企業のレベルを一段高めることにイニシアティヴをとって貢献することで、経営目線で考え、行動する腕を磨くことが、日本の企業では現実的だと言えます。

トップと共に全社視点の課題に取り組み、それらを着実に形にしていく。

トップの考え方も理解でき、経営視点の体験もできることになります。全社の課題への対応も進みます。

特にオーナートップの場合は、どうしても自身の我欲がつきまといます。よって、参謀役には事業、会社を良く見ている人材、皆から頼られている人材が好ましいと言えます。

トップは自身の強みを活かして、トップになりますが、多くの場合、自身の弱みの克服まで手と気がまわりません。**参謀はトップの最も近くで、トップの弱い部分を「補完」する役割です。**よって、社内の相談事が集まってくる「人望」が必要であり、何よりもエゴイストでは務まらない役割です。全社視点で考え、トップにも自ら働きかけ、トップと組織を動かす「ナンバー2」であるがゆえに、日本の組織においては、最も次世代経営者育成に適したポジションになるのです。

このトップを支える参謀機能については、『戦略参謀の仕事』(ダイヤモンド社)を参照いただければ、実践的な参謀のあるべき姿をイメージできると思いますので、ご一読ください。

目指すは「組織が自律的に事業の発展に取り組む企業文化づくり」
・フェアネスの徹底：「企業においては、エゴイズムの放置が悪を生む」を公言
・「憑き物」側近の排除
（人は誰でも心に「獣」を飼っているもの。これを飼いならさせる躾とダメな場合の素早い対応）
・文化が企業を支える状態を目指す
これを実現するために、行うべきこと…

5 自身の上に「お天道様」を置く
・自身の中の「獣」の暴走を抑え、飼いならすために

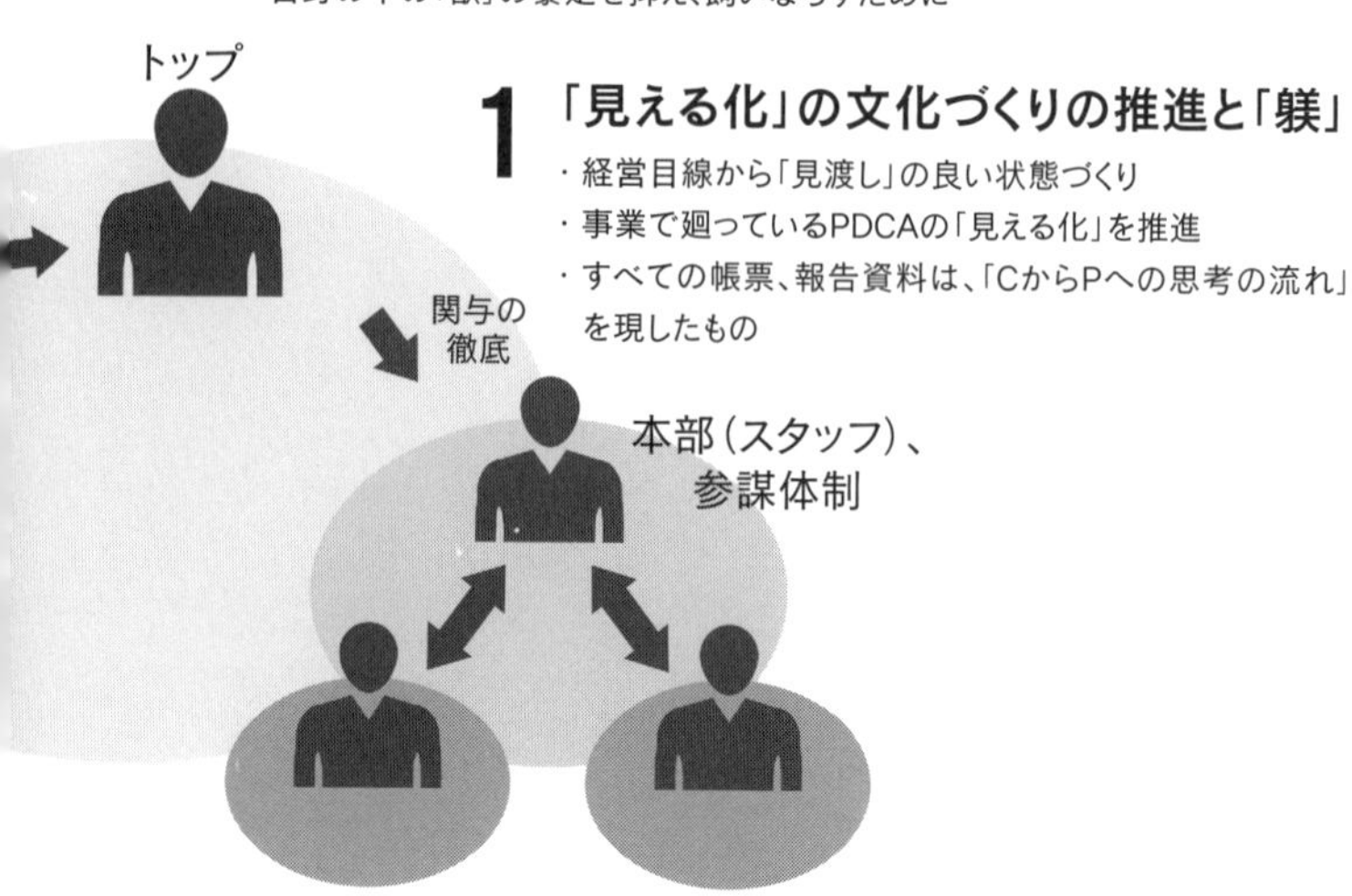

1 「見える化」の文化づくりの推進と「躾」
・経営目線から「見渡し」の良い状態づくり
・事業で廻っているPDCAの「見える化」を推進
・すべての帳票、報告資料は、「CからPへの思考の流れ」を現したもの

4 トップを支える本部・参謀体制づくり
本部機能の扱い
・本部のメンバーは、トップ自身の報酬から給与を払ってでも使いたいパフォーマンスを出せているか？
・特にトップ直轄で、トップを支える「参謀」役には、役員候補への登竜門として、腕利きを3年程度の時限登用（具体的な位置づけ、動き方は、拙著『戦略参謀の仕事』を参照）
幹部への指導
・トップ目線でトップと同じ思考で、考えるクローンを育てる
・基本は、PDCAの報告の場で使ったやり取りで、経営目線での思考を体得

6 「承継」には周到な準備を行い「育て」、厳格に「選ぶ」
（図表7-7参照）

図表7-6　経営トップの「なすべき」仕事

3 事業・組織の実態を知る

ポイントは、公式と非公式の両方コミュニケーション

・実態の把握には現場を廻るだけではダメ
・事業についてはPDCAの作法により「見える化」を推進
・組織の実態把握のために、組織図、プロジェクトの直属の部下とは原則週一回1時間の面談。最初の数回はひたすら「聴く」そして「尋ねる」。自分のしゃべりは、とにかく極力控え、「何が起きているのか」を頭の中でイメージすることに専念

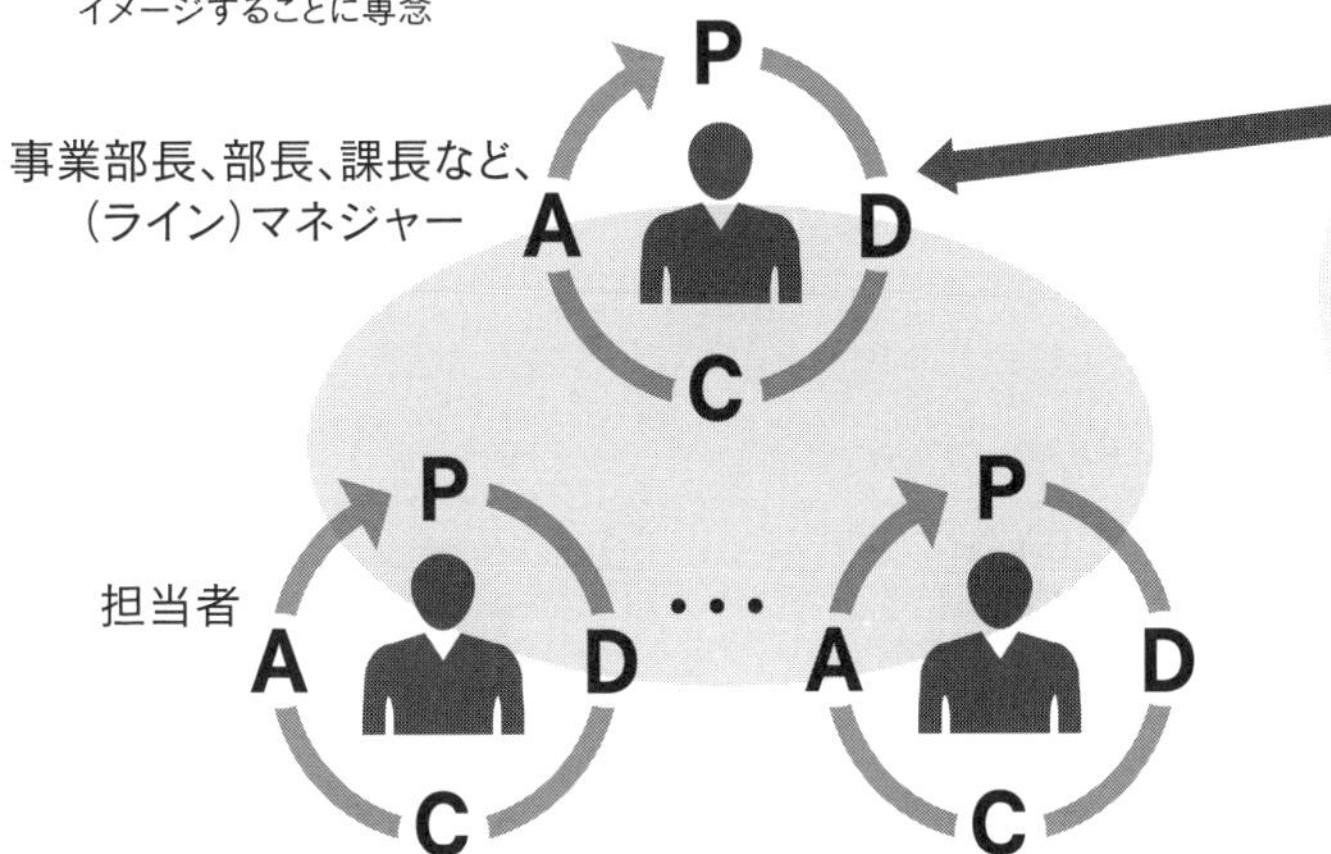

2 組織はPDCAを廻す単位で組み立てる

・事業部長、部長などのマネジャーは、部下に正しくPDCAを廻させて、全体最適を推進する責任者。部門だけではなく、自分の責任下で動いているプロジェクトについても同様
・的確な指示、あるいは「業務定義」(何にどう取り組むべきか)を行い、指導を行う
・責任を持つ部門責任者として、傘下で廻っているすべてのPDCAの「磨き上げ」、精度アップを推進できているか
・組織内のPDCA文化づくりの主体として:
・・事実に基づく現状把握＞現場感覚に基づく意味合いの抽出＞方向性出し＞施策の検討＞実行計画の策定を「躾」ているか
・・結果が悪くても怒らない。しかし、振り返りがなされない場合は絶対に許さない
(具体的な進め方は拙著『PDCAマネジメント』を参照)

継がせる(＝選ぶ)

・エゴイスト
・難易度の高いPDCAを体験していない
・茶坊主
・「憑き物」人材の登用は論外。しかし現実にはワンマントップが組織にとって最悪な人材を登用、あるいは要職に置いてしまう事例は多い

・エゴイストの下にはエゴイストが集まってしまう
・座学（理論など）に走ってしまう
・茶坊主は「腕」を磨いていないもの
・「憑き物」人材は、企業がこれまで培ってきたものを、いともたやすく私物化し、企業を破滅に導く

・成果のみで選ぶのは愚の骨頂。すべての課題で難易度は異なるもの。どれだけ難易度が高く、かつ意義のある課題に取り組み、成果を上げたかを見る
・「私のやり方を見てきているからわかっているはず」と考えてはいけない
・暗愚な王は国を亡ぼす
・どのようなケースでもほぼ自分と同じ思考、あるいは自分を越える思考ができ、ほぼ同じ方向性の結論が出せるか
・「そんな都合の良い人材などうちにはいない」…それは文化づくりを行ってこなかったトップである「あなた」の責任。もしそれに気が付いた時は、左の「育てる」を参照

図表7-7　育て、継がせる

「育てる」＝コピーやロボットづくりではなく、クローンを育てること。
そして成果だけではなく、プロセスも見て「選ぶ」

育てる

基本は、山本五十六の言葉

「やってみせ、言って聞かせて、させてみて、ほめてやらねば人は動かじ。
話し合い、耳を傾け、承認し、任せてやらねば人は育たず。
やっている、姿を感謝で見守って、信頼せねば、人は実らず」

正しいやり方を見せる。
教えてやらせて、必ず、結果を振り返らせて、
正しいPDCAの習慣をつけさせる

- **実態を見る、聴く（耳を傾ける）、口頭試問**
- **事実を基に考えさせて、先を読ませる**

人は永遠には生きられない。
自身の生きざまを残すために人、後継を育てる

(5)「お天道様」を配置する

独裁国家の恐ろしさについては、ここまでにも何度も述べてきました。企業文化を「お天道様」にするのが理想ですが、そこに到るまでは自身を律することも必要になります。自分に「もの申してくる」人材は、たとえムカついても、まずは聴く。とにかく良く聴く。そこから自分にとって適切な、今、自分の中で抱くことのできる「お天道様」の姿が見えてくると思います。特にエネルギーにあふれたトップは自身の中にある「獣」を飼いならす努力を続けてください。

(6)子供が正しい経営者視点を持って育っていなければ、株は相続させない覚悟を持つ

(1)〜(5)を徹底することで、組織は健全に動き、事業は成長の道を探しながら発展の基調に入るはずです。

最後に触れておきたいのは、後継者を育てる際に自身の子息に継がせたいと思った時です。

先に述べたように、人は座学だけでは物事を体得することはできません。

経営者も実践の中で悩んだ経験を通じて、頭の中に健全で逞しい「ニューラル・ネットワーク」が作られたかどうかだけで、その力が決まります。

コミュニケーションをとる。それも、自分の考えを押し付ける前に、よく聴くこと。

また、社内の経営層もしっかりと育て上げる。

事業も組織もトップの影です。もし、まだまだだと感じるならば自分自身のどこに問題があるのか、振り返ってみてください。

そして、創業者などのオーナーシップをお持ちのトップについては、もし子息や後継者候補に問題ありと思えるならば、株の相続さえも再考が必要です。

マスコミにも報道された、大戸屋、大塚家具、リクシル……。

これらの問題は、その根をたどると「承継」の決め方、備え方に行き着き、最終的には株の支配権をどう考えていたかの話になります。

イニシアティブを発揮して、事業を成功させた創業者。

そして、組織として動かすという峠も乗り越えて順当に動く体制も作った。

しかしながら、この仕上げの後継の体制を作るところで失敗するケースはとても多いように思います。

他山の石としてください。

トップを含めて、すべての役員のポジションは「あがり」ではない。そこからが、本当の本番。
日本経済をドライブするのは企業。
本書を読んでいただいたすべての方に大きな期待をします。

おわりに

このボリュームのある書籍に最後まで目を通していただきまして、本当にありがとうございました。

最終章となる第7章で述べた「あるべき姿」と「なすべきこと」は、その実践にあたっては若干の工夫が必要なものの、その実、シンプルなことばかりです。

「凡を極めて非凡に至る」

結局、離陸に成功し、その後長期にわたって発展を継続している企業の基本は、すべてこの言葉に尽きるように思います。

この書の締めくくりに、最初に挙げた、大戸屋の事例の振り返りを行っておきたいと思います。

まず、大戸屋チェーン事業の創業者である三森久実氏は、海外展開への踏み出しを見据えて会長に就任し、国内の事業は三森氏にとってはおそらく使いやすい人材であった親族の窪田健一氏に任せ、実質的には院政を敷く形をとりました。ところが、三森氏は志（こころざし）半ばの57歳という若さで急逝してしまいます。

大戸屋ＨＤでは、亡くなられた創業者の息子である智仁氏が常務に就任していましたが、ここで窪田氏は智仁氏と対立し、海外赴任などを命じて追い出す形となり、結果として智仁氏は退任してしまいます。この時に窪田氏が、仮にも大株主を会社から追い出すようなことをしてただでは済むはずのないことに、気が付かなかったのかは疑問の残るところです。

その後、窪田氏がトップとして引き続き事業の舵取りを行いました。

しかし、安価なランチメニューの廃止による客数減、収益責任の現場への押し付け、その後、あわてて安価なランチメニューを戻すも、前よりも少し高い価格設定にしてしまうなどの迷走が続きます。事前のシミュレーションや事後の検証をしっかりと行っていれば、このような展開にはならなかったであろう「あちらがダメなら、こちらの手」。思いつきの連打としか思えないダッチロール状態に陥り、会社の業績はつるべ落としのごとくに悪化していきました。

故三森氏は「自分のやり方を見てきたのだから、ある程度はやれるだろう」と思っていたのでしょうが、三森氏の繰り出す打ち手は、「天才の思い付き」にしか映っていなかったのかもしれません。そして「自分はその天才にナンバー2のポジションをもらった、今や名実ともに後継者である。その期待に応えねば」と考えられていたのではないでしょうか。

しかし結果を見る限り、実務はやってきたものの自分自身で考えて謙虚にPDCAを廻し、日々の事業の問題解決を行うにあたって必要な、この書でも何度も述べた、頭の中の「ニューラル・ネットワーク」は培われていなかったように見えます。おそらくですが窪田氏は、三森氏から言われたことを、恐怖政治も辞さずにしっかりと現場にやらせるDoer（実施者）だったのではないでしょうか。

その自身の能力に欠けている部分に気が付かなかったのか、あるいは目をつぶって、自分は経営を「やれる」と思ったご本人も、ある意味では被害者です。

一方、大株主である創業家の人々は、故三森氏の始めたこの事業に対しては、一方（ひとかた）ならぬ愛着を持っているはずです。創業家にとって大戸屋チェーンの事業は、偉業を成し遂げた三森久実氏の名を後世に遺す、その象徴となる「ハコ」なのです。

おそらく創業家としては、窪田氏による経営体制を一度、クリアするための苦肉の策としてコロワイドへの株の譲渡を決めたはずです。豆腐ひとつから店で作るこだわりを持つ大戸屋にとって、セントラルキッチンの利用を進めたいコロワイドの考え方を好ましいと思っているはずはありません。しかし、最終的には何よりも窪田体制を止めることで、大戸屋の創業家としての矜持を示すしかないという結論に至ったのでしょう。

TOBに成功したコロワイド側は、創業者の息子の智仁氏を取締役に就任させることにしました。この後にコロワイドが、大戸屋の事業の良さと強みを押さえて、事業を育てていくことを切に望みたいところです。

この大戸屋の事例では、どこに問題の根があったのかを最後に考えてみたいと思います。

人は誰でも、自分は死ぬことはないという願望であり、妄想を描いてしまいます。

成功した創業者は、自分の「帝国」を築き、権力を盾に好きに振る舞える心地良さに酔う危険性と常に背中合わせです。

特に「味覚」という感性で勝負する飲食業界やエンターテインメントビジネス、そして小売業であってもこの傾向が強くなる点は否めないと思います。

しかし、その事業に関する全知全能の存在であるカリスマがいなくなった後に、何が起きるかがイメージできるか、それを読んで事前に手を打てるかで明暗が分かれることになる話なのです。

大戸屋の事業については、それを読み、手を打っていなかった故三森氏にすべての発端があることになります。

ただしこれは、三森氏が悪かったと断じる話ではないのです。

三森氏は、この書で述べたことを知らなかっただけの話であり、その結果として大戸屋の騒動を招いてしまったのです。


本来、トップがやるべきことはいたってシンプルなのです。

この書を読んでくれた社長方が気付きを感じてくれて、

「稲田さん、うちは大丈夫ですよ。ちゃんと備えているから」

こう話してくれる企業が一社でも増えることを心から望みます。

著者

［著者］
稲田将人（いなだ・まさと）
株式会社RE-Engineering Partners代表／経営コンサルタント
早稲田大学大学院理工学研究科修了。神戸大学非常勤講師。豊田自動織機製作所より企業派遣で米国コロンビア大学大学院コンピューターサイエンス科にて修士号取得後、マッキンゼー・アンド・カンパニー入社。マッキンゼー退職後は、企業側の依頼にもとづき、大手企業の代表取締役、役員、事業・営業責任者として売上V字回復、収益性強化などの企業改革を行う。これまで経営改革に携わったおもな企業に、アオキインターナショナル（現AOKI HD）、ロック・フィールド、日本コカ・コーラ、三城（現三城HD）、ワールド、卑弥呼などがある。
2008年8月にRE-Engineering Partnersを設立。成長軌道入れのための企業変革を外部スタッフ、役員として請け負う。戦略構築だけにとどまらず、企業が永続的に発展するための社内の習慣づけ、文化づくりを行い、事業の着実な成長軌道入れまでを行えるのが強み。
著書に、『戦略参謀』『経営参謀』『戦略参謀の仕事』（以上、ダイヤモンド社）、『PDCAプロフェッショナル』（東洋経済新報社）、『PDCAマネジメント』（日経文庫）がある。

経営トップの仕事——戦略参謀の改革現場から50のアドバイス

2021年1月12日　第1刷発行

著　者——稲田将人
発行所——ダイヤモンド社
〒150-8409　東京都渋谷区神宮前6-12-17
https://www.diamond.co.jp/
電話／03･5778･7233（編集）　03･5778･7240（販売）

装丁･本文デザイン—根本佐知子（梔図案室）
製作進行——ダイヤモンド・グラフィック社
印刷——三松堂
製本——ブックアート
編集担当——高野倉俊勝

ISBN 978-4-478-10703-4